驱动本田

本田制造的三大核心法则

[美] 杰弗里·罗斯费德 著
彭碧馨 程宇 译

北京时代华文书局

谨向所有的汽车从业人员致敬：他们的工作不仅使人走得更快，而且促进了经济更加繁荣强大；他们使机器也具有了创造力，让社会更趋平等；他们在创造更多社会价值的同时，也在保护着环境。

译者的话

本书是一部集本田公司技术变革、管理理念与手段创新于一身的优秀著作。作者杰弗里·罗斯费德是彭博新闻社的《商业周刊》和《全国新闻》编辑，对商业管理有着独特和深刻的见解。全书以本田公司在美国阿拉巴马州建立林肯工厂作为切入点，展现了本田公司从一个生产摩托车的小作坊发展为世界级汽车公司的成功秘诀。

本田公司创始人本田宗一郎从一名自行车维修技师开始，在1945年靠捡到的二战时期废弃的发动机发明了摩托自行车。通过他与团队的不断努力，本田公司终于在1949年生产出了第一辆具有现代意义的摩托车——“梦幻机器”。1954年本田公司作为第一家日本企业参加国际摩托车比赛，为本田公司赢得了前所未有的关注度。几年后本田公司决定进军汽车市场，由此开启了一个汽车企业的灿烂辉煌的历程。

本书在写作过程中得到了本田公司高层的全力帮助，作者实地走访了本田公司不同部门、不同层级的员工，甚至包括供应商。本书揭示了这个世界级企业快速发展的深层次的动力。在本田公司，无论是维修工还是总裁，每个员工的观点和建议都一样重要。作为全员参与的一种企业文化，本田公司通过一系列“Waigaya”去直面企业生产、研发等过程中出现的问题与矛盾，哪怕是本田公司自身的过失。“Waigaya”使得本田公司各个级别的员工都能够畅所欲言，大大激发了员工的热情和创造力。这也让本田公司在科技创新上能够一直保持活力和动力，从而超越了很多竞争对手。

面对变幻莫测的全球化进程，本田公司企业文化的核心“三现主义”，使他的策略与众不同，本田公司独树一帜的“全球化+本土化”让他能够从容应对世界经济危机。书中多视角地呈现了本田公司这个世界级汽车企业的核心竞争力。作为译者，在叹服本田公司独到的生产管理方法的同时，也深深地被本田公司汽车创始人的精神所打动。无论从技术角度还是管理角度，抑或是对于创业者，这都是一部值得一读的佳作。

本书由中国电子科技集团公司第三十八研究所高级工程师彭天礼译校。

由于译者水平有限，书中存在缺点和错误在所难免，欢迎读者批评指正。

2017年1月于美国底特律

目　录

第一章　不一样的本田公司

2000年4月的一天下午，在美国林肯市的一个小镇，本田公司正在举行1300万亩工厂用地的奠基仪式。有人会认为如果本田宗一郎在场的话，他一定会对奠基仪式上发生的事情表达不满。

这个名叫阿拉巴马的小镇，位于林肯市东部，只有4500人。一年前，本田公司宣布将在这个小镇建造自己在美国南部的汽车工厂。消息一经传开，阿拉巴马小镇迅速受到了全世界的关注。因为对于本田公司，早在1982年，他就成为第一家在美国建造汽车工厂的日本汽车制造商，当时的地点在俄亥俄州的马利斯维尔。

这样的决定，引起了大家的好奇。其中一个原因就是为什么他选择在林肯市，因为其他汽车制造商已经在南部大城市纷纷建立了生产工厂，其中包括梅赛德斯、丰田、尼桑和现代公司。他们选择的城市在田纳西州的士麦那、阿拉巴马州的亨茨维尔、蒙哥马利和塔斯卡卢萨。这些公司都希望选择在大都市周边，以招募有经验的、使用新型生产技术并具有足够的技术素养的工人。除此之外，他们也希望前来参观的高层领导可以享受高质量的餐厅和旅馆服务。

而本田公司，却选择了名不见经传的林肯市。其原因在于，这个城市恰恰有他最为需要的平淡静谧、远离大城市的喧嚣。的确，在阿拉巴马州寻找这块地的时候，本田公司高层拒绝了当时首推的伯明翰市。他们认为伯明翰市太大了，太喧闹了。他们告知阿拉巴马州工业发展部门的官员，希望在一个不被人注意、不引起波澜的地方工作。

根据这些要求，林肯市便成了最佳的选择。在本田公司到来之前这里是一片沉睡的平地，早些年它是农民的种植园和国防工厂所在地，是位于伯明翰和亚特兰大之间东西方向的I—20高速公路的歇脚站。即使是现在，世界级的汽车公司来美国选址，恐怕林肯市也依然很容易被忽视。当地只有几家快餐店提供餐饮——松饼屋、塔可钟和汉堡王，还有十几家特许经营店，例如戴斯酒店和伊克诺旅馆。在高速公路或者小镇的任何地方看不到本田工厂的标志。

本田公司一向不谙宣传，作为一家一直专注于内部发明、个人发展和对成就不愿意过分渲染的公司，他在林肯市建立170万平方英尺的大工厂的确是一个冒险。奠基仪式那天，至少天公作美，当地气温将近80华氏度，天空一片蔚蓝，到场的人群涌动，数百位小镇居民和邀约的嘉宾参加了仪式。

阿拉巴马州州长唐·席格曼，林肯市市长卡罗尔·卢·华生和当地议员鲍勃·罗丽纷纷致简短欢迎辞。当地主要的黑人教堂和白人教堂召集牧师及双方最优秀的唱诗班歌唱福音歌。演讲人主要讨论了工作岗位、税收、供应商工厂的进入和人口增长问题。本田公司在将带来百万至最终数十亿的经济增长规模的同时，将会在这片没有人注意的土地上开花结果。正如市长华生所说：“就好像我们得了大奖，超乎了我的想象。没有人想到林肯市会出现在加州甚至东京的报纸头条上。”

代表本田公司出席仪式的有公司全球总裁、首席执行官挂札拓郎，另外还有几位美国本田公司分部的级别较低的管理人员和林肯工厂的智囊团成员。

就像本田公司历史上的每个CEO一样，挂札拓郎是从工程与研发部门晋升到高层的。他是一个话语不多却继承了本田宗一郎精神的人，是公司中最有创意的工程师之一。而其他汽车生产厂，像任何行业的其他机构一样倾向于把CEO的职位颁发给拥有MBA学历的人，他们通常拥有市场、销售或者金融的背景。

让一个拥有工程师背景的人来掌握本田公司的命运，非常符合本田公司的文化——对工程师特有的技能特别情有独钟，希望能对包括重新审视设计、发展、策略或者生产决策在内的问题尝试着采取不同的解决方案；对不合适的念头和理论允许存在和争论，直到发现真谛。这完全改变了人们的传统和习惯。

“如果你尝试了新鲜事物，没有人会责怪你犯的错误，甚至你还可能得到奖励。”恰克·恩斯特说到了自己设计并监督本田林肯工厂的建设工作。林肯工厂建造的非常规设施与其他汽车生产厂完全不同。在接受这项任务前，恩斯特完全没有工厂建设经验。“但是如果你之前建造过工厂，你可能会有顾忌。那样效果反而不会很好。”

大久保贤，是挂札拓郎之前的一任CEO。他曾说过：“在本田，如果不游泳就会沉没。他们不会一步一步教你，他们只会把你扔进游泳池让你自己学。如果你起初不会游泳，那么你必须努力学会生存。我们得尝试任何必要的做法以便获得进步。”

“三现主义”也是本田公司文化的基础，人们还将它翻译成为“三条真理”。在本田公司的理解中，“三现主义”意味着在做生产决定之前要亲眼所见，事必躬亲。换句话说就是，研究消费者的喜好，决定零件如何设计，提高工厂里的生产效率，都要通过亲眼所见，面对面的交流，而不是别人告诉你答案。

本田公司与众不同的DNA体现了他自己特有的好奇心与质疑的天性。一切都要通过对已有知识的重新审视和研究才能做出决定，这样的个性正是最优秀工程师的特点。然而，工程师出身的CEO通常不是一个能够振奋人心的演讲者；而拥有销售和市场背景的人，往往能说会道，善于说服人们购买他的产品。这的确是一个大优势，但对工程师而言，这看起来是一个缺点。在这方面，挂札拓郎身上具备工程师出身的CEO的所有特质。尽管在一般场合下他善于社交，能进行热烈讨论，但是在隆重的场合，他还是有些害羞和迟疑，也就使得他的演讲显得笨拙。

林肯市奠基仪式现场的风声掩盖了他的声音，使得一些人听不清他的讲话，而听清的人所听到的只是一个重复出现的主题：本田公司之所以能够成功，是由于公司一直专注并致力于做好一件事，那就是生产用于汽车、摩托车的发动机、发电机、铲雪机和剪草机等动力工具。本田公司一贯坚持自己的特点，挂札拓郎指出，林肯工厂与众不同之处就是本田公司决定在这里同时生产汽车和发动机。事实上，大多数汽车厂是不愿意生产发动机的，也没有厂家将发动机的研发与生产像本田公司这样紧密地结合在一起。

他补充道："每一年我们通过这些产品，赢得了一千万客户的心。这使得我们成为了世界上最大的发动机生产者。我们在林肯市生产的V6发动机会给'本田动力'带来新的含义。这样一来，这个在公司历史中具有特殊意义的字眼，在未来将会更有力量。"

演讲结束后，奠基仪式开始了。本田公司公关人员用麦克风通知到场嘉宾走下台来，并让他们拿起铁锹。

"现在你们可能注意到了，现场不是所有人都用普通的铁锹，"他继续说着，"挂札拓郎和市长华生使用了本田生产的动力铁锹参加奠基仪式。请大家和我一起倒数，为本田工厂的破土动工，为本田在阿拉巴马州的新篇章挥动你手中的铁锹吧。"

"5—4—3—2—1！先生们，启动你们的马达和铁铲吧！"

普通的铁铲并没有问题，出问题的是动力铁锹。挂札拓郎平稳自信地拉了一下启动绳，动力铁锹没有反应。他接着又使劲拉了一下，眉宇间似乎渗出了汗珠。但是回应的却是发动机发出的咔咔声，他显得有些紧张了。他继续用力拉着绳子，拉得太使劲似乎要扭到肌肉了，然而仍然没用。人群中越来越多的人替CEO感到尴尬。讽刺的是这位CEO刚刚讨论过公司是如何重视发动机的，人们开始收起目光，小声地和邻伴耳语以避开尴尬。

这时意想不到的事情发生了，挂札拓郎没有放弃也没有向在场的本田公司维护人员寻求帮助，而是自己开始着手解决问题。挂札拓郎觉得，应对技术困难比面向观众更让他舒服些。他弯腰查看引擎，轻轻地活动着火花塞、化油器和输油管，他翻了翻进气阀，两分钟后他站了起来，拉了拉启动绳——发动机打着了。

在美国南方这个腹地春日的下午，那些认为本田宗一郎会对刚才所发生的莫名状况表示不满的人大错特错了。相反，他会觉得自豪，因为虽然事出有因，但当场修理工具的这个场景却体现了他成立的这个有55年历史的汽车公司与众不同的文化。

拥有似乎尴尬的外表，内心却充满激情；拥有原创、创造力、企业精神、动手能力，以及成功的个性，这就是本田文化。除此之外，在阿拉巴马建造工厂的决策与公司工程师和商人与众不同的管理方式相辅相成。本田公司引入的这种直观的创新精神，永远地刻在了公司每个人的脑海中。

本田公司的每一句格言都能恰当地解释发生在阿拉巴马的决策，这些都深深地刻在公司的文化上。在公司根深蒂固的格言中有一条是备受宗一郎这个不惧错误的老头儿所推崇的。宗一郎说道："成功只有通过不断的失败和探索，才能得到。事实上，成功只代表了你所有工作的1%，这一切都是你努力和失败的99%所带来的结果。"对他来说，困难是前进的标志，是提高的机会。

宗一郎的商业合作伙伴藤泽武夫是个管理天才，他的风格和处事方式与宗一郎恰恰相反。然而就是这种反差，使他与宗一郎建立了长达20年的深厚友谊。藤泽武夫对错误有着与众不同的认识，他认为对失败的恐惧驱使着人们成功，而不是失败本身。藤泽武夫擅长"将棋"，它是一种日本象棋：当你获得了对方旗手的棋子，棋子可以在自己的一方继续效力。对于藤泽武夫来说，这是一个非常恰当的商业策略比喻。在他看来，超越对手不仅要征服他，还要获得他的损失。唯一能够避免失败的方式就是不断地保持警惕，并对决策和实践中的错误及时做出修正，否则这些错误可能会给你的对手一个可乘之机。为了说明他的观点，藤泽武夫引用了他的偶像，一位在50年代获得将棋比赛冠军的话："当我处在胜利或者失败的边缘时才是最好的棋手。在生活中我犯下了许多错误，他们都发生在我放松的时刻。如果对手非常强大，反而会使我变得更强大。"

但是，除了对于失败是成功之母的积极理解之外，本田公司CEO挂札拓郎在林肯市面临尴尬一刻时的表现，至今仍然被人称道，即便是10年后的今天，仍然在汽车工业中广为传颂。因为它是本田文化的体现，正是这些文化使得本田公司成为全球最为成功的跨国公司之一，公司从这些文化中获益匪浅。

一位曾经参与丰田公司汽车运营策略改革的汽车公司咨询人员这样形容道："当我第一次听说在林肯市发生的一切时，行业里每个人都在讨论此事。我笑着说'这不过是一家摩托车公司试图跻身汽车行业而故弄玄虚罢了。'几天之后，当我正开车上班，这时传来消息：天呐，本田犯了错却能迅速扭转，变被动为主动。就在林肯事件发生后的几天，人们开始询问：'我公司的CEO能让发动机转动起来吗？很可能不行，他可能连试都不会试一下。'本田人敏捷而又聪明，用一个篮球术语来形容就是，同样的技能他们既能打大赛又能打小赛。"

他补充道，这种精神揭示了为什么本田公司产品研发、生产和管理理念可以迅速地被其他汽车公司和其他行业所研究，其独特的公司文化和他的生产管理策略也纷纷被效仿。

他们发现本田公司的经营理念与众不同，在大多数情况下与其他大型生产厂的决策背道而驰，其中包括大多数本田公司的主要竞争者，他们通常采用自上而下、命令与控制式的商业模式。而在本田公司你不需要细细研究就会发现，本田公司的发展源自于草根，同时也受到东方文化精神的影响。

• 个人责任重于企业指令。

• 简约而不繁复。

• 决策制定基于实际观察可考证的事实，而不是理论和假设。

• 简约而不浪费。

• 平行的组织结构而不是复杂的流程图。

• 自主、专项设计、发展，生产团队保持相对独立。

• 持续改变。

• 对所谓的真相抱以执着的批判态度。

• 对员工和供应商提出清晰的目标，并积极参与帮助他们实现目标。

• 以史为鉴，应对当前的“创新断层”现象。

这些经营的策略信条堪称本田公司独特文化的精髓，其中许多条是由宗一郎原创或修改的。即使如今他已成为日本第二大汽车生产商，并在美国乃至全球生产一些最为著名和畅销的车型，他仍一直保持着公司初创时的灵活性。理查德·帕斯卡尔是经典著作《日本管理艺术》一书的合作者，他把本田公司的这种不合常规的做法称为“本田效应”。在这种做法中，策略不是一项长期的具体的商务计划书，而是“机构成功运转所需要的顺应机制”。虽然本田公司明白结构和系统的重要性，但是不断地对产品、人员和生产过程进行再创造仍然是企业的不二箴言。帕斯卡尔写道：“本田的这种动态不安的立身状态使得员工和公司获益匪浅。”

本田公司的成就与主要策略战术，并不像他的主要竞争对手丰田公司那样家喻户晓，然而本田公司已经悄悄地在一系列成就上超越了丰田公司。自公司建立以来，本田公司是通过利用重要的不变的商业价值，决不动摇的决心和适时调整应对后全球化时代来实现这些成就，而这些却是其它生产商无法做到的。

本田公司取得的一系列成就：

·1949年成立，本田公司在世界上成为了最年轻最灵活的汽车生产厂。公司于1963年，约在亨利·福特A新车发布60年之后，设计并制造了第一辆汽车，名为S500敞篷车。

·本田公司在全球雇用了14万员工，并生产一系列产品，包括轿车、卡车厢式车、SUV（运动型多用途车）、摩托车、剪草机、扫雪机和其他动力设备。

·拥有大部分市场份额，本田公司是全球著名的发动机生产厂，每年生产超过两亿台内燃机。

·历史上本田公司从未出现亏损。在行业中他的汽车利润比例持续保持在5%。

·自2008年9月，本田公司股票价格几乎翻倍，当时全球经济萧条。2014年1月初，公司股票排到了全球第40名，而在此前5年期间，福特和通用公司则表现平平。1987年首发的投入美国本田公司的每1美元美国存托凭证在2014年初已升值到800美元，而同样价值的福特公司股票，则只升值到100美元。90年代丰田公司在美国上市后，它的股价翻了3倍，而本田公司翻了将近6倍。除此之外本田公司市场价值将近7300亿美金，远远超过福特和通用公司。

·在每年的国际市场上，本田公司汽车的销量遥遥领先。例如在美国的雅阁、思域CRV、奥德赛等中级车、紧凑级轿车、紧凑级SUV和迷你型箱车，它们都是冠军销量车型。（统计不包括租赁公司、企业集团和政府采购的车型。）

·与其他任何汽车制造商相比，本田公司汽车更加耐用。根据工业统计员珀科提供的数据显示，在过去25年本田公司出售的车型中，超过75%的轿车和卡车仍然在使用。在公司成立10年内，虽然日本的经济受到战争、政治和一系列大公司以及银行倒闭的影响，本田公司仍然成为了超过200多家竞争者在世界上排名第一的摩托车制造厂。每年本田公司销售1500万辆摩托车，排名第二的公司雅马哈每年生产近500万辆，哈雷·戴维森勉强能够达到5万辆摩托车。

·1974年，进入美国市场3年后，本田公司引入了四门式思域车型，震惊了美国汽车业。依据洁净空气法案的排放要求，截至1975年，与1970年的车型相比，一氧化碳、碳氢化合物和碳氧化合物的排放必须降低90%。这是世界上第一款达到了新标准的车型，这是世界上第一辆能够满足新排放标准并进入美国市场的车型。而同时美国大型汽车制造商和丰田公司正在试图游说华盛顿改变这个法案，并声称在价格允许的范围内生产这种发动机不具有可能性。

·1982年，打败竞争对手成为在美国建厂的一家日本公司。通过推出豪华品牌讴歌，本田公司于1986年再次超越本土竞争者，而3年后丰田公司才推出品牌雷克萨斯。除此之外本田公司还在1999年生产了第一辆油电混合动力汽车，名为Insight，本田公司于2002年生产了第一辆以电池为动力的汽车FCX Clarity。本田公司的研发团队把拓展人类的移动能力作为目标，同时还设计了机器人，名为ASIMO。他能够爬台阶、跑步，还能理解口头指令；电脑控制的假肢可以帮助有行走困难的人支撑身体，并能够感应装在臀部的信号探测器。本田公司还研发了一种新型的轻质飞机，全部由拥有独特设计元素的复合材料制成，包括流线型的外观，夸张的扁平前翼，装配在机翼上的发动机，一切设计极大程度地降低了飞行阻力。至于资金投入，本田公司的研发部门比任何其他汽车生产厂都拥有更多的经费。

·就业绩来说，在几乎所有有意义的比较中，本田公司已超越了其他汽车公司：工厂利用率通常超过90%，每辆车的生产时间显著缩短，没有任何汽车公司能够在同一条生产线上生产如此多且不同类型的汽车。车型之间的切换几乎不需要浪费时间（这套系统被称为本田灵性生产系统）。与他的竞争对手相比，本田公司的工厂在单位平方英尺上能以较低的造价生产更多的汽车。

当日本汽车制造厂——主要有丰田、本田、尼桑、马自达品牌于70年代开始在美国大规模生产时，美国公司认为他们的生产理念非常奇特并质疑其“精益生产”的价值。在汽车行业，自亨利·福特时期起，都认为批量生产才会产生良好的效益，它只需要在生产线上安排一些技术不熟练的工人便可以批量生产最受欢迎的大量汽车。然而，这却产生了大量浪费，包括过多的存货、补给、工人和空间。但是通用、福特、克莱斯勒公司都因此获得了大量的利润，使得他们认为没有必要改变现有的生产模式。

在底特律的三大汽车巨头足够自信自己的生产模式时，他们没有预计到日本公司到来后能够获得如此巨大的成功。OPEC的成立和1973年燃油禁运以及之后1979年汽油价格的飙升，西方国家不得不开始考虑油价问题。突然之间，人们对理想的车型提出了一系列新标准，不再是眼花缭乱夸张的装饰、庞大的车身和动力十足的发动机，他们开始考虑省油、低价且长寿命的车型，这是标准的美国车所做不到的。

虽然起初人们对日本产品抱有疑虑，但是日本车省油、经济，因而销量激增。二战后，人们普遍认为日本的商品大多为廉价的山寨货或不起眼的塑料小玩意。然而，没过多久，人们意识到丰田公司和本田公司所生产的车质量是上乘的，非常可靠，且价格低廉并便于修理，比同时期需要经常出入修理厂的美国车优秀很多。这些车型迅速流行，同时美国公司的汽车迅速失去市场占有率。精益生产的策略在日本公司这里得到了验证。可能对于一些商业理论学家来说，如果不是见到美国汽车公司的失败，一定还在坚持之前的理念。

作为最开放的日本汽车生产商的丰田公司，一直致力于推广具有日本特色的生产模式，并通过在多个西方大学建立教育机构和智囊团来提高自己的实力，且取得了丰厚的成果和稳步增长的销量业绩。其中最著名的就是麻省理工学院教授詹姆斯·沃马克、丹尼尔·琼斯和丹尼尔·卢斯共著的《改变世界的机器》（*The Machine that changed the world*）一书，丰田公司成了书中的主角。这本书因向西方详细地介绍了精益生产而名声大噪。丰田公司制造系统简称为TPS，它和丰田公司本身都成为了后福特时代生产企业的最新、最高标准。20世纪90年代末期，美国三大汽车制造商也克服重重阻力开始精益生产，并试图在自己的工厂中推广这一理念。

简单地说，精益生产就是着眼于如何在生产过程中消除浪费。它是一个通过在工厂进行持续改进来实现的过程，“持续改进”正是精益生产的理念之一。它的主要做法是：减少工作流程；压缩无效时间，可以理解为不增值的活动所需要的时间；满足生产的员工数量；需求总量；原材料；现有的部件和成品；一系列将生产过程分解成最简单有效的精细过程。

正如《改变世界的机器》一书中提到的那样，精益生产和批量生产的最大不同体现在他们的宗旨上。“批量生产拥有一个有限的目标，那就是‘足够好’，这意味着生产过程中允许出现一部分残次品，允许对货物库存量有很高的接受度，并且对标准化的产品没有特殊的要求。而精益生产者恰恰相反，他们将目标定位为‘完美’，并持续地降低成本，追求零残次产品，零库存和无限制的产品多样化。”

如此说来，还有哪家工厂不愿意采用精益生产呢？的确是这样的，成百上千家美国制造商甘愿耗资数亿美元来复制MIT教授书中所介绍的丰田公司生产方式。除此之外，还有不少报刊杂志对这项成果进行了介绍和推广。然而有接近75%的公司却在一两年内都停止了对精益生产的追求。

这些失败并不是对精益生产所追求的目标和技术的否认，而是对精益生产这个生产理念从一开始就有误解。原因是，在西方人眼中，丰田公司与他们所看到过的企业截然不同，丰田公司独树一帜的性格是他的生产制度体系， 精益生产已和丰田的公司文化界限模糊不清。精益生产被认为是丰田公司成功的原因，是这个组织自带的基因密码，而不是被丰田公司成功使用的一个工具。在一定程度上，连丰田公司自己都被迷惑了。在这样的错误视角下，精益生产变成了一种策略，而实际上它是一系列手段。

那么问题来了，什么样的公司文化基因才最适合精益生产呢？换句话说，什么样的运营模式最适合精益生产呢？丰田公司或多或少地给出了一些答案。丰田公司是一家纪律性极强的公司，拥有着坚实的指挥与控制等级制度，这样的制度可以确保他对全球生产系统毫不动摇地宏观把控，而这一切都得益于持续改进和精简的生产体系。规则、体系、流程和培训单元都是由丰田公司的日本总部发布的，并通过丰田公司的内部网络系统传递至全球的办公室里的工作人员。这并不是唯一的，也不是精益生产管理最好的应用。但是正如丰田公司自己所证明的那样，如果一家公司能够一直持续不断地充分积极地进行集权控制，他就能够有效地训练和管理员工，并通过组织体系让他们在日常生产活动中严格地遵循精益生产。

然而在最近的丰田公司的运营中，我们有机会看到，当一家公司的经营文化如果抛弃了精益生产时，它将会变得多么的低效。随着丰田公司90年代爆炸式的增长，一直到2000年后，公司才淡化了对精益技术的保持与强调，这体现在丰田公司的所有工厂中。另外对于下一代精益生产大师的培养也有所疏忽，管理层的重心移向了其它方面，比如试图超过通用汽车公司，想成为全球销量最大的汽车公司，另外还在全球范围内快速扩张。这些都意味着丰田公司要生产更多的汽车、拥有更新的设计和更个性化的车型，这在公司的历史上是前所未有的。

随着公司目标的改变，丰田公司变得更加平庸了，与各大汽车厂商相比已泯然众人。他的生产系统虽仍然保持着精益生产，但是他的文化和策略已倾向于扩大销量，一系列非常积极的目标与生产方式不再平衡。在工厂里，一些精益生产理念在整个生产过程中，如对质量控制的强调虽然还在继续，但是在日本丰田公司的管理层中，对这些东西已不再重视。总部对精益生产工作的忽视，最终影响了丰田公司在全球的运作。

这样的结果，最终导致了2009年至2010年丰田公司在全球范围内对1500万辆汽车的召回，成为了历史上最大的汽车召回案。召回的项目种类繁多，如，故障的备胎架、燃油管泄漏及燃油泵故障等项目在所有车型中均有出现。而最为严重的故障则是车辆的意外加速，这时即使使用刹车也没有作用。

2010年初，美国高速交通安全委员会收到的有关丰田汽车突然加速的报告接踵而至。丰田公司仅在美国就召回了600万辆汽车，在其他国家召回了200万辆。国家高速交通安全委员会最终判定这个故障导致了5人死亡，事故的原因是油门踏板卡在了脚垫下导致的油门失控。除此之外，丰田公司还要面对数百起意外死亡和人身伤害引起的诉讼。在2013年10月，丰田公司在俄克拉荷马州没能打赢有关过失造成人身伤亡的民事诉讼，并迅速同意了一笔数目不详的赔款。据公开的报道显示，丰田公司还在讨论如何解决剩下的诉讼问题。

丰田公司管理层也承认是内部问题直接导致了近期的质量问题。公司的CEO丰田章男说："在过去的几年中丰田快速地发展着自己的事业，不可否认我们的发展速度过快了。"他补充说道，公司的首要任务 "变得不那么清晰了，没有及时停下来思考一下，也没能像以前那样去提升自己"。

丰田章男的反省毫无疑问是真诚的。但是他并没有百分之百地表达出，对于公司内部管理层目标和精益生产概念之间的不平衡所带来的危机感，而这一切正是丰田公司所面临的问题的根源。部分在美国工作的丰田公司员工曾经对我说，"意外加速事件"真正的失败并不是丰田公司的质控人员对此知之不多，而是因为他们在向上级反映问题时没有得到足够的重视。在开始召回的几个月前，他们就已经接到了来自美国驾驶人员的反馈意见，但是没有人愿意认真听取。按理说，这种情况是不会出现在精益生产环境中的，因为精益环境中的工人会为了解决一个细小的质量问题而不畏惧关闭整个生产线。他们会对自己的工作采取主动措施，并对他们生产的产品负责。"当我们提到有客户反映油门踏板存在问题时，一个经理对我们说'咱们就先这样吧，日本那边不愿意听到这些，咱们就不要提出过多的疑问。'"

这个经理的行为，可能并不是受丰田公司直接指使的结果。然而，根据一份几年前便在公司内部开始传达的备忘录显示，在美国的丰田公司员工可以清楚地知道管理层的意图。一份名为《丰田安全部门的胜利成果》一文中曾经提到，丰田公司高管成功地节约出了1亿美金，但不是通过提升质量，而是通过说服美国政府管制者，同意不要对佳美和凌志几款存在脚垫缺陷问题的车辆进行召回。这个备忘录还包括其它几百万额外节省的内容，而这些都是通过说服延迟安全法律和法规的实施而获得的。

而这一切节约都随着丰田公司车辆严重的油门踏板问题而烟消云散了。由于丰田公司没能够将它所知晓的意外加速问题及时地向有关部门汇报，丰田公司向美国政府支付了千万美元的罚金。在2014年3月丰田公司与美国司法部达成了12亿美元的赔款合约，在历史上这也成了对汽车公司最大的制裁案。

这一事件清晰地表明，对于大型公司来说，很容易将精益生产技术与公司文化相混淆。他们错误地认为，一套成功的精益策略会默认般地自动制造出优质安全的产品，或者产生优秀的客户服务，以及公正、透明的组织活动。对这些的渴望使得许多西方跨国公司急切地采用精益生产策略，并试图通过它想奇迹般地将一个庞大的低效的组织转化为一个高效率的商业模范，从而适应快速变化的全球化的市场环境。结果他们很失望地发现，他们自身公司的特点并不能适应这一些策略。以丰田公司为例，一系列对于精益生产的幻想，都随着汽车公司管理层对于持续改进与质量控制的疏忽而破碎了。随着丰田公司新的、更激进的策略开始实施，公司高层也意识到，任何精益策略如果没有融入到企业文化之中，一切都将是一纸空文。

虽然本田公司还没有错误地将企业文化与工具、策略混为一谈，却也经常不自觉地变得与丰田公司的操作方式相类似。在很多方面与丰田公司一样，本田公司也急切地追求精益生产中的零排放、零浪费、高效率和更具人性化的环境，追求高效的物流系统和最少的故障产品。本田公司认为，如果想成为一家先进的生产汽车的日本公司，以上这些因素是必不可少的，而且也是成为世界一流制造商的先决条件。然而，这些因素都不是本田公司对自己的定义。

在我研究本田公司的5年时间中，用5个手指头就可以数得过来我听到过的精益生产的次数。与此恰恰相反的是，我每次与丰田公司内部员工的交流没有一次不是以精益生产技术作为开始的，或者以精益生产技术作为结束的。

概括地说，丰田公司与本田公司最大的不同在于其公司总部与分公司、工厂与分布在世界各地的事业部之间的关系。丰田公司一向鼓励全球的员工独立思考，并让他们提出对克服障碍的建议，然而最终的决策权仍然在丰田公司总部手中。本土化的决策必须逐级上报并得到丰田公司总部的最终批准才能执行，而相反的是，本田公司分散化的组织结构是让每个工厂有独立的决定权。

正如《改变世界的机器》一书的作者詹姆斯·沃马克曾解释的那样："我不愿意把丰田称作是从上向下的组织结构，而更愿意把他理解为由下至上，再由上到下，再由下回到上，再最终由上返回到下的组织流程。丰田拥有必须遵守的规则，而上层管理部门也愿意参与核心改变的决策。而本田对此很宽松，它更接近于一个由下到上的组织。"

而对于两家公司不同的更生动的描绘，来自于林肯市丰田公司前驻厂工程师说道："当我在丰田时，我被要求为现有的工厂建造一条新的生产线，这项任务实际上比较简单。我的日本经理给了一套图纸对我说道，'这就是我们的做法，按这个做'。"

"来到本田的几年后，我参与了林肯发动机工厂生产线的建设。在这里我的经历跟之前完全不同。我得到的唯一命令是'去俄亥俄州安娜市的发动机工厂学习，看看他们是怎么做的，和那儿的经理、工人们聊聊天，参观一下他们喜欢和不喜欢的部门。看看他们的东西哪些是可以改变，哪些是还没有改变的，然后回到林肯市建造一个更好的。’我的理解是，学习借鉴别人已经做过的，并作出自己的改进。”

当丰田公司永久性地与精益生产紧密结合的同时，本田公司却在给自己找到了另外一条出路，那就是作为一家大型制造企业，却拥有一家小型创业型企业的精神。这其中包括质疑常识、通过接受挑战和从错误中学习促进研发、开放的交流渠道、本地化的管理，以及拥有像桥梁一样的连接着整个分布于全球的公司的共识。除此之外，本田公司还将工厂视为一个可互相替代的工具和主动者组成的流畅的网络，而不是一系列分散独立的生产单元。本田公司认为这些单元是不能被精益化的，也不可能像流水线一样自动地去满足某个预设的标准，这些工厂要能接纳那些海外工厂员工们的激情和创造性。值得注意的是，本田公司的工厂在所有汽车制造者中自动化程度是最低的，然而本田公司却拥有最多的利润空间。本田公司的这些操作特点及运作方式是令人惊讶的，因为这些东西都是没有经过市场检验的，然而它们却为这个复杂的跨国公司提供了最有价值的文化基础。这一系列运作方式帮助本田公司保持了公司价值、本土化的运营模式、市场上的先进性，以及在设计、研发、工艺、产品上的不断进取性，它像一张大网涵盖了包括工厂和研发部门在内的所有地方。

当然，本田公司也遇到过不少困难。比如在通往中国的大路上，本田公司领先其他日本公司先行进入中国，然而道路却非常曲折。就在本田公司即将要取得一些成就的时候，2011年的日本海啸，使得公司在应对自己某一重要方面的不足时显得非常脆弱。好在由于公司独具成长性的企业文化，让本田公司从错误和失误中学习，不断取得了进步。

最近，本田与众不同且极具创意性的工业模式，让世界范围内的制造企业都给予了很大的关注。西方世界的制造业正处在严重的衰退过程中，工厂接连倒闭，成千上万的人失去了工作，许多工厂不得不搬迁到劳动力成本更低的国家，例如中国、泰国、罗马尼亚或印度。不过，代工作为一种全球化的概念也在渐渐失去其吸引力。大家态度的改变不只是这些地区或国家的工资水平的通胀因素。除此之外，跨国公司的制造商们也意识到作为一种新兴的经济增长方式，将工厂建设在太过遥远的国家，同时还要向地球另一边的地区提供服务，不可避免地要面对一些不可预见的问题和困难。这大多都是些像通用电气、约翰迪尔、施乐公司等一样的公司，他们认为这是很难获利的。

比如说，在距离工厂上万里以外，建造一个本应该离总部很近的技术性很强的设计研发中心，制造人员就会认为这将对产品的生产质量和生产能力造成损害。除此之外，他们根据消费者喜好所作出的适时改变的能力也受到了影响。同样存在的问题还包括运输问题，跨国公司发现，他们的产品从亚洲漂洋过海到西方国家需要几周的时间，这使得公司很难掌握货物何时、以什么样的状态抵达目的地。如果运出的商品有错误，公司可能还会为出错的商品寻找堆放地再花费上百万美元，而这样的事件会常常发生。

除此之外，在一些拥有国有企业或具有爱国主义的新兴国家，全球化的进程都受到了阻碍。跨国公司开始犹豫并重新考虑他们工厂的选址，由低成本的国家转向靠近消费者的西方国家转移，况且在西方国家还拥有大量技术工人的优势。基本上所有大公司都采用了这样的策略，放弃了海外工厂而更倾向于在本土建厂。

电器巨头西门子美国公司的CEO埃里克·斯皮格尔这样形容道："劳动力价格已经不再是决定工厂位置的主要因素了，最廉价的工资已经不能够决定公司对生产厂的选址。"他说道，"其它的因素，例如技术工人的数量、现代化的基础设施、引领建造世界级研发中心的能力、客户群的所在位置，以及新型制造技术能力已经成为新工厂选址的重要决定因素。"

但是，正如全球化一样，这样的策略也存在一些潜在的问题。在新制造业时代，本土化要求跨国公司在世界上的关键地方必须建立健全的运行机构，包括工厂、研发中心、供应商和物流渠道等。这些关键地方，恰恰决定了是否能向特定地区提供满足客户独特需求的个性化产品。然而，很多拥有集权式权力控制结构的跨国公司在应对这种全球策略时往往是失败的。因为这项策略本质上是要求各本土的商业活动要具有独立性，它们和上一级公司之间既要有联系又要相对地独立。

确实，本田公司是为数不多的几个执行本土化策略成功的公司。比如在过去的几年中，本田已经从一个巨大的日本跨国公司，成功转型为围绕世界建立的一系列小型化的公司，其中最大的子公司是建于美国的汽车制造公司。除此之外还包括在中国、日本、泰国、巴西和许多其他国家组建的独立运营机构。这其中有摩托车、发动机生产公司和新科技公司，新科技公司生产机器人和清洁能源设备。本田公司能够将庞大的企业无缝地转化为分布在世界各地的很多不同的自我经营的本土化公司，表明它具有自觉地将权力结构进行分散化和鼓励当地员工独立创造的胸怀。而这一切都直接来自于宗一郎亲历亲为的创业精神。

这一切也是在阿拉巴马州林肯市发动机工厂剪彩仪式上，本田公司全球总裁CEO挂札拓郎亲自动手修理发动机背后的原因。

第二章　油的气味

“这个人和他的公司都是有问题的。”

至少有三个汽车行业的专家说，他们听到丰田汽车创始人之一丰田英二对本田宗一郎大放厥词。不过，专家们及时补充道，当时丰田英二当着他们的面说这些话的时候年纪已经很大了并且退休了，他的语气幽默并没有怒意。这是几十年前的事情了，那时的日本，战争的硝烟刚消散，丰田英二还不可能预见到有一天会躲避宗一郎。然而对于宗一郎来说，他很受用这种恭维。在他们那一代，他是看起来最不像行业大亨的。在日本这样一个倍加推崇保守、沉默和谦卑的国度里，他不具备上述三点的任何一点，他认为天才来自于个人的特质。他在多个场合对他的员工说：“打破常规对于艺术家或发明家来说至关重要。”

的确，宗一郎是一个特立独行，不墨守成规的人。早前人们认为这是一种病症，他迷恋一些吸人眼球的新事物——而他迷恋的原因不在于新颖而是不同。1906年，宗一郎出生于太平洋海岸线上的静冈县浜松郊外的一个小镇，位于东京的南部，距东京约两小时车程。在20世纪10年代，当时有一辆福特T型车沿着村庄的土路向南驶去，这是他第一次真正接触新奇的机车。宗一郎的父亲仪平是一名铁匠兼自行车修理员。父亲精湛的技艺和修理时所用的工具引发了他极大的兴趣，由此，他就成了父亲修自行车的帮手。但他不觉得这项工作有任何挑战性，他对动力机械更感兴趣，他觉得自行车的移动方式毫无新奇之处，而是认为福特T型车才是真正的革新的东西，尽管在他落后的村子里自行车才刚开始流行。“我不理解，车怎么能自己走呢？”很多年后，宗一郎说道：“当那辆车从旁边驶过时，我想都没想，不由自主地追了很远。”“我被油的味道吸引了，我发现了地上的油渍，就凑上鼻子，并用手摸了摸残留物。在那时我只有一个想法，那就是发明机器并用机油或润滑油给他们润滑。”之后的很长时间里，他一直念念不忘汽车发动机的诱惑。只要他有时间，就和祖父一起去附近的舂米磨坊里检查舂米机的内部工作原理。在那个偏远的地区磨坊里有为数不多的几个机械引擎。

宗一郎回忆道：“机器转动的声音成了我人生的第一首乐章。从我家木屋的走廊上，我可以看见机器喷出的蓝烟，后来去磨坊成了我的习惯，我喜欢听引擎发出的声音、看喷出的烟雾……我一待就是几个小时，盯着机器，直到祖父劝我早点回家。”

1922年，15岁的宗一郎对发动机的着迷使得他不再满足于做一名旁观者。他选择退学，离家来到东京的一个内燃机厂工作，在一家名为Art商会的汽车与摩托车修理店当学徒。他天生的技术特长给Art商会的老板留下了深刻印象。在当时，游历甚广的修理师称霸于全球小型的汽车行业。在有资历的修理师看来，你只有花费几年时间进行观察学习和培训，前辈才肯把自己的一套工具传给你，让你参与修理工作。这种期望显然与他四处巡游的性格相悖。如果他真的被迫做长达十年或更长时间的学徒，那么真的不知道他接下来会做什么了。然而，一场无法预料的悲剧使得这样的假设变得毫无意义。

1923年9月，日本本岛发生了日本历史上最具有破坏性的一次地震，关东大地震。地震持续了长达10分钟，将东京和港口城市横滨夷为平地，超过14万人丧生。在有关地震强度的传闻中广为人们流传的是，由于地表起伏剧烈，一尊重93吨，高14英尺的佛像被抬起并移动了两英尺。Art商会在这次地震中幸免于难，但是劫后余生的修理厂技师们纷纷离职回家，照顾家人，重建家园。宗一郎的老家由于距震中较远而没有受到影响，所以他填补了离职技师的空缺并成为正式的机械师，他的修车技术比之前任何同龄人的技术都要好。5年之后，21岁的他已经熟练掌握修车技术了。他决定搬回浜松并开了一家Art商会的分店。那是一家不起眼的小店，由两个人孜孜不倦地经营，但仅能勉强维持生计。然而在20年代末，小店的命运发生了转变，他有了自己第一项针对汽车的发明——铸铁轮辐车轮。在此之前，通用的是木质轮辐，而在未铺设平整或坑洼较大的路面上行驶时，木质轮辐容易开裂并麻烦不断，常常使汽车开进沟里或相撞，甚至伤及驾驶员。他发明的铸铁轮辐支撑的车轮，是一次重大突破。当年在他维修自行车时就想到了类似的想法，这项发明极大地改进了汽车舒适度并减少了事故。尽管处于经济大萧条时期，但是出售给世界各地汽车生产商的专利技术转让费让他成了一名有钱人。没有人吝啬新到手的财富，他骑上新买的哈雷代维森摩托车参加机车大赛。他在自己建造的游艇上和艺妓们兜风玩耍。乐极生悲，一次他驾船通过河道上一座摇晃的小桥时，由于行事鲁莽，出了事故。他还酗酒。但是，他热爱自己的技术，计划着在汽车行业的下一次胜利——改进汽车活塞环。作为发动机中最精细的部件，早年间的内燃机活塞环经常发生故障。活塞环的主要工作是在发动机压缩过程中，闭合活塞与缸体之间的空隙，同时密封燃烧室中的汽油。活塞环的尺寸非常精密，允许的缝隙间隔极小——千分之一英寸，必须精密制造，否则将导致发动机运转不畅。

宗一郎相信自己可以制造出最好的活塞环。有一次他对助手说：“我只要看一眼就知道如何复制一样东西。”这个几十年之后被人们称为日本的亨利·福特的人说出这样的话可能显示出了他的年轻气盛，但也表现出他对高质量生产制造的复杂程度一无所知。为了证实自己夸下的海口，1936年，他出资成立Art活塞环研发中心。不出意料，他的极具创新性设计成果惊艳四座，然而活塞产品却远不尽人意，他忽视了在生产线上原材料使用的质量控制。他没有提出任何衡量标准以确保生产出来的产品尺寸符合设计图纸尺寸的要求。要确保每一个活塞都是完美的，至少要做到下一个生产出来的活塞要像是前一个活塞的复制品一样。在他送交Art Piston Ring的最大客户丰田公司的首批50个活塞环中，有47个被退回。他从这次失败中吸取了教训，尽管这是他投入了大量精力所得到的教训。他经常提醒他人注意，提醒的次数之多以至于使追求精细成为了本田汽车的根本原则。他意识到自己对金属学知之甚少，无法决定特殊金属在生产过程中是如何反应的，这样一来他就缺乏足够的基础信息对产品质量进行控制。为了填补知识上的空白，在30岁时，他进入了浜松技术学校学习了一系列冶金、机器、冲压、浇注以及生产与设计的课程。他在课堂上勤奋用功，却因无视考试在第二年被学校开除。即使如此，他仍坚持坐在课堂上，继续参加浜松学校的学习。他还参观了数十家工厂，学习他们如何处理金属材料。最终，他觉得已经掌握了能够按照任何消费者规定的尺寸、产量进行生产活塞环的技术。他1939年退学，从注册入学到退学，整整学习了三年，但他没有得到任何文凭。他形容道："文凭还不如一张电影票。有了电影票，你至少还能去电影院享受美好时光。而一张文凭不能给你的人生任何保证，我从来不关心文凭，我只希望得到知识。"

他成功了，在那之后不久，他获得了28项活塞环与活塞环生产的相关专利。随着产品线的扩大，他又成立了一家新公司——东海精机重工，用来生产零部件。很快本田公司便有了2000名员工，并成为丰田和中岛汽车公司的唯一供应商。这两家公司均为日本最大的公司之一。这是他短暂一生的第二次成功。他一向自信且从不束缚自己的想象。后来他在描述职业生涯头几十年的坎坷职业生涯时说："我得投入必要的时间，但没有什么能阻止我成功。我就是不会放弃，绝不。这就是成功的关键。自信与自立，对事物坚定的信念，是每个人找到无限内心动力克服困难的源泉，我不允许任何人或事影响我的重要目标，甚至饥饿也不能妨碍我。”

可能在他的一生中还会经历更多类似这样的事情，但他再也不会认为生产是想当然的事，再也不会低估智力、技术、关注程度、创造性的重要性，这些都是生产优质产品的必要因素。但是，他内心的躁动——或更精确地说，想叱咤行业而不甘心只做配角的这种不安分很快占了上风。修理机器，为大产品制造小零件远不能满足他，他认为还有更大的发展空间，更为卓越的成就在等着他。所以在1945年二次大战结束后的一个月，他以5000美金把自己在东海精机的股权出售给了丰田工业公司。

在当时，他已经显现出了他古怪另类的一面，直至他的余生。小小的身形穿着色彩丰富、俗艳的西装，又常常搭上一成不变的鲜红衬衫，总是让人眼前一亮。光秃秃的脑袋上常斜顶着一款时髦的软呢帽。他告诉丰田公司的经理，这身装扮是因为他接下来要准备考虑一个一年的“人类的假期”问题。丰田公司的一位历史学家说道：“实不相瞒，在丰田这样一个认真严肃的公司里，高管们认为他们没有见过比这种着装更为怪异的人了。”

他尽情享受假期。在那个年代，日本受到战争的重创，大多数人陷入了绝望的紧张情绪中——经济主要依赖美国——然而他却有花不完的钱。他私自酿酒，把医用酒精勾兑成清酒，写上配方装在瓶子里，然后作为礼物送给朋友。几乎每晚都开聚会，派对通常是在贩酒行里举行，他们从酒桶中取酒豪饮，这些酒往往是店主私下卖给他的。他学会了演奏日本竹笛，绘制精湛的作品设计，在他的小屋里修补发动机并制造了可以生产盐和棒冰的机器。那时，他已结婚并有了孩子，但是那也没能让他在假期休息的这段时间里变得更能干，或者停止狂欢。许多次他都被发现静静地坐在自家的花园里，直直地看着天空。一个邻居回忆道：“他连一颗野草也没拔，就是在石头上从早坐到晚。”他有一个外号，另一个邻居说：“一个几乎不工作的奇才。”沮丧之际，他的妻子佐智鞭策了他——不经意间开启了他职业生涯中最为重要的一段历程。佐智骑了几个小时的车从浜松和相邻小镇间的黑市上购买大米，刚刚回到家，又累又气的她发现宗一郎在后院里漫不经心地把玩着他的工具和机器，她愤怒地走过来。“你哪怕出去买一次米也行啊。”她说道，“我才不愿意做呢。”然而，他告诉佐智，他要给她制造一辆摩托车（摩托车几乎很难找到，汽油在战后的日本废墟中更是少之又少）。佐智让步了。尽管这可能花上他几个月的时间来完成这项艰巨的工作。如果说佐智让步的初衷是在努力维持这个家而惩罚游手好闲和麻木的他，那么同意他制造一辆发动机驱动的自行车的确没有达到她的愿望。

事实上，他以过去一年里几乎少有的热情和努力承接了这项任务。他机智地发现日本战时为马克6型无线电台提供动力的小型发动机被遗弃得到处都是。几乎在每个日本城市都有不少废弃品，而这些发动机可以被改装为自行车的动力马达。他仔细梳理所在区域的每个城市，收集政府富余的发动机，然后花时间改装，以便发动机可以被用于交通运输。油箱制造则是更为艰巨的任务。理想情况下，镀锡钢板可用于制造油箱，而普通钢铁生锈会降低油的品质削弱燃油的效能。但是由于政府对经济的控制，带有涂层的钢板几乎找不到，本田就使用旧的金属热水壶作为制作油箱的材料，它们还可以用来制作暖炕，这些旧的水壶在二手店里很容易买到。这只不过是他最为骄傲和最成功的设计之一，由于考虑到零部件的不足，以及他对发动机所做的调整，他对自行车发动机能打着火就已经非常满意了。实际上，这一步很难做到，因为汽油非常匮乏，他被迫使用松油作为燃料，松油在任何情况下的燃烧都不理想。但是随着他的改进，发动机一次竟然可以运行半小时了。

佐智很高兴，在此之前，她无法想象艰苦劳顿的购物历程可以变得如此方便。看到她如此幸福，宗一郎意识到可能在日本主妇中存在着大量类似的需求。之后，他将妻子的购买经历称为“快乐的购物”。当这些情况发生在产品使用功能超过预期时，追求满意的程度就成为了他的公司最基本的动力原则之一。虽然这一产品还并不完美，体型也较为庞大，但这种自行车却比人力自行车速度提高不少，也满足了一些邻居的需求，他们为了家庭同样也需要跑很远的路来购买食物。

每生产一辆摩托化的自行车都需要花费宗一郎一天时间，它们立刻就会卖完。但是在生产了几百辆之后，他没有了政府多余的免费发动机而不得不停止了生产。

这些现实使得他放弃了自己的“人类的假期”，再次变得勤奋起来，摩拳擦掌启动自己的第三份事业。这一次是制造摩托车，包括车架和引擎，一切从零开始。之前没有任何一家生产厂同时生产车架和发动机，他们会选择其一。（实际上，那时的大多数汽车公司——即使是现在的公司也会外包发动机生产，自己生产车身框架并设计组装线。）他对于冲压、发动机设计、生产和生产线都有经验。这些技术的结合使他相信自己对于生产整个摩托车游刃有余。

而这个目标却还需要几年的等待才能够实现。起初，1948年9月，他在浜松投产了一个小型工厂，主要生产发动机。这是一个20人组成的工厂，由他的父亲支持。他的父亲耗尽一生积蓄，提供了包括一万平方米的一片树林，他成为本田技研工业株式会社（Honda Motor Company本田发动机公司）的第一个投资人。这个工厂生产结实耐用的两冲程发动机，被各个摩托车销售商和黑市经销商购买并安装到他们能找到的所有车架上。这种长相奇怪的自行车可以达到每小时12英里的速度，并在本土市场大获成功。它们非常适合日本，价格不贵。但是对于世界其他地方，这样的设计太过于简单了。

在本田公司的早期，我们便可以看出它几十年后与众不同的个性。在最开始，宗一郎便坚持要求在自己公司工作的员工“绝不模仿”。他认为这个原则是不可修改的。很明显，这必须是绝对标准，但在那时是很难实现的。除了那句口号，他自己也知道它更像是激励而不是事实要这么做。

但是，当他的工程师没能遵循这一理念时，他绝不轻饶。相反，他会发泄自己的不满，要么通过激烈的批评，要么通过冷淡的无视。这在本田公司设计生产第一辆摩托车时便体现了出来。他要求他的工程师设计一个两冲程的发动机并与在售的机型完全不同。这是一个困难的任务，因为发动机必须是相对简单和相对成熟的设计，需要整个团队的创造力。本田公司的一些雇员不知道为什么要做如此的创新，摩托车化的自行车的购买者知道他们花费不多，也不会对自行车有过高的期待。“我们如果仅仅通过改造马克6型电机的发动机来继续拷贝我们的自行车，我们会很好。就像本田一开始做的那样。”本田公司第一个拥有工程学位的员工黑泽永嗣说道，“这些摩托车拥有我们想要的动力，但是宗一郎就是对现有的设计不满意，他绝不愿意做重复的事情。”宗一郎寻求一种设计突破，从而使他的公司脱颖而出，他对呈现给他的工程图纸毫不犹豫地加以否定。“哪个零件是新的？哪个零件与众不同了？”他问道，不信任地摇头，他把图纸揉成一团，对工程师说赶紧走人，并质疑他们是不是真的能够胜任在发动机工厂的工作。本田拿出了纸笔，开始写写画画，一个概念脱颖而出。虽然这些手绘图和样机已经不存在了，却是本田公司的传奇，它被称为“带烟囱的发动机”。因为这个发动机的各部分的外观尺寸并不是完美一致，每个活塞与缸体的上半部分非常狭窄，而下半部分却又像水壶一样。但这样的结构使得较粗短的引擎可以更有力地在加速阶段驱动曲轴，而窄瘦一段质量更轻，在活塞各个循环过程中更加顺畅高效。

与那时流行的典型的两冲程发动机相比，本田公司带烟囱的发动机不仅是一个大胆的设计改变，同时动力性能也显著地改变了，并被口口相传。1996年的本田公司工程师在公司展览会上展示了他们的烟囱式发动机。为了测试这个发动机，他们模拟40年代晚期的工作条件，使用当时的油、气和速度要求。这种发动机轻而易举地超越了同时代的其它两冲程发动机，不论是在动力上还是燃油率上。虽然我们相信这种烟囱式发动机能够被制造出来，但是生产计划却没有实行，显然当年的生产设备还不能够满足如此奇特多维设计的发动机。

本田摩托车发动机的另一个计划虽相对保守，却不乏创新。虽然与A型烟囱式发动机的长相大相径庭，这个新发动机由传统发动机改进而成，拥有不少显著优点。其中包括，大幅度提高发动机动力，同时降低油耗。在A型发动机中，燃油空气混和物通过一个旋转阀片进入发动机，这个旋转阀片位于曲轴箱的一侧而不是位于传统的进气阀旁边。这样可以对进入发动机的燃油空气混和物进行更精确地控制，使得每一滴油都发挥作用。

但是更能展示宗一郎对原创的重视和对独立自主研发追求的，莫过于他这个刚起步公司的生产过程与在美国和部分欧洲的其他摩托车生产厂的不同。他的资金并不雄厚，经济来源相对有限，在日本的客户群也相对稀少。但他的工厂却使用了一套更适合大规模生产的组装技术，在那时，美国和欧洲顶尖的摩托车厂都没有这样做。他使用金属模具而不是沙模来生产发动机，而且还用金属模具生产前轮连杆、曲轴箱和进气阀座。

简单地来说，金属模具在如今的生产过程中非常常见。融化的金属经高压进入模具内，而模具空腔已经被改造成不同的形状，例如留有活塞孔的发动机缸体。金属模具可以被重复使用并且可以连续使用。沙模与之相反，步骤要求先注入细沙，然后是高温金属，例如铝浇注，最后液态的铝会溢满模具的四周（像常见的塑料注造）。细沙与薄薄的金属合金层贴着模具就形成了产品。由于沙模与金属模具不同，只能被使用一次，每次铸造沙模都需要再单独生产一次。虽然如今的自动化设备可以提高效率，但是使用后毁坏的沙模与多余的金属必须作为垃圾进行清除。用各项指标来衡量，沙模则更适合起步阶段的本田公司，因为在一开始公司每周的摩托车产量相对较低。总的来说，金属模具更适合高产量的生产线使用，沙模制作简单且价格低廉，而金属模具的购置费非常昂贵，如果没有很大的产量来分摊成本，那么公司几个月甚至几年都不能收回成本。但是，宗一郎看中了金属模具的高效率和大批量生产时相对沙模更节省原材料。这样的模具可以使他的公司直接从原材料生产发动机和其它零部件，同时减少不必要步骤，仍能确保生产出高尺寸精度的产品，使产品报废率降到最低。

然而宗一郎执着的坚持并没有很成功，因为本田公司没有足够的资金来购买金属模具。一个模具商对当时在公司工作的他的姐夫Takeo Isobe说，每一个金属模具都要将近50万日元，这远远超出了公司的预算。所以他要求员工们自己手工制作模具，认为这样可以使员工对模具制造设备更加熟悉，同时还可以生产出本田公司自己所需要的特殊模具，更重要的是随着产品设计的改变而能快速适应，从而超越其他公司。正如Isobe回忆宗一郎的话说到的那样："在那个没有资源的时代，人们不能消极度日。如果我们必须面对困难，那么不如先克服最困难的事情。在最开始就付出全部，如果我们得到了我们想要的，那么在接下来的日子里就不需要付出那么多的时间、人力和机器了，难道不是么？"

这个计划奏效了，本田公司员工自己制造模具，在为公司节约了资金的同时还加快了生产的速度，并且随着销量增加，公司也不需要再增加额外设备。几年内，本田公司就能将现有设备升级为世界领先的设备。前期，本田公司对模具制造的经验使自身获得了在提高产能上的优势，而其他公司却还要再花费10年的时间。

本田公司对模具的成功应用成了他自身成长的工业基础。在公司大部分历史中，宗一郎都参与设计、生产大多数他自己的先进设备，例如机器人和自动化设备，这在如今的汽车工业中也属罕见。生产专家认为，这样一套成熟的技术，给予了本田公司在工厂生产灵活性、成本控制和生产流程改变中的显著优势。虽然公司刚刚起步并地处偏远，但是在日本，本田公司已经快速成为工程人员最喜爱的公司之一，寻求岗位的求职信络绎不绝。而对宗一郎的评价却褒贬不一，人们认为他是一个认真、脾气暴躁、性格外露的老板，但是人们却对他创造的公司赞赏不已。这是一个非常不一样、不刻板的日本公司，它强调员工之间相互合作并相互尊重，而不在于每个人工作的重要性与否。的确是，本田公司员工很少见到宗一郎在办公室，而他更多的时间是在工厂车间或设计室。他穿着一件白色修理工大褂，讲着笑话并分享个人经历，同时员工也感受到了他的温暖，人们经常称呼他爷爷。在人生后期，他对那段时光珍惜不已："我们一起思索，一起痛苦，一起庆祝。"

1949年前半段，是本田公司值得庆祝的日子，公司推出了第一辆由本田工厂从头到脚生产的摩托车。本田公司按照字母表顺序对发动机进行命名，那个时候刚刚完成了4D发动机的研究，并将摩托车称为梦幻机器。在那之后，在本田公司历史长河中，尤其是宗一郎的各种决策中，都使用了单词"梦想"。（就像本田公司的格言那样"梦想的力量"）梦想一词具有更深的寓意，它预示着移动能力、创造力和对工作与娱乐的热情。

D型摩托车虽没有什么特别之处，它的发动机也是C型发动机的衍生物——一台3匹马力两冲程96-cc发动机，但它不再像自行车装上发动机那样，而是像真正的摩托车一样，拥有完整的动力集成，这在那时的日本还是非常少见的。产品和美国大型跨国摩托车生产厂哈雷·戴维森的产品一样，但美国公司的产品价格却很高。

这个梦幻机器拥有本田公司三大研发成果。车架由空心钢架组成而非实心钢管，这样使得车体减轻重量不少；使用本田公司自己的金属模具生产时也减少了成本；没有了离合器的二档手动变速箱被漆上了褐红色，而不是黑色，因为褐红色是宗一郎最爱的颜色。

用来生产D型梦幻摩托车的生产系统则是最令人称赞的,全球首个用传送带大规模生产摩托车的过程蕴含着无限的生产能力。宗一郎在他的工程中做着唐·吉诃德式的努力，其结果是将这个日本的摩托车生产厂推到了风口浪尖。现在已经停刊的当时日本著名的科技杂志《科学朝日》中，对本田梦幻机器工厂的成就总结道："在我们的时代，这家公司改变了生产模式。在

1950年生产了876辆摩托车，而当年全日本生产了3439辆摩托车。在接下来的1951年，本田一跃至每月生产700辆摩托车。随着自由贸易这个现实的来临，人们最先想到的就是成本问题，但是在任何部门，成本控制都非常困难，而对大型公司来说这些尤为严重，如果不使用特殊手段，很难让复杂的商业活动顺利进行。本田汽车通过实际操作学习了不少经验。他们雇佣了150人，使用着在欧洲摩托车生产厂都不曾见到过的金属模具生产所有的发动机，也许提高生产产量的关键就应该在这方面上。”

梦幻摩托车刚推向市场时，销量非常好。但是成功是短暂的，几个月内日本经济由于美国强加的道奇路线货币政策而再次崩溃。道奇路线是由美国大使约瑟夫·道奇引入的，目的在于操纵日元汇率1美金兑换360日元来削减通货膨胀。在这种汇率中，日本生产的产品及矿产物资价格上升，甚至超过了国际水平。通过停止无效的银行贷款，迫使日本公司降低成本来参与国际竞争。更糟的是，日本公司解雇了将近100万工人，小型经济体全部遭到破坏。

随着潜在客户的突然消失，本田公司的销售停滞不前。当然，日本经济形势不佳也并非是本田公司遭受惨痛经历的唯一原因。人们对与众不同的梦幻摩托车无离合手动变速箱的热衷，仅仅持续了很短暂的时间。驾驶摩托车的专业人士发现，大众不喜欢这样的设计。宗一郎的这一设计的初衷本来是为了吸引没有经验的摩托车驾驶员，不使用左手控制的离合器而是使用换挡踏板的前后移动来控制档位。向前踩，摩托车进入一档，松开则回到空挡，使用脚跟踩下去，变速箱则换至二档。“在一开始，这款设计非常流行，因为它是非常容易驾驶的摩托车。”早年的雇员黑泽永嗣说道，“但是过了一段时间人们开始抱怨。问题在于如果要保持一档，脚尖必须持续地放在换挡踏板上。如果此时持续上山，那么你的脚尖会很累，这就是为什么销量突然间下降的原因。我们的理念过于超前，我们本以为这样对消费者最有利。但随着大经济环境的减缓，真的麻烦来了。”

本田公司几度面临破产绝境，经常拖欠供应商的货款，员工也常被告知多等几周才能收到工资。当年42岁的宗一郎知道，如果公司失败了，他没有第四次机会了。他绝望地挣扎着不愿意失去这个公司，他发现这种情况下很难认真研究设计新的摩托车。这时的经济问题已经非常严重，消耗了他的大量时间。他独自对自己说："如果我现在放弃，每个人都会饿死。"他回忆道："我想象到了所有人都依赖我的场景。"这时候他做了一个他不曾想过面对，甚至不会认真思考的决定，他开始寻找合伙人，一个能够引入资金并管理本田公司财务的人。这是最后的赌博，成功遥不可及。他非常独裁并且要求极高，绝不轻易允许别人否定或质疑他的决定，尤其质疑他的新想法。然而，像老天注定的那样，他找到了最适合他需求的那个人。就像在照镜子那样，这个人的理念与他完全相同，也赞赏他对本田公司的策略，然而他和这个人的个性却差别很大。

新合伙人藤泽武夫，是一个个子高高的有教养的男人，浓密的毛发凸现了他的智慧。藤泽武夫出生于1910年，比宗一郎小4岁，出生在东京的文京区，这是一个以教育文化为中心的首都城市，但是他却不适合从事研究和学习。他的成绩一般，一直没能通过教师资格考试，不知道如何发展事业的藤泽武夫，选择了销售，他认为这是最适合自己的道路。

藤泽武夫在一家小型钢铁公司担当销售人员，迅速成为业绩最好的员工。他的成功来自于自己的两个个性，其一就是他后来在本田公司显示出来的精打细算的特点。他永远说实话，非常的诚恳。例如他会告知客户货物迟到的原因，从而换来他们的信任与忠诚。并且他还是一个投资大亨，他非常精明地通过钢铁价格的波动和自己精细的分析判断，来获取每一单的最大收益，成了熟练操作期货市场和售后服务的专家。1937年，他所在的公司总裁被召入伍去参加第二次中日战争，他得到了公司的控制权。

两年之后，藤泽武夫决定下海经商。在极度困难的战争环境下，他筹募了10万日元创办了日本生产研究所，为刀具提供刀片，主要客户则是一个日本的大型国防供货商——中岛飞机公司，同时还从本田公司东海精机重工购买活塞。中岛公司的采购员竹岛宏曾参观过宗一郎和藤泽武夫的公司，时不时地检查他们生产的工具和零件质量。

随着第二次世界大战战局的恶化和对东京日益加强的轰炸，藤泽武夫全家搬至郊区。直到战争结束时，他还在农村运营着一家小型木材公司，为重建事业提供建筑木材，但是他觉得很无聊并始终想重回城市创造财富。所以他经常去东京，在新宿区的黑市中穿梭。那时，这片废墟中有很多住在纸箱子里的流浪汉，头上还伴随着美国B29轰炸机隆隆的飞机声。

一片废墟的新宿区很难让藤泽武夫找到商业活动的信心，也不会萌发任何巨大的机会，然而在废墟中却蕴藏着企业家萌动的心。记者罗伯特·怀廷在一部有趣的关于日本暴徒的《东京地下世界》一书中，提到1945年8月18日的一则广告，显示了新宿区蕴含商机的一面。“紧急通知：各大企业人士、工厂和生产者，在由战争时期过渡到和平时期的重建过程中，你的产品将会以合理的价格得到大量订单。那些愿意售出产品的人可以带着样品和报价来到下列地址：东京新宿市场淀桥区角筈1-8-54号。”用罗伯特·怀廷的话说：“这样的速度绝对创造了纪录，在战争结束三天后，在美军离开日本10天前，这样的报纸广告已经展示了这个国家第一个黑市交易的到来，况且在那时这是为数极少的付费广告之一。这种情形比任何人预计的都要快，尤其是考虑到东京被炸成废墟的状态下。”

正可能是这种“交易的召唤”，使得藤泽武夫来到新宿区来考察商业活动，即使不参与也会进行一番观察。1948年的夏天，在许多次旅行中的某一次，他终于找到了一个在他后来被认为是他经常来到这里的原因。在当地的市谷火车站，他碰到了竹岛宏，他们二人已经多年未见。竹岛宏离开了中岛飞机公司的工厂，成了国际交易与商务部（MITI）的技术专家，这个部门负责制定工业政策和投资。

在这次偶遇中，藤泽武夫对竹岛宏说，他最近在福岛购买了森林，距离东京以北150英里，用来给战后重建提供建筑材料。在首都，这种木材交易非常清淡，而且他也怀念城市给人们带来的各种商业活动。竹岛宏建议他搬回东京，并答应尽快替他牵线搭桥寻找生意伙伴。

一年之后，刚起步的本田公司遇到了严重的经济问题，如果想继续生产摩托车，他们就必须有一定的资金。听到了本田公司的境况，竹岛宏就考虑藤泽武夫能不能帮助本田公司集资，并将公司带领到更平坦的道路上，毕竟在此之前藤泽武夫听从过他的建议。竹岛宏联系了藤泽武夫，建议他和本田宗一郎见一面。宗一郎与竹岛宏平时就经常保持联系。竹岛宏对藤泽武夫说，宗一郎是一个有天赋和创造力的工程师，在他设计的摩托车上有很多特殊功能和众多专利技术，还有他的生产才能，都验证了这一点，尤其是在发动机设计和车架设计上的重大突破。但是，他不是一个成功的商人，他需要一个帮手。

“算我一个。”藤泽武夫马上回答道，“相信我，我会给予本田宗一郎所需要的一切。”

几个月后，在竹岛宏东京的家中，宗一郎与藤泽武夫见面了。这次见面时间并不长，爱社交爱聊天的宗一郎喝了不少清酒，在未来个人交通和工厂生产的新理念上滔滔不绝。藤泽武夫也喝了不少，但他仍然保持清醒而且话语不多。他仔细观察着宗一郎，被他努力的精神打动了。尤其是他那种能在困难时刻，仍对很多新鲜的理念保持高度的自信。当宗一郎对他说：“如果我们合作，我要做工程师，我不想让你干涉我的决策。但是作为回报我会把所有资金都切实地交给你。”藤泽武夫深深地感觉这是一个正确的安排。

“我明白，”藤泽武夫说道，“对于资金我会全权负责，而且不会干涉你的工作。我只专注于给你提供可能的和最好的工作条件。”

但是藤泽武夫补充道，也是对宗一郎的提醒，你必须有纪律性，作为工程师和经理，你不能做任何激进的或不合逻辑的决定来伤害公司。“我会作为商人的身份与你合作，但是当我们分开时，我不会接受损失，我指的不只是金钱，我说的是当我们分开时，我们还能够得到内心上的成就感。”

在1949年底的那天，他们两个人签署了合作协议，他们成为了本田公司的合伙人。对于公司，这个决策立竿见影。几个月内藤泽武夫筹得100万日元的资金，其中包括50万日元是他自己的资金，这些资金用来帮助本田公司度过难关。同时他还建立了东京以外的销售团队，以期望在新社区推广本田公司的产品并拓展新的市场。（不久公司的总部也搬到了首都，虽然许多生产车间仍留在乡下。）

藤泽武夫劝他的销售人员要与消费者面对面地接触，这成了公司与众不同、独特的外在表现的开始：三现主义。它的意思是只有通过第一手资料和知识，才能做出最有效的获得最高利润的决定。他给予每个销售人员相当于他们半年工资的出差费，以使得他们能够可以几个月出差在外，让他们努力推销本田公司的摩托车，并在城市会展上推广宗一郎的发明。这些销售人员能在摩托车零售商那里待很长时间，他们在维修间通常一工作就是一整天，甚至当他们看到骑自行车的人上坡时也会停下来进行交流。如果一个零售商同意出售本田摩托车，销售人员要求先支付一小笔预付款并以此保证销售商能继续合作销售本田公司的产品。很短时间内本田公司一个月摩托车的销量就达到了1000台。

在50年代的大多数时间里，本田公司一直在走上坡路，只有几次经历波谷。几乎每一辆新型摩托车，都有突破性的技术并具有之前的产品没有的功能。宗一郎将公司转变为具有创造力的工程公司，并且没有了重大的财务紧张问题。例如在1951年，本田公司推出了具有突破性的两马力四冲程发动机，产品进入市场后震惊了其他的摩托车生产商。在这一段时间里，本田公司又生产了两种带有革命性的摩托车：Benly是一款实用、低成本、小型的摩托车，还有Super Cub，是一种比Benly更气派但尺寸稍短的摩托车。

Benly最值得注意的是它发动机的位置。大多数摩托车发动机都安装在主车架上，位于前座之前，但是本田将Benly的引擎固定在悬挂臂上。悬挂臂是后轮减震的重要零件，它用来加强控制后轮的力量并帮助吸收在道路上行走时产生的颠簸。这不但减少了发动机的震动，而且给驾驶者提供了更舒适的驾驶体验。

Super Cub则是本田公司完全重新设计的一款非跨越式摩托车，它的驾驶者骑乘时不需要跨过摩托车。如果燃料箱放置在车前，就和大多数大型摩托车一样，驾驶者会觉得很不方便。所以宗一郎有了一个新想法，那就是将燃料箱放在座位的下面，在当时对大多数公司来说这都是一个难题。

“这种摩托车你不需要抬起腿去骑坐在车上，”宗一郎说，“这种摩托车你只需直接坐到车座上，而腿就放在前面。我们希望穿裙子的消费者也可以购买这种摩托车，所以我们不能把燃料箱放在腿的位置。”

上述两种摩托车只是这个时候无数系列新摩托车新理念推出的开始。

本田工厂和设计团队分别是本田公司的实验室和研发者，通过和他们交流，宗一郎不断地寻求简单的办法来提高工人的生产率，降低成本和提高效率。他也会实验使用新材料，如聚乙烯或者更轻的金属材料以降低新产品的成本和摩托车重量。

这些策略使得公司拥有了先进的生产方式。例如利用模具生产、电焊，这些在当时的摩托车企业中，都没有使用。当时，本田公司是否能够成为主流生产厂还不明朗，毕竟摩托车的生产相对容易，但是到50年代，凡参观过其工厂的人从各方面都看到了他的潜力（材料、生产过程、设计过程、工人参与、生产力），本田公司遥遥领先于其他对手。

宗一郎支持并鼓励他的员工搞发明，支持他们思考并改善陈旧的东西。一个精益生产专家比较本田和丰田公司在50年代的革命时说道：“一个公司将困难、改变以及持续的发展视为简化和提高的工具，而另一个人则认为是困扰、规则、系统。但是最后都没有失败。”

宗一郎也明确表示过同样的观念：行动没有理智是致命的，有理智却没有行动则是没有用的。60年代初，本田公司成立才近10年，但已经成为世界上最大的摩托车生产厂，在全球拥有多个重要市场，年生产量超过100万辆。本田公司在全球受欢迎的重要原因是因为他的产品在全球拥有质量耐用的口碑。得到如此的赞誉，是因为当时宗一郎坚定地让本田摩托车参与英国曼岛国际旅行者摩托浪漫旅的摩托车大赛，这个大赛是当时世界上强度最大的摩托车比赛。

在1954年，宗一郎首次宣布他对于参加这项危险的摩托车比赛的意图。赛道长37英里，并且以山路为主，包括一系列发卡弯、石头墙、井盖、颠簸、跳跃和电线杆，赛车最高速度要达到每小时100英里。那时，日本的工业和科技被认为很落后。宗一郎的决定遭到了欧洲人的嘲笑，然而5年之后，本田摩托车首次出现在了曼岛国际旅行者大赛上，在这之前没有日本生产厂参加过任何摩托车国际大赛。欧洲和美国公司认为，日本不可能生产出拥有高性能的摩托车，当时的报纸刊登出来的往往是日本公司周末加班的消息，这反映出他们的生产力和效率极其不足，尤其是与国际生产厂巨头相比。

他曾经在十几年前参加过摩托车赛，但是从未失去对竞争的渴望。在这种全球瞩目的比赛中，成功是受人尊敬的。他知道，这会给他和企业迅速带来知名度。他将这一目标作为挑战，一旦成功，就永远地改变了公司的形象。

他对员工写道："当我还是个小孩时，其中一个梦想就是驾驶自己生产的摩托车来参加全世界的摩托车比赛。现在我们拥有了令我无比自豪的生产线，机会终于到了。不说大家也知道，比赛的胜利者会享誉全球。我看到德国，虽然像我们一样在战争中失败，许多工业却在蓬勃发展，这更让我觉得本田公司必须参加比赛，并且取得比赛的胜利。我们必须展示日本机器工业的真正实力，并达到在全世界面前能骄傲的水平。"

比赛迎接的第一个挑战是，本田发动机的转速要能达到1万rpm，只有这样才能与比赛中的其它摩托车相抗衡，但这一转速是当时本田公司生产的发动机转速的3倍。如果本田公司做到了这点，摩托车就会以损失动力为代价。这就是为什么在1959年的比赛中，本田公司的125—CC只获得了这一组别的第六、第七、第八名。两年之后，公司充分准备，这时他们的发动机转速已经可以达到1.5万rpm，比现在的飞机发动机转速还高，发动机的动力较以前更是提高了3倍。欧洲生产厂商被宗一郎派来参赛的机器惊呆了，他们在比赛中受到了重创。1961年，在125—CC组和250—CC组比赛中，本田摩托车囊括了两组的第一名到第五名。

突然间，全球所有的工业人士都对本田公司刮目相看，那些热爱摩托车比赛的潜在消费者也不例外。就像英国报纸《每日镜报》在总结1961年比赛时写道，本田的发动机是“全世界最棒的”，他们就像“精准的手表”。

本田公司成为了全球瞩目的焦点，宗一郎和藤泽武夫感觉到他们能够借助这个新获得的名誉，并利用它促成公司重大改变的一个机会为时不远。这个想法已经在他们的脑海中酝酿两年了，那就是让本田公司成为汽车生产厂商。从本田公司既往的短暂历史中，他们充分意识到摩托车只是一时流行（尤其是公司那些销量很好的小型摩托车）。实用和现代化进程决定了摩托车未来的命运，相比之下，汽车是永恒的。当然，汽车的车型会更新换代得很快，油价的变化也会主导着车身和发动机的大小，但是好的汽车生产厂可以生产满足不同需求的汽车，而不会因为产品的单一而陷入全局的失利。

当然，进入汽车行业风险非常大，这其中有成本过高的因素，还有质量的竞争。一位底特律资深人士谈到，在美国成功的汽车公司是创立于1925年的华尔特·克莱斯勒，在那之后，那些创业者的故事就剩下一些品牌名称值得回忆了。例如帕卡德、恺撒、托克和最近的德罗宁，他们都尝试着加入美国汽车工业，但都失败了。在日本，只有30年代成立的尼桑和丰田公司，之后便没有人跟随他们的脚步了。

尽管考虑到创办汽车公司成功的概率很低，但宗一郎和藤泽武夫相信，作为全球领先的摩托车公司，本田公司比其他潜在的汽车厂更具有技术和资源优势。本田已经知道如何生产出色的发动机，对生产线也有很多卓越的技术储备。另外，从摩托车业务中提取的一部分用于建设汽车厂的启动资金也已经到位了，除此之外，时间也不等人。由于日本国内的政治因素，这个机会可能就要以小时来计算了。在美国的压力下，日本于1961年开始实行自由贸易，允许大量外来商品进入日本本土，甚至允许汽车在日本市场自由销售。为了延缓新策略的影响和更好地应对通用汽车、福特、克莱斯勒公司，日本国际贸易与工业部声称他们将对日本汽车工业进行整合，尼桑和丰田公司将成为指定的出口商，以此来对抗美国三大汽车厂商。MITI（日本国际贸易与工业部）认为这两家公司可以在日本以外销售产品，MITI还提出法案，要求禁止其他新公司来生产四轮汽车，主要目的是为了减少日本生产商的内部竞争。

MITI在宣布新计划之前就已经与宗一郎产生了摩擦。在1951年，当本田公司在东京投产第一个工厂时，MITI指责他虚报每月的生产数量，从而向政府骗取更高的汽油补贴。MITI认为没有哪家公司能够达到月生产300辆摩托车的产量。

当本田摩托车销量在50年代中期激增时，宗一郎指责MITI保护性的交易政策。使得本来认为会支持减少进口的他却站在相反角度，提倡进口。在一次公开讲话中，他带着轻视丰田公司的态度说：“日本摩托车之所以能够征服世界市场，主要是因为这个工业没有被政府保护。如果政府介入并使用某种强制性的工业政策来使企业获利，会适得其反。贸易自由化的最好途径是通过引入竞争机制。汽车工业自战后开始就停滞不前，为什么？因为政府对进口车的严格控制，公司需要通过竞争提高自己的实力。”

这段历史说明，MITI在60年代初期最初的策略被宗一郎认为是在搞人身攻击，是用来阻止本田公司发展的野心和计谋。MITI再次暴露了他们对日本财阀（在二战前政府支持的工业联合企业）公司的偏心，其中丰田公司就是一家。他毫不掩饰地表达了对MITI政策的蔑视，并决定在日本正式推行禁止新的公司生产汽车之前，为大众尽快生产一款车型。他对MITI说："如果你想控制我们，你必须成为股东。只有我们的股东才有权利控制这个组织，只有这样我们才听你的。"

至少在理论上，本田公司已经在汽车的设计和研发上迈出了具有意义的第一步。事实上，本田公司的先进性是它成功的根本，但在1957年，藤泽武夫还是对公司在保持科技先进性上表示了担忧，他认为有必要对公司的组织结构进行改革。首先，他担心研发团队的策略可能受财务和销售事务的影响，这就是意味着研发的选择方向可能会受市场左右。如果是这样，本田公司将会变成芸芸众生中的一个，只会被动地随大流，而不是努力地超越大众的企业。

如此一来，藤泽武夫做了一个决定，他根据公司当时的情况并考虑到本田公司的历史，更是为了适应公司独特的个性，使本田公司在工业公司中成为科技巨人。他努力说服公司董事会授权他将研发部门整体分离，成为本田的独立子公司，他赋予新公司完全独立自主的研发目标和策略方向。他的主要目的是让那些潜在的未来才有收益的发明，摆脱短期就可带来收益的想法的影响。在实际操作过程中，他让研发部门与生产部门分离，完全围绕本田公司未来的目标服务，而生产部门的项目发展团队可以从研发部门的所有研发成果中改进出新车型。

"对于研发中心来说，能够有尊严地独立工作，并满足研究目标是非常重要的。"当他第一次表明这种想法时，藤泽武夫对本田的经理们说道，"这与传统的金字塔形状的管理系统的确不同。"

为了确保研发不受影响和限制，藤泽武夫取消了工程师的等级。他认为最公平的管理方式就是如何最能够鼓励研发人员尝试新理念还不用担心后果。“在本田研发部门，所有工程师在科技面前人人平等。”美国本田公司研发部总裁弗兰克·帕鲁赫说道。

以前没有任何公司曾为了持续推动科技突破而做出如此大的改变，这是前无古人后无来者的，藤泽武夫拿出超过5%的利润来资助新的研发团队。本田公司自1957年开始，每年都保持了同样的做法。在2012年，公司研发经费占到销售额的6.5%，比其他任何汽车厂商都多，甚至比那些从原本就是基于研发的公司还多，例如IBM和三星公司。研发团队成为了本田公司的重中之重，以至于自宗一郎以后的所有CEO都来自于研发团队。藤泽武夫把对研发的变革称为“这是我所做出的最重要的决定，它是公司的转折点”。的确如此，藤泽武夫非常坚信这是一个成败在此一举的决策，如果董事会拒绝了他的重组计划，他就准备离开公司。“在我眼中，通过这个决议毫无疑问是我们唯一能够跻身大公司的机会。”藤泽武夫几年后写道，“如果成立独立研发中心的提议被拒绝，我就会非常坚定地辞职。”

藤泽武夫说：他受到了一部讽刺小说《我是一只猫》的启发，书的作者叫夏目漱石。故事描述了在跨入20世纪的日俄战争中，日本传统文化和西方文化之间的冲击所表现的主题。书中写道，虽然外面的世界充满了嘈杂和战争，但一个年轻的科学家仍然坐在地下实验室里，他忽略了噪音和嘈杂，研究着青蛙眼珠的电流特性。

藤泽武夫在他的个人传记中写道，他意识到本田的“工程师能够享受这种科学家的孤独，那种完全与世隔绝的状态能让他们潜心从事研究。这样一来，工程师能够专注工作，而不必担心其他事情。”

研发部门在成立后不久，便提出了一系列有关生产新汽车的想法。这些想法大多不够成熟，因为当时的团队注意力都集中在与新摩托车有关的一系列事情上，尤其是如何更好地在曼岛国际旅行者大赛中进行竞争。这样一来，当MITI的威胁迫使宗一郎来加速公司汽车发展的进程时，他虽已经有足够的发动机和零部件研发成果，也能使得汽车设计和生产的步伐相对迅速，然而还不足以生产令人称道的本田车。宗一郎面对很近的截止日期，在1963年10月于本田公司推出了他的第一辆汽车，名为S500。这款小型的敞篷车在日本记者中受到鄙视，被称为“四个轮子的摩托车”。然而这种非常基本的车型却书写着先进的拥有高速度和低油耗的小型发动机的传奇。

不顾汽车的口碑，宗一郎坚持自己的观点，他不会接受MITI的政策，他甚至要挟日本政府参与他的商业活动。他知道这样的行为，在与日本结交的自由市场国家的新朋友那里是不会受到欢迎的。结果，日本政府驳回了MITI的动议。受到日本政府的压力，MITI决定让汽车生产厂自己寻求贸易自由，最终，这个关于禁止新公司生产汽车的法案没有通过。

通过现有的摩托车销售渠道着手，本田向美国和欧洲出口了S500和它的改进型，然而销量却不是很好。面对发达的汽车工业国家，消费者没有准备好给予日本汽车公司一个机会，也没有像对待本土公司那样尊重他们。虽然本田公司拥有完美的摩托车和发动机制造商口碑，然而汽车太过复杂，比摩托车拥有更多的活动部件，这在当时是大家普遍的态度。

但是宗一郎看到了机会，一个改变这种观念的机会。美国新立的一部法律将给予他的公司一个机会，来证实他可以超过通用、福特、克莱斯勒和其他有成就的汽车工业制造商。1970年，缅因州民主党州长埃德蒙德·马斯基，提出了一项“1963净化空气法案”的修正案，修正案要求汽车厂在5年内降低90%的碳排放量。这一法律被美国3大汽车制造商认为是消耗工作、反工业的行为。但是环境问题在当时是首要任务，国会非常容易地通过了这项修正案。

这项法案确实对美国汽车制造厂商形成了很大的威胁，不论是商业上还是科技上，他们都没有准备好对他们汽车的发动机进行大规模的改动。但是宗一郎将这项新法案仅看作是另外一个简单的工程挑战，换句话说这是他很熟悉的领域。他激动地对他的雇员说："现在是本田占领世界市场的好机会，每个生产厂都面临完全一样的问题，这时候你买不到技术，这是很少有的机会。在面临新科技时代的变革时，将本田的理念、科技和世界领先的制造能力聚集在一起，我们是绝不会失败的。"

在起初的20年里，本田公司的理念无疑是正确的。但是，最近的几件事暴露了本田公司文化的缺点，这种缺点如果不加以改变，就会影响公司成功达到排放标准的目标。同样重要的是，在接下来的几年里，这种与众不同的个性使得本田公司与其他公司明显不同。

虽然宗一郎真心地相信他的雇员具有想象力并忠于原创，避免抄袭别人，但是他同时也非常坚定且毫不犹豫地在雇员身上强加自己的想法，不论他的想法是否可行。在任何公司，面对这两种情况时，雇员的创造力与顶头上司的理念都是互斥的。在本田公司，针对达到净化空气法案的发动机研发的讨论使得这种冲突达到了顶端。

问题主要集中在新的发动机是采用水冷还是空冷，那时的本田公司的汽车都使用空冷，很大程度上是因为公司其实是一个摩托车生产厂商。由于摩托车行驶时所产生的旋风，使得裸露的发动机冷却良好、运行顺畅，其它操作方式的发动机使用空气冷却也运行得很好。而汽车发动机不同，因为其发动机被密封的发动机盖所遮挡，热量会迅速积累，其温度通常能超过200华氏度。在这种情况下使用水冷发动机效果很好，而且会比空冷发动机效率更高，还可以大大提高发动机的输出功率。在60年代末期，本田汽车与著名的大众甲壳虫是为数不多的采用空气冷却的汽车厂商。

宗一郎青睐空气冷却发动机主要是考虑到他们的可靠性，而不是他们的性能，虽然他知道水冷发动机还有潜在动力没有被发掘。而他的论据则是，在炎热的下午路边往往停着许多拥有水冷发动机的汽车，发动机盖打开着，从过热的发动机上飘出阵阵浓烟，理论上空气冷却发动机永远不会这样。

“如果这样的经历发生在消费者身上，哪怕只有一次，他就不会再买你的车了。”宗一郎郑重其事地说。

然而问题在于本田公司的研发部门，他们认为，如果使用空气冷却发动机将很有可能达不到马斯基的标准。在他们看来，只有两种方法能够使排放量降低，并能保证具有令人接受的汽车动力性能。第一就是降低扭矩，扭矩是活塞运动时加在曲轴上的旋转力；第二便是要控制好空气燃油混合比，而这两种方式都需要使用水冷发动机。

宗一郎始终没有被说服，他不愿意研发部门使用水冷发动机。他使用这样强硬的手段坚定地认为研发团队没有认真思索，可能忽略了空气冷却发动机的某个潜在的重大突破。宗一郎相信他的工程师可以拥有高度自由，事实上他也曾说过，让研发部门拥有设定自己研发目标的自由。此时，如果他同意工程师的选择的话，他就认为是在用本田公司的未来进行赌博。而本田公司的成功恰恰在于这种重视个人创造的文化。藤泽武夫这时也逐渐加入了讨论，他担心这样的冲突会影响本田公司的未来，如果寻找妥协甚至权宜之计，这一过程就会降低公司的价值。最值得注意的例子是伊士曼柯达公司，1976年的斯蒂文·萨松还是一个年轻工程师，那时他发明了数码相机。他在研究光学电子元件时制作了一个8磅重的烤面包机大小的盒子，在23秒内能够将拍摄出的黑白照片存储在电子磁带上，并拥有0.01百万像素的分辨率。虽然照片非常粗糙，但这确实是一部数码相机。

对这个革命性的设备，柯达公司管理层的反应是“很不错，但是别告诉任何人”。

斯蒂文的确没有告诉任何人，直到2001年柯达公司才发布了他的第一部数码相机。但这却是在索尼和其他日本公司的数码相机占领市场10年之后，并且那时数码相机已经开始成为智能手机上的附加功能了。简单地说，柯达公司给人们的100多年的发明和研发文化的印象，就是几千个专利和从布朗宁到拍立得著名相机的演变。而这一切都因为公司对于胶片的钟爱而一笔勾销了。

同样的情况不同的故事，摩托罗拉、施乐、惠普公司也都没能及时抓住新的理念和内部研发的机会，而专注于市场的竞争，最终导致内部交流的困难与组织中的矛盾。

本田公司的竞争对手丰田公司，虽然过去有着比其他公司更多的正面宣传，但是，2009年——2010年的油门踏板事件带来的恶劣影响，至今还不能让人们忘记；还有丰田公司不切实际的销售目标，甚至打破了公司自己最珍贵的原则。

藤泽武夫聪明地选择了保护公司文化，即使面对的是创始人宗一郎。如果宗一郎被允许在公司工程师身上强加他的想法，来制造空气冷却发动机，那么本田公司成功建立的公司文化就不复存在了。藤泽武夫知道他必须与宗一郎谈一谈了，尤其是在拜访了研发科技经理久米是志之后。经理告诉他低排放的发动机能够达标且近在咫尺，但是发动机必须是水冷的。“总裁相信空气冷却发动机也能达标，但是我们认为是完全不可能的。”久米是志说道。

藤泽武夫认为他与宗一郎的谈话必须超越水冷发动机的优越性，不然就会变成针对科技的讨论，其结果一定会是他藤泽武夫失败。他的谈话必须包括给予研发部门充分的自主权，并让本田公司回归到自己本来的角色上去。

第二天，他拜访了位于和光研发中心宗一郎的办公室，他对宗一郎说：“我不是工程师，所以我不给你添乱。但是我有一个问题要问你到底想要选择哪条路，你想要做总裁还是工程师，我觉得这个时候你应该澄清一下你的职位。”

宗一郎知道是关于研发部门的讨论引发了这次谈话，他非常尊重藤泽武夫的智慧。他放松了抵抗，开始认真地思索为什么藤泽武夫也认为这个问题很重要，以至于要亲自找他来谈话。他意识到藤泽武夫是在保护公司，内心感到很羞愧，但他还没有准备好要放弃他的最终决定权，尽管理智上，他知道藤泽武夫是正确的，而在研发部门和管理层之间建立防火墙也是正确的。

一段沉寂过后，宗一郎回答道："我觉得我最好还是接着做总裁吧。"

"这样的话，员工可以开始研究水冷发动机了吧。"藤泽武夫问道。

"是的。"宗一郎回答道。

为了让宗一郎放心，藤泽武夫希望他的关心仅限于有关本田公司的价值，而不是试图从宗一郎手中夺权，或者削弱他的地位。藤泽武夫补充道："本田先生，我想告诉你，你退出的时候我也会退出。"

这是一个很有意义的时刻，是两个领导人友谊的升华。他们重新审视了自己的身份，他们不在乎俩人之间的尴尬与争论，这是对本田企业文化的再次重申。这一切充分体现了本田公司一直以来的卓越理念，包容不同才是持续发展的根本，这其中包括矛盾、偏见、争论和不同意见。

不到两年，也就是在1972年9月，本田公司发布了复合涡流控制燃烧发动机（CVCC），一跃成为汽车发动机设计的最前沿水平的厂家。这款发动机与其它任何发动机都不同。为了达到排放标准，当时传统理念的汽车设计是认为使用无铅汽油并装配三元催化器，但这在当时还没有成功的先例。

本田公司的CVCC发动机挑战了这些概念。与使用催化剂来吸收有毒气体不同，CVCC发动机每一个气缸使用了两个不同的化油器进气系统，这就大大地提高了气—油混合比，每个气缸中充分混合的汽油、氧气混合物在燃烧室就可以高效完全燃烧，从而达到降低未燃烧的氮氧化物和一氧化碳的排放量。

除了燃烧得更干净，早期的CVCC发动机燃油经济性也非常好，超过每加仑40英里，这在行业中处于领先地位。这种发动机轻松地通过了马斯基的排放法案，并且震惊了当时的汽车工业。许多其他汽车制造商不得不从本田公司购买新发动机的生产许可，他们认为自己的工程师不能及时地设计生产出符合新规定的类似的发动机。虽然通用汽车公司没能够设计出有效的清洁发动机，但他的操作系统非常类似CVCC发动机。公司董事长理查德·贾斯丁博格在1973年说："我看过了这种设计，虽然他在一些玩具摩托车上适用，但是在我们通用的汽车上，没有价值。"

宗一郎将这种蔑视认为是挑战。他购买了1973年雪佛兰Impala，并空运回日本，设计了适应这台发动机的CVCC汽缸头，并将汽车运回了环境保护署在密歇根州安娜堡的实验室，来做进一步污染测试。这辆车轻松地通过了1975年的严格要求。在《花花公子》的采访中宗一郎说："当国会通过新的排放方案时，我们雇用了50多个工程师，而通用公司则雇用了50多个律师。"

1974年，第一部装配CVCC发动机的本田思域汽车，伴随着对具有突破性发动机的全方位报道，畅销全球，迅速成为小型车的代表，超过了大众甲壳虫。在投产后的第9年，经过几年尴尬地挣扎，本田公司最终成为了拥有卓越研发能力的全球汽车生产商。在10年后，于1982年，他在俄亥俄州马利斯维尔市投产了第一个非美国汽车公司的工厂。（大众于1978年在宾夕法尼亚州投产了一个工厂，但他并不盈利并迅速倒闭。）

宗一郎和藤泽武夫不再负责美国的本田公司，在发布CVCC发动机这个宗一郎一生职业生涯中最值得骄傲的一个发明的12个月后，他和藤泽武夫宣布退休。按计划他们将在1973年10月的同一天离开公司，宗一郎当时67岁，藤泽武夫当时63岁。汽车工业此时开始进入一轮新的转型期——放弃50年代的大车型，进入了前所未有的以发动机设计来提高效率和燃油经济性时期，同时也进入了生产和供应链改头换面的新时代。

宗一郎和藤泽武夫认为这个时代更适合年轻人，需要更有激情的人才。宗一郎生动地形容了他们二人一起离开的理由："藤泽武夫和我，我们都只有一半的好。我们都是技术学徒，两个人合起来是一个完整的技术。如果对方不在，我们都不完整。这也适用于我们一起离开的理由——一个走了另一个也走了。”

藤泽武夫因心脏病于1988年12月30日去世，享年78岁。宗一郎在他的葬礼上说：“我们的青春得到了绽放，我感谢你让我的生活如此幸福。”

宗一郎由于癌症和肝衰竭于1991年8月5日去世，享年84岁。

在两年前，本田汽车工业协会终于犹犹豫豫地表达了对这位汽车行家的尊重：“在微型车中装配环保的发动机，开创了击败底特律收益最高的肌肉车时代。”

密歇根州的迪尔伯恩大汽车名人堂中供奉了宗一郎。他是为数不多的第三个非美籍人士，也是汽车界得到如此殊荣的第一个日本人。

第三章 准则一：拥抱矛盾

没有可以用的会议室了，所以会议在一间清洁间里召开。一个小小的64平方英寸四四方方的房间里，有拖把、笤帚、刷子，空气中还弥漫着清洁剂的味道。10个人挤在这狭小的空间里。

在本田公司，无论是管道工还是总裁，也无论是在车间还是办公室，他们每个员工都穿着一样：白色的上衣和裤子，衬衫的右上角用红色的字写着他们的名字。这种穿着统一制服的原因是为了消除等级；而且在每天的工作交往中，每个本田员工的观点或建议都一样重要。在做决策的时候，不会受到员工的头衔和职位的影响。当然你也许觉得他们这样做似乎很愚蠢。

被强行塞进屋子里的有俄亥俄州安娜市发动机工厂的经理、生产线工人和控制专家。安娜市——自1985年起，本田公司便开始在这里生产发动机和传动部件，这个工厂是在美国俄亥俄州马利斯维尔的第一个汽车组装厂成立3年后投产的。它每年生产120万个发动机，是世界上最大的发动机工厂之一。

一系列发生在工厂里的问题引发了这次临时会议。一个供应商送到安娜市一批有问题的发动机凸轮轴——一个用来控制燃油和空气流量进入发动机活塞的关键部件。装配了这些部件的本田发动机中能听到一个微弱的有节奏的“吱吱”声，这是凸轮轴的轮廓线出了问题。

这个噪音虽然很难听到，但是令人担忧。它是本田公司在马利斯维尔工厂的雅阁组装线的工人第一次启动发动机时发现的。由于发动机的结构很复杂，如果不将发动机拆卸开来，是不可能更换有残缺的凸轮轴的。这两个工厂的经理起草了一份临时方案，将有问题的雅阁从马利斯维尔运回安娜市，因为在安娜市发动机可以方便地进行修理并重新安装。看起来这是唯一合理的方案，虽然它不是最好的方案。整个维修过程，不包括运输每台发动机需要耗费的3个小时，当然经济方面也会耗费许多劳动力。

当计划被传达到安娜市的工厂时，一个组装线上的员工摇着头说："咱们离开生产线来讨论吧。"远离嘈杂的工厂，在一个安静却拥挤的清洁间内，一位本田公司的经理对其他人说："我不愿意在这个问题上多说什么，因为要使这个计划实施，我们还有许多工作要做。既然修理很花时间，咱们就不要在讨论上浪费更多时间了。"

虽然屋里的大多数人都同意经理的观点，但一个工人生气地说："我们现在做的事情肯定出问题了。如果发动机上的小问题只有到了汽车生产线的最末端才能发现，我们没有选择，只能把车拆卸掉。可是，我们应该更早地发现这个问题呀。"

安娜市工厂的领导有些不耐烦了。如果这个会议变成事后诸葛亮和抱怨那些本该避免的问题的话，他更愿意这次会议早些结束；他知道开会的过程会是这样的，所以试图早些结束讨论。而在本田公司，一些有益的想法会在会议中涌现出来，而聆听他人的想法是每个人应被赋予的平等权利。

因而，讨论继续着，每个人都表达了观点，显得有些严肃的争论却没有什么结果，会议持续了大约20分钟。会议似乎接近结束时，一个装配工提出了一种不需要完全拆除发动机并再重新组装就可以更换凸轮轴的方法，这个方法就是通过一个位于上部的滑轮组将发动机提到足够的高度，以便留给工人足够的操作空间。

"这样不值得，"一个同事说，"那比修理还要复杂，不要这样做。还是整个拆除吧。"

但是装配工的建议让会议的发起者——质量控制专家听到之后，突然意识到这可能是一个有灵感的潜在的解决方案。他想起了一个月或者更早之前在马利斯维尔无意中注意到的事情。“在马利斯维尔，我最近也在观察我们的发动机如何装配，我注意到在发动机周围有不少空间看起来比平时要大。”质量控制专家对大家说，“我只是好奇，直到现在我都没有在意那些空间有何用途，我认为这些空间完全能够满足我们倾斜或移动发动机更换凸轮轴的需要。如果这样可行，我们就不需要用滑轮车或者其它复杂的传送系统了。我们可以这样试试，两小时后再继续讨论。”

结果证明他是对的。过了一会儿，安娜市的发动机生产线和质量控制的工人们便用“钳子、图片和任何能转动发动机的东西拆掉了所有螺钉，重新调整了所有的盖子并装好了新的凸轮轴，花费了一个小时修好了车，最终每辆车节约了两个小时。”参与讨论的安娜市工厂领班保罗·但丁格说。

但丁格讲到他回忆起这件往事就像昨日重现一样。这个时候，当你希望本田公司的文化像其他大多数公司一样，也就是对于普通员工们的想法并不太在乎，而是更关注那些领导们应该如何承担多少责任，觉得装配线上的工人不需要负责什么，那针对这个事情的讨论注定会是一个没有成果的会议。但这的确证明了，宗一郎那些夸张地认为成功是来自于99%的失败的理论是正确的，这些无意的开放式会议的微小价值可能还不及会议时间本身价值的一半。开放式会议平时看起来的确更像是浪费资源，但总体来说，在本田公司的过往经验中，由这些会议在生产力、生产过程、系统和其它方面所得到的东西大于其所失去的或浪费的。

“在本田，如果我们使用传统的指手画脚的管理方式，不聆听别人的意见，固执己见，”但丁格说，“我们就会每天更换发动机，根本不知道还有更好的办法。而给予员工机会，我们就能够获知那些更好的方法。如果我们做决定时不把我们的同事考虑在内，我们可能会忽略掉我们最有价值的东西。”

他阐述道：“这些会议并不意外，因为在本田，这些没有计划的随机的交流无处不在，也不可或缺。这些东西可以称得上是最具创意和个性的本田之道。”

这些会议被称作Waigaya，它既不是日语也不是其它语言，而是由本田公司创始人藤泽武夫赋予的一个名字。他之所以选择Waigaya，因为他觉得这三个音节更像是一群同事在同时喋喋不休地说 Wai-ga-ya Wai-ga-ya Wai-ga-ya；在英语中这可以被称作Hubbub，意思是热烈地讨论，是思绪飞舞的声音，是主观和客观思想的碰撞，是随意的交流和开放的辩论，是不同意见的产生过程。

宗一郎灵活的组织管理及活泼的企业文化，便是Waigaya的体现。这种企业管理文化是通过宗一郎和本田公司员工们对于新思想的青睐而不是恐惧得到了放大。Waigaya可能是一个半小时针对需要马上解决的具体问题的会议，也可以是一系列关于新工厂建设或车型升级的持续几个星期或者几个月的一系列会议。本田公司的每个部门都使用Waigaya，从销售与市场到生产与维护。会议可以少到只有3个人，多则可以超过20人。

虽然对很多公司和多数观察者来说，Waigaya是一个奇怪的东西。看起来太自由而且效率不高，并因缺乏有力的引领而不能产生一个什么具体的结果。但是，这些会议实际上具有至少在理论上能够成功的一个组织结构形式。准确地说，本田公司Waigaya的中心思想可以用以下四个最简单的规则来诠释：

1. 每个人在Waigaya面前都是平等的。概念没有好坏，都可以得到讨论。

2. 所有想法必须得到讨论，并在被证明可行或不可行之后才能判断正确与否。

3. 一个人的想法一旦被分享，他便不再独自拥有这些理念。这些理念就已属于本田公司，组织可以对其随意使用。

4. Waigaya之后，生产得以决定，责任得到明确，任务表格会明确地显示谁在接下来做什么，并在何时截止。

就像一个本田公司高管说的那样：“Waigaya对我来说，意味着永远不满意。在我们公司自我满足是个敌人。”

或者换句话说，Waigaya就是对现状的超越。这是一系列围绕第三代讴歌TL研发引起的很明显的，也是最具有争议性讨论的原因。一款中型轿车，在1995年推出时命名为TL，迅速成为了讴歌最畅销车型，并在美国同级别轿车中销量排名第二，紧随宝马3系之后。在那之后，新的竞争者从雷克萨斯、奥迪和奔驰公司，都来参与到了这个售价3万到5万美金的轿车市场，这一级别的轿车竞争极其激烈。TL的销量此时虽开始受阻，但是TL仍然是讴歌最受欢迎的车型并保持了与对手抗衡的实力。

投产10年后，TL的方形设计却成了阻碍。越来越多的潜在消费者认为这款车传统而臃肿，虽像别克一样实用可靠但不吸引眼球，且性价比较低。时尚阔气的外观，动物一样的矫健，以及对路况敏捷的适应性，同级别车型中的这些要素受到了更多的追捧。现在看来，对TL的重新设计已经迫在眉睫了。

2004年，本田公司组织了由设计师、生产专家、销售人员、市场策划和工程专家组成的队伍来设计新的车型。公司希望这个新车型能够大幅度改善公众对品牌的认知，并在销售上重获新生。而对TL最初的设计理念的理解，Waigaya是最好不过的途径了。10个人参加了这个会议，会议断断续续地进行了数个月。

最初的讨论是漫长的，但最终诞生了这款车型的概念性设计的标语——“终极运动员”（本田会对所有设计阶段的车型给予一个标语，以此明确开发团队拥有一致的理念和目标）。被这个标语所激励，本田汽车的首席设计师将肩负让新TL具有新的使命。

“我是李小龙的影迷。”当时被提升为讴歌设计中心的总设计师乔恩·池田说，“所以我认为这个车是金属版的运动员李小龙。车体彰显着它的肌肉，那是绷紧在它全身的超级腱子肉；它时刻准备好了跳跃，准备好了向它想去的任何地方前进。”

Waigaya进展得很顺利。每个讨论者对车型的外观、发动机种类、内饰设计、成本控制，以及允许范围内能使潜在消费者可能对TL改进的功能进行各抒己见。随着这些建议逐条得到讨论，这个项目的经理埃瑞克·贝克曼——每一个本田发展团队都会有一个项目负责人（经理）这个职位，他在寻求并落实共识以作为下一阶段设计所需要的研究资料。作为Waigaya的最终目的，埃瑞克就是要确定一个被整个团队都认可的最初的汽车设计路线，包括那些持相同意见或持反对意见的人，以及提出的设计方案被否定的人，一个他们最终都同意的设计路线。

但是，Waigaya所达成一致的结果并非是妥协的产物。恰恰相反，如果是妥协的东西，Waigaya就是失败了，它仅仅是小众的胜利，这并不是他们所期待的。Waigaya的目标是通过由不同背景的专业人士组成的团队，来产生前所未有的动态的、与众不同的理念；要得到与要推出车型有关的而在此之前未曾被思考过的概念、设计、生产和成本预算的内容。

“这不是由全体成员设计的，”池田说，“一个好的项目经理需要拥有一个他希望的车型。该车型要具备大家认可的经Waigaya保留下来的概念，并拥有最终能成为定稿的特质。即便到最后，也只会有很少的定稿获准生产，其它的将会因为不合适而被淘汰。之后，项目经理将会向我们展示整个接下来的作业计划，并经大家予以确认。在清楚了新款车型的详细计划书之后，我们就要开始研究如何面对生产制造过程中可能遇到的挑战了。”

讴歌TL最有意思的Waigaya时刻，充分地表现在池田坚持要在车轮上使用非常前卫的设计的Waigaya上，它是对Waigaya的全部内涵的最有力的诠释。这种时刻往往是一个创造性的、原创的理念经思辨碰撞而突然迸发出的时刻。但这种情形在其他公司的组织结构中却很难发生。

与讴歌TL同级别的其它车型往往轮毂设计较为保守，虽然也有一些车型变得更加舒适且富有活力，但其轮毂造型传统，平淡乏味，既没彰显力量也不吸引眼球。基于池田对李小龙的印象，池田相信如果新的讴歌轮毂不能支持它被赋予的运动员的形象，与其它车相比一切将会变得雷同，整个车看起来尴尬而软弱，很像一个身材魁梧但双腿松软的人。

鉴于对Waigaya设计元素的讨论进行得很顺利，池田在其它设计问题上变得更有自信了。他对整个团队说："我可以让它具备很多元素，或者具备某项元素；你们有权力做出选择。我想让你们喜欢这一想法，那就是：我希望轮胎尺寸必须是17英寸的235-45，而不是16英寸的215-55，这才与典型的比较保守的TL升级版更加相符。我需要更宽更大的车轮在道路上展示力量和更加灵活的形象。一个车必须通过它壮硕的形体获得关注，同时它还要能灵巧地超越其他人和车辆。我希望这些轮胎是讴歌的基本配置而不仅仅是讴歌的高配。"

池田的这一诉求策略获得圆满成功。虽然是些针对轮胎设计成本、车架必要的改变、减震和动力总成的讨论，但是大多数其他Waigaya的参与者都被池田的理念所吸引。因为这是一个简单而与众不同的理念，可以用很少用来形容汽车的形容词"堪称完美"来称赞。汽车动力学工程师发现，更大的轮胎可以提高表现力。而从事发动机的人士却表现得没有那么激动，他指出池田选择的轮胎会降低燃油经济性，但是他补充道，如果这样的设计是必要的，他愿意让发动机从每加仑汽油中获得更多的行驶距离。池田认为自己取得了决定性的胜利。

可是，一位副总裁，他是日本总部的商务代表，慢悠悠地说："这不可能，这不可行。"他说，"你根本不知道你在要什么。对于测试时间如此大幅度地改变，成本将会很高。我们是不会批准的。我知道你们不愿意听我这样说，但是在这条路上你走不远，我们必须要使用16寸轮毂，就这么决定了。"

池田很生气，他觉得这位副总裁劫持了Waigaya。副总裁只在简单粗暴地使用他的权威，甚至更糟的是，他想在利用接触日本公司高管这个事来削弱其他人的意志。这位副总裁说完后，屋内一片沉寂。池田感觉到副总裁成功地唬住了所有人，他认为这位副总裁在这个过程中毁掉了Waigaya的意义。

透过池田黑色的双眼可以看到他的愤怒，他盯着副总。“我们在努力实现梦想！”池田说。

（池田后来承认，他故意使用了梦想一词。因为本田公司发布了以“梦想机器”为主题的标语。“梦想机器”名字来自于1949年公司第一部自主研发的摩托车，是宗一郎最喜欢的词汇。宗一郎说：“生于高贵或富裕人家不代表一定会成功，成功还需要其它的品质：勇气、毅力和追梦的能力……本田永远与时俱进，我的成功来自于坚定的追逐梦想的动力。”）

“你想羞辱我们的梦想么？”池田继续道。

“你以这种传统的，认为新事物是不可能成功的态度来拒绝我是正确的么？勇于拥有梦想不是我们应该做的么？6个月之后，如果我们还没有实现梦想，再拒绝我们也不迟，而不是现在。”

在他说的时候，池田一直告诉自己，在Waigaya的讨论中，没有愚蠢的问题，没有答案和评论。因此，他也没有认为会因和上司鲁莽地顶嘴而结束自己的职业生涯。在池田说完后，会议暂停了，大家感觉到了屋里气氛轻松了些许。其他参与者认为，会有人站出来帮池田讲话的。

最后，池田得到了他所希望的。项目经理埃瑞克·贝克曼跟他说，会议之后他会在设计中使用更大的轮毂。因为这是毫无疑问正确的选择，并且已得到了Waigaya的支持。显然，副总裁试图扼杀创新思想的举措只是试图在为某些东西辩护，因他不符合Waigaya的基本要义，也不是他对这一创新思想真的不认同。贝克曼感觉副总裁的立场没有改变从会议的争论中脱颖而出的新讴歌TL的大方向。所以，副总裁提出的理由必须放弃。无论从哪个角度来说，一个概念能够通过Waigaya，就表明非传统理念并非就是一个错误的东西。

当你向本田公司员工询问他们最值得回忆的Waigaya时，就像那些特别的夸张事例，有故障的曲轴在安娜市的工厂得到了更换，已经批准的TL轮毂重新召回，这都是些经常先同意后召回的案例。毕竟这是一个开放的、包容的时代，拂去尘埃，一些看似空谈的真实有用的东西便会展现出来。Waigaya让简单、不起眼的好主意从噪音中破茧而出。

正因为Waigaya是本田公司如此鲜明的第二特征，所以在公司每一个生产基地、实验室、设计中心和全国的办公室里它都非常盛行，以致于这些有价值的会议不计其数。但一些专门的Waigaya也不是每天都有，而是断断续续，从而避免了闲聊。对我们大多数人来说，很难把办公室里随意的交谈说出点意义出来。而本田公司员工发现，他们已意识不到大家日常讨论的是昨天的Waigaya，或者是上周没完成的Waigaya。这时Waigaya的作用，它就像缝入布料里的丝线一样，自然而然地融入了日常活动，让Waigaya变得自然、透明、富有朝气而不自大。本田公司相信Waigaya的这种特性，恰恰是现实中新理念绽放的原因。

实际上，在过去几年中本田公司最具有突破性的生产改良都是Waigaya产生的结果。这些会议每天召开，如果对话没有产生火花则进行五分钟，如果碰撞出激烈的火花，就会持续一小时以上。在时间长的会议中，有重要新发现的突破点不是很多，但是终究会出现。比如，在经历了24个月建成的俄亥俄州马利斯维尔的工厂里，每日的Waigaya会议都是关于如何能提高工厂“直接通过率”的质量控制成果讨论。直接通过率是指离开生产线的完全没有缺陷的车所占的比率，会议试图把这一比率从70%提高到95%。（在工业范围内的汽车工厂的直接通过率实际上远低于70%。）这些会议的主要目的，是要让员工寻求更简便的途径，使得他们对生产线上每辆汽车的总体质量负责，而不只是仅解决某个具体的过程或者某项产品缺陷。这样一来，避免了由于不属于自己部门的职责而不去主动关注的情况存在。

Waigaya确定了本田公司文化中7个所有工厂员工必须具备的特性，其中包括团队协作、质疑当前的流程、未雨绸缪、身先士卒、视公司成功为己任。这些都已成了所有员工的座右铭，促使他们能够细致入微地对待生产线上的每个部件。为了改变状态，Waigaya一部分的讨论是有关工作条件和工厂每个职位的内容；值得注意的是，讨论的主要内容还是一些真人真事，虽然一部分统计数据仅被用来分析研究，但显示了Waigaya还是对于员工工作状态的重视，而不仅仅是用于数据分析。

“人们说什么，以及如何有激情地说，远比一堆干巴巴的数字更有意义。”马利斯维尔的质量主管是帕特·吉伦，他参与了质量改进的活动并说道：“一个具体的工厂活动被数据弄得难以捉摸后，你就永远不会知道这些活动本身的价值。”

的确是这样的，如果关于生产线不同零件的缺陷和问题的数据，是决定“直接通过率”如何降低以及在哪些地方降低的主要工具，那么马利斯维尔要解决的真正问题就会被一系列繁琐的数据所掩埋。与之相反，在Waigaya过程中，一些故事不幸地暴露了一些俄亥俄工厂的员工对工友们在生产线上做了什么毫不知情，也不会去在意。更糟的是，他们往往会指责其他部门犯了错误，而没有任何帮助解决问题的倾向和动力。这些情形在本田公司总部非常少见，它是对公司积极参与并分享的文化的对立和漠视，这让马里斯维尔工厂的高层们很吃惊。

“这是管理层的问题，我们很显然放松了对员工工作环境的关注，使得他们把工作和公司严重分离开来。”吉伦说，“我们必须停下来倾听，并认真观察。”

作为补救措施，凡是在当前岗位已经工作并超过20年的员工，他们在工厂中的岗位有了积极的变化，被调整到了新的或不熟悉的地方。焊工被安排在装配部门，装配工被安排到了喷漆车间，喷漆工被调整到焊接岗；质量控制专家被分散至整个生产线。现场的培训强调，员工们要在新的岗位上努力熟悉并胜任新工作，并要求在弄懂工作通常情况下是如何完成的同时，还要思考更好的方法，尤其是要注意如何更有效地与生产线上的其他部门之间进行协作。

“通过这样的活动，我们激活了自己的思维能力。”罗伯·梅说，一个在马利斯维尔工作了27年的老员工，在这一马拉松式的Waigaya过程中，他是装配部门的经理，他说道：“过去，我们都被放在了一维空间上，总是从一个角度看问题。我们忘记了岗位上的其他人，说实话，忘得太久了。现在这种显著的改变，让我们认识到我们过去思维的单向性。我必须成为解决问题的一个部分，而不是仅仅去指责他人。”

事实证明，这个努力带来了丰厚的成果。改变员工对工作岗位性质的认识以及他们随着Waigaya所产生的责任感，现在在马利斯维尔工厂被称为有了“火花四溅的突破”。之前的几个月中，喷漆车间与焊接部门相互对立，当焊接门、翼子板、保险杠以及类似产品的过程中会产生金属屑和金属尘埃，这些东西会带进喷漆车间，它们会损坏一小部分汽车的车身。这种现象很难避免，并在汽车工厂生产中时不时出现。由于很少一部分车受到影响，许多生产厂都接受了这个事实并认为它是不可避免的副产品。马利斯维尔的喷漆部门忽略了焊接火花产生的焊渣，只关注如何对车身上色。喷漆部门的理由是，这些问题会在车辆达到线上质量控制（在接近组装过程结尾时）时得以纠正，这不可避免地增加了生产过程的成本和时间。但是由于喷漆车间没有被指责，那么他们自己为什么要改变呢？在生产线上的工作被重新调整后，这种根本性的冲突对于来到这些部门的新人看来就很滑稽了，但没有人能够记起这个问题是如何发展到如此僵局的地步。更重要的是，也没有人提出来要进行改进，解决这个问题看来仍然需要很多小时的Waigaya，在这个过程中，许多争论将会在老对手之间迸发。例如为什么焊接时没能够控制住火花?为什么喷漆间认为他们有权利忽略这个问题？在最后的毫不留情的讨论中，这个相对平常的话题却揭示出了真相。如果两个对手没有被强制要求针对这个话题进行不懈地讨论，这个事实可能永远不会被暴露出来。这个关于焊接火花本身的争论是没有意义的，它是人性的特性，但却毒害了整个公司。

最终会议结束了，令人惊讶的是，没有许多值得炫耀的东西。突然在Waigaya的一片沉寂中，喷漆车间的经理吉伦·海夫纳说道："好吧，焊接火花产生的焊渣是我们的问题，我们不会再让这个问题继续下去，我们不会再将它们带出去了。"海夫纳在事后说，这种冗长的讨论在他看来再继续进行下去已明显没有意义了。

"那天很重要，是一个巨大的突破。"吉伦说，"会议结束后，他的脸上还洋溢着笑容，没有这种协作，完成高指标的直接通过率目标几乎是不可能的。"

另外，通过承担这个之前无法追溯的问题的责任，并明确地将团队的表现与工厂主体目标相融合，海夫纳很灵巧地消除了一系列问题，并降低了工厂成本。通过这样做，他给其他人也树立了榜样，海夫纳的行动唤醒了大家，焊接部门启动了一个全方位的重新评估自己的质量控制体系，并最终在焊接过程中大幅度减少了火花焊渣。

虽然作为基本的日常工具，Waigaya有其明显的优势。Waigaya最终在支持一个更大的由本田公司决定的信息、理念、假设和结论的巨大文化框架。这些辩论性的会议，是对与众不同的解决方案、发明与决策的最好理解。使得本田公司成为具有持续产生新理念，并不断摒弃旧思维的公司之一。

这个系统对于跨国公司的价值是无法估量的。对于当今的全球化公司来说，灵活地在本土化和全球化之间切换，快速地适应地区性要求，同时及时调整运作战术和在全球的生产模式，没有比这更重要的了。就像本田公司，在如今跨国公司的角斗场中成功地表现了一种能力，与这种能力密不可分的原因就是，它能持续不断地重复审视自己的每款新车型——更广泛地说包括了所有大型的或小型的新款车型，这一能力在那些新市场也已经得到了证明。

弗朗西斯·斯科特·菲茨杰拉德撰写了著名的*The Crack—Up*一书，1936年的*Esquire*刊登了此书的一系列文章，是关于名人和疯狂的内容，文章认为“一级智商是在大脑中同时拥有并存在两个对立的概念的能力，而且还能够正常工作”。对于大多数公司来说，这种情况恰恰是他们想避免的。对他们来说，对立的东西或矛盾的存在，表明了公司迷茫的弱点和领导力的缺失，以及对信念的不坚定。这种矛盾包括对策略的不确定和在没有完整市场分析的情况下进入市场。

然而无论他们认识或注意到这一点与否，现如今的公司都与矛盾共生。在这个受到科技、社会形象、全球文化巨变的强烈影响的环境中，对立的观念经常改变商业模式：集权或分散、工人的自主权或能力、国际化或本地化、发明与冒险、新产品的开发与现有产品的影响、创造力与纪律性、保密与开放、自动化与人力……

许多公司对这些被认为太具风险而无从下手的两面性的东西很害怕。一旦你开始考虑两种对立的可能性时，你就必须做好准备并不断地权衡，要确信当前处理策略的每一点都是被仔细推敲了。在犹豫不决的时候，一般人的表现往往是：拒绝自我反省，在面对对立的东西时，很难纯净无私地用平常心来解释所能做出的选择。那么公司又有什么不同呢？

的确是，美国商务部的年度报表曾经列满了不可一世的大公司。但是他们没能认识到对手所带来的更加优化的策略，也没准备好将现有商业习惯进行改变或推翻。例如通用汽车、ITT、美国铁路局、东方航空（美国）、泛美航空、美联航和美国航空、昇阳电脑、迪吉多、百视达等公司。它们中的许多公司都被迫临时破产或直接倒闭，这是因为惯性使他们误入歧途。相比他们自己的产品、劳动力、服务、发明和运营模式，他们没能够及时仔细研究能做的变化和潜在的努力方向。

在*The Atlantic*的一篇文章中，商务版责任编辑梅根·麦卡德尔试图说明大多数公司习惯了固有的行为模式，并相信自己的判断，并对改变习惯非常畏惧。“改变是有风险的，毕竟它一定包含了现在还不成熟的方式。另外即使一些陈旧的产品线也会有客户的。”梅根·麦卡德尔在《为什么公司失败》中写到，“有些公司不畏惧经常做出的巨大改变，这些公司与畏惧巨大改变的公司相比，虽然拥有更多的机会，却也可能由于决策失误而消亡。”

查尔斯·汉迪曾经在公司对两面性问题的抵触与自我分析上做了大量研究。一个鲜活的比喻可以用来描述商务决策对于恐惧和机会的种种矛盾心理。“生活在矛盾中，既不舒服也不容易。”汉迪在他著名的《矛盾的时代》中写道：“就像在没有月光的夜晚，在树林中摸黑前进，这是一个可怕的经历，任何方向感都失去了，树和矮树丛似乎向你逼近，不论走到哪里，你都会碰到障碍物。任何噪音或沙沙声都被放大，似乎能感到危险的降临，看起来站着不动更安全。直到破晓了，道路变得明亮了，噪音变成了鸟儿的歌声，之前的沙沙声也只是野兔发出的声音，树林向你展示了道路而不再是阻挡你的障碍物，此时小树林完全变了样。如果我们能给矛盾带来光明，那么世界都会变得不同，不再具有威胁。而实际上这就是成功公司所做的。”

在汉迪写这些文字之前，本田公司已经热情地接受了这个概念，并贯彻于其较短的历史中。本田公司将矛盾视为一个能持续自我评价并且创造新希望的机遇。的确是，那种认为所有错误答案都有用的理念，和不接受对传统智慧的不质疑已经深深地融入了本田公司的基因中，这是本田宗一郎的“尊重错误并能从中学到东西”的这个逻辑所产生的副产品。

理查德·帕斯卡尔通过对本田公司的研究写成了《日本管理的艺术》一书，他因此成为了本田商业理论的专家，他还写了《在边缘管理：利用矛盾创新的公司》。他曾说：“本田的成功绝不是几个高层大脑突发奇想的结果，正相反，它的成功是资深经理们没有将他们原创的思想作为终点，在避免公司过度干扰以增强对不可预见事物控制的同时，而是更愿意谦逊地拿出策略加以配合并持之以恒地贯彻下去。”

换句话说，最好的策略要具有传播性，且与它们产生的时刻无关，它们的价值只有通过不断反复地实践检验才能继续下去。这个哲理翻开了50年代本田公司历史上最具转折性的篇章。当时宗一郎急切地希望在美国推广公司的摩托车，虽然过去10年本田摩托车在日本的销量快速增长，但公司却没能在全球范围产生多大的影响。宗一郎一直希望他的公司能成为全球玩家，而且在美国分得一杯羹对于本田公司的未来极为重要，毕竟日本市场过小，还不能支持一个依赖单一产品的较大工业公司的可持续的科技进步。

为了达到这个目的，公司派出了最终成了美国本田公司董事长的资深专家黑泽永嗣，让他负责撰写公司打入美国市场的计划书。他没有得到任何指导，也没有做市场调查，只有一个目标：在美国卖摩托车。黑泽永嗣和两个美国同事来到洛杉矶，发现大型摩托更适合美国。这种大摩托在长途驾乘中非常舒适，而50cc轻质小摩托SuperCub则更适合在城里行驶。

事实证明，本田公司的大摩托车计划彻底失败了。它们的价格比同型号其它品牌的摩托车便宜，但是没有人，无论是经销商还是客户，都不愿意尝试这款日本公司的高端产品；与之相比的哈雷摩托却很有男人味，而且还具有根本不坏的特性，无论大众的看法正确与否，但本田摩托车还是被视为廉价的粗制滥造的赝品。

黑泽永嗣评估了本田公司面对的挑战后显得很悲观。在美国，不仅需要改变人们对摩托车的偏见，同时还要与全国各地不同的经销商打交道，以此才能获得稳定的销售渠道。“在我游历美国后的第一个想法是，我们怎么会愚蠢到与这个地大物博的国家开战？”黑泽永嗣对 Richard Pascale说：“我的第二个反应是很不适应，我英文不好，我们去拜访的摩托车经销商对我们很不尊重，我们还得以摩托车专家身份去和他们进行商务洽谈。当时在美国只有3000个摩托车经销商，其中1000个经销商每周只营业5天，剩下的只在周末和晚上营业，而且不习惯库存。经销商受生产商委托只负责销售摩托车，他们仅提供客户信息和回款，根本谈不上售后服务。现实真的是很不理想。”

很明显，销售大型摩托车的策略失败了。黑泽永嗣和他的美国团队不得不在洛杉矶的街道和山坡中走街串巷，销售他们的SuperCub。骑着SuperCub，他们在原野的道路上奔驰，在繁忙的市中心道路上穿梭，在拥堵的高速路上穿插……结果，他们竟然得到了洛杉矶人的关注。媒体报道了这家奇怪的日本公司，他们在城市的大路边和市井的小巷里建立了一个又一个小商店，来销售他们骑乘方便看起来又可靠的SuperCub摩托车。与美国生产的摩托车完全不同，他们的摩托车售价仅250美元，每加仑油耗可以行驶200英里；电视画面上出现了在游园会和农贸市场上SuperCub穿梭的身影。

潜在消费者动心了， 这种与众不同而又方便的迷你型摩托车的需求渐渐多了起来。即使是那些不考虑买摩托人的人也开始关注了：年轻的白领，家庭主妇，戴着发带的青少年，甚至一些中年用户。本田公司一时竟承接不过来那么多的订单。结果到1961年，本田美国公司从零开始，已经拥有超过500家愿意积极囤货并能满足消费者需求的经销商，期间共销售了四万辆SuperCub。这一切都仅仅只是在黑泽永嗣和他的团队到达美国几个月之后。这突如其来的成功，加上本田获得了曼岛国际旅行者大赛的TT摩托车赛桂冠并横扫欧洲对手后，更是名声大噪。有了这种成绩，本田发动机的可靠性和性能再也无可厚非了。

在这样意外的成功之后，本田美国公司启动了他最有名并且为期最长的赞助商活动：格雷广告公司的“在本田你会遇到最和蔼的人”是个全景广告画，画面显示了家庭主妇、年轻情侣、富人和他们的狗、送货员，甚至圣诞老人等等骑着SuperCub的情景。它刊印在60年代中期众多的主流杂志上，包括*Life*、*Look*、*The Saturday Evening Post*，这些杂志成功地向大众展示了小型本田摩托车在方便交通中起到的重要作用。

（“你遇到了最和蔼的人”是非常标志性的广告语，并且与那个时代的连续剧*Mad Men*紧密结合。这部电视剧以本田公司为他自己的50cc摩托车寻找广告商为剧情主线，一直拍摄到第四集。电视剧中的公司名叫斯特林库珀广告公司，正是由于要演绎本田公司，最终失去了和广告商合作的机会，因这家广告商的创始人是二战老兵，剧情生动地表达了他不愿意与日本人合作的故事。）

从更高的层面来看，在本田公司本土市场以外成功，成为了公司历史上最果断，甚至生死攸关的瞬间。如果公司试图使用60年代早期的方式以期望赢得美国消费者，如果固执地以公司当初的计划让哈雷和这个国家的其它摩托车抗衡，本田公司最终很可能会血本无归，并会被迫重新调整策略。所以，就像帕斯卡尔形容的那样，“对不可预见事物控制”的能力，或者视失败为成功之母并创造机会的能力，使得本田公司成功地规避了风险。

“我们本可以另辟蹊径，然而那样做可能不会成功。”黑泽永嗣说道，“我认为大多数公司会像我们一样，花数年时间来试图在美国建立大型摩托车的营销网络，在销售渠道建成后，总部才会派高管到美国来。根据现实的情况，如果我们选择这种方法，我们无论如何都不会成功获得销售渠道的。公司只是把我和我的团队派到美国，没有成熟的思路给我们，一切都是空白，除了一些摩托车；我们得到的是避免与他人发生冲突而且要勇于创新的忠告。正是这些，让我们能够根据最真实的情况做出及时的反应并最终取得成功。别忘了这可是宗一郎先生的最终梦想，他对于我们能成为美国最大的参与者抱有坚定的信心，此前他并没有强加给我们预设的理念和策略。”

对于司空见惯的事情，本田公司同样也都给予重视，这样使得本田公司几年之后成就了一些最具想象力的工业成就：Ridgeline的研发。这是本田公司第一款也是仅有的在北美发布的卡车车型。虽然在美国市场上，每一个主流汽车厂商的车型清单上都有一款皮卡，而本田的车型与其他人的客户目标却截然不同。首先公司决定Ridgeline不能成为一款全球车型，而将其打造成一款主要针对北美客户的车型，这是本田公司持续强调本土市场计划的一部分。第二，本田公司决定要摒弃皮卡的陈旧设计和结构理念，因而开始思考“摒弃传统理念，我们将制造怎么样的卡车呢？”之类的问题。根据一贯的换位思考习惯，本田公司就是想要设计出一款拥有与众不同特性的皮卡，宛如孩子们的画那样富有生命力。

本田公司之所以能够在Ridgeline上采取一切从零开始的策略，是因为Ridgeline的潜在客户与运货的福特F150，或雪弗莱Silverados的客户群截然不同。这些皮卡能够拖运船只、摩托、树、野营物资、家具和木材。本田公司可不是为了吸引牛仔或工人，而是将目标客户群定义为那些从轿车、旅行车、SUV过渡到皮卡的客户，还有那些希望通过皮卡寻求挑战、灵性和自由的人，同时打算使用皮卡来买菜、送孩子或送衣服去干洗。这就意味着本田公司需要设计一款具有轿车舒适性和操控性，同时兼具皮卡动力性能的车型。

把这种存在两个对立面的概念作为目标，Ridgeline的研发团队对这款汽车的各个方面都进行了认真地设计，以期达到预定的各项指标。Ridgeline于2006年发布，它在各个方面都与典型的普通卡车极为不同。这些不同非常明显，Ridgeline的后车身是一个完整的后备箱，前部的司乘室有四个车门两排座位。当然还有其它一些令人耳目一新的发明。譬如最值得关注的是，车载后备货箱后挡板可以横向或纵向开启，以方便货物的装卸。

从工程学的角度来看，双开启模式的后挡板设计起来非常复杂。后挡板不仅能够横向打开，而且还能像普通后挡板一样纵向打开，这两段又不允许有支撑，车身还必须能够支撑与Ridgeline同级别卡车更多的重量。（意思是说，没有了正方形的门框，就好像传统的掀背车没有了后备箱框一样。）过去，有不少关于皮卡用户抱怨后挡板的绳索在载货重量达到150磅时突然断裂的事例，本田决心让Ridgeline的后挡板必须能够承受一辆摩托车或者四轮越野摩托车几百磅的重量。但困难的是，Ridgeline的后挡板必须在没有支撑绳索的帮助下承受所有重量，之所以不能有绳索，是因为后挡板必须也能够横向开启。

“所有讨论都围绕着如何生产一辆卡车和轿车的跨界产物，而不是生产出另一辆平庸的皮卡。”Ridgeline的项目带头人，现在是本田测试中心总监的弗林特说道，“既然我们遵循了这个决定，我们就决心设计出一种新型后挡板，这种挡板不但能够让人们方便地将日常用品装入车子的后车厢，同样也能装卸大型设备或材料。那时候，任何一家其他汽车公司都不能够在传统卡车后挡板的设计上做出如此颠覆性的改变。”

这个解决方案成了Ridgeline项目最耗时，也是最具创造力的成就之一。他们设计了一个非对称悬臂支撑结构，以后挡板中两个垂直的支撑架为基础，左边的支撑架使用了高强度的承重材料，据弗林特说“这个东西可结实了”，而右边的支撑架安装了门栓。底部的轨道得到了横向支撑的加强，后挡板也由高强度的钢质材料支撑，是卡车载货箱上的传统钢板强度的两倍。

如果说后挡板的独特设计是这款卡车工程设计方面的代表，那么Ridgeline的车架与支撑结构设计则最是与众不同。本田公司完全打破了皮卡传统，选用了非承载式车身为底盘，这样的设计使得汽车外饰与车架最终焊接为一体。许多轿车是这样制造的，但却没有卡车会这样做。与之相反，卡车通常使用承载式车身的设计，这样车架与车体被组装到一起，否则将会是两个不同的部分。（现了解承载式车身的概念：在颠簸的道路上驾驶一辆皮卡，通过后视镜观察卡车的载货箱，可以发现载货箱与车体的摆动完全独立。）卡车生产商认为，承载式车身设计的两个不同部分的每一个都比非承载式车身强度要高，如此一来，这样的设计更适合于拖拽、铲雪和在颠簸不平的道路上负重的车型。

然而，为了让Ridgeline实现轿车一样的操控性能，弗林特和他的研发团队认真研究非承载式车身。他们非常明白，如果Ridgeline选择这样的设计，它将被视为所有卡车中的异类。他们进行了长达一年的工程设计和成本核算。当这些工作做完后，本田公司的团队总结道：与传统承载式皮卡相比，非承载式车身卡车可以提供20倍以上的强大扭力和2.5球接头刚度（它用于车轮在道路上行驶时的平衡和减震），这意味着对卡车性能的大幅度提升。实际上，这款车已经足够让皮卡拥有了轿车一样的公路行驶性能。这样令人惊讶的发明只有具有本田公司那样的决心才能实现，那就是对探索非承载式车身卡车的可行性进行研究设计。弗林特的团队发明了适合这一车身与车架的材料，使得Ridgeline达到拥有与普通卡车一样的牵引力。

“改变传统的对非承载式车身牵引力的设计，我们震惊了好多人。”弗林特说。

*Car and Driver*中写道，Ridgeline确实“完全转变了传统思维……在这辆车之前，皮卡仅仅被定义为拥有承载式车身的能拖能拉的工具车。而实际上，卡车已经越来越多地被用于私家车，这显然与其车架无关。而本田公司迈出了大胆的一步，研究出了一辆安装在轿车底盘上的皮卡，它同时还拥有一个智能的载货箱。整个行业都在关注大众是否会买它的账。”

事实证明大多数人买账了。第一年，Ridgeline便获得了*Motor Trend*年度卡车大奖。在那之后，由于油价上涨，虽然小型皮卡的销量不振，但Ridgeline却连连获得喜人的成绩，如2012年度与2011年度相比较，销量上涨了20%。不过，Ridgeline却没能超过他曾经在2006年创下的5万辆的销售记录。在这个竞争激烈且销售非常困难的车型市场上，本田公司为了进一步扩大销量，于2016年决定对Ridgeline进行升级换代。虽然市场极为困难，但这款卡车依然是本田公司利润最高的车型之一。主要原因除了Ridgeline有许多新颖的设计外，这个研发多年的项目也仅仅耗费2亿5000万美元的研发经费。

本田在研发工程和生产上极度节约，几乎是不到通用汽车一个普通新车型研发预算的一半。

本田有着与众不同的驾驭矛盾的能力。把两种截然相反的力量或观点作为参照物，以此再为下一步的策略和行动做出选择已成为公司内部的自觉行为习惯。仔细审视这一做法，必然和一般的商业规则相抵触：虽然大多数高管现在肯定了产品的更新换代、公司发展战略，以及适应市场发展需求的决策要有足够灵活性的重要性，但是，在过去的150年中，当代工业的轨迹已经被打上了烙印。这些烙印来自于避免矛盾和混乱，努力而自觉地遵守规则和规程，对系统的客观数据情有独钟。而本田公司的规则却是一种利用矛盾和混乱的策略，把矛盾转化为能创造价值作为一种理念，进而有利于公司的决策。

自弗雷德里克·温斯洛·泰勒19世纪的管理学开始，工作任务作为一种对象得到了研究，并被仔细分析测量用来确定最有效地完成任务的手段。亨利·福特创立了流水生产线管理理论，管理的目标被提升至寻求最小变量。最近，计算机技术、信息科技、机器人和一系列不同形式的数据自动化技术得到广泛应用，以实现相同的量化管理的目标。80年代出现的精益生产管理理论则是为了消除工厂的浪费和提高生产效率，而这些正是福特流水生产线管理理论没有解决的问题。更近的管理学理论，是从精益生产管理学分支出来的被称为六西格玛的理论，现在这一理论正变得极受欢迎。六西格玛实质上是用数字标识出来的一定区域的图表，揭示这一区域内的事件发生的概率。它是一个统计学理论，现被用来测量和管理工厂的生产能力、从装配到研发全过程的劳动生产率和产品缺陷。

所有这些理论都有一个目的：减少工作岗位上的人员造成的产品质量和数量偏差。换句话说，就是消除模糊并从潜在的混乱中寻求秩序。当然，千难万难得到的这个有着严格规则的管理系统和生产流程成果，可能会使组织内部的灵活性和创造性减弱。

不少案例的研究证明了这一观点，而最有特点的莫过于对3M公司的研究。3M公司在20世纪末享有全世界最具创造力公司的良好口碑，其产品包括隔音胶带、方便贴、弹性绷带、服装隔热层、透明胶带，还包括一系列工业必需品，如从Iphone到汽车、体育用品，在其鼎盛时期，3M从过去5年发售的产品中获得了至少三成的利润。

2000年末，通用电气公司CEO杰克·韦尔奇的助手詹姆斯·麦克纳尼获得了3M的最高职位，他成了公司百年历史中第一个来自外部的领导公司的人士。詹姆斯·麦克纳尼把他热衷的六西格玛带进3M公司，韦尔奇则让这些理念变成了通用电气公司的近乎宗教般的信仰。詹姆斯·麦克纳尼在3M公司内雷厉风行地贯彻六西格玛，走到哪里你都会看到员工们在填写表格以记录他们的生产过程。六西格玛的原则就是要他们标示、测量、分析、提高和控制。

与精益生产管理过程一样，生产与人力消耗减少后，财务报表就会很好。华尔街和3M公司的董事会非常青睐詹姆斯·麦克纳尼的做法，但是3M的研发部门，作为公司持续发展成功的基础则表现得恰恰相反；因为与部门无关，六西格玛引入了对不成功的研发团队实行责任追究的制度。为了减少研发的盲目性，让研发更有计划性和更富有成效，严格的审核过程开始启动。3M研发人员必须要以周或月为单位，拿出能够证实他们工作价值的东西，同时还要提供出将科研成果快速转化为产品的时间节点，审核过程将此作为审核的结果。没过多久，很多小型的能迅速获利的研发项目得到了重视，远远超过了周期较长但可能会有突破性价值的研发项目。“你很难给研发确定一个固定的时间。”一个在3M公司工作的30岁的机械工程师格雷格·奥斯特在几年前对《财富》杂志说道。

果不其然，2005年詹姆斯·麦克纳尼突然离开3M公司，成了波音公司的CEO，这时的3M公司，最近5年产品的销量下降使其收益减少到了原来的21%。

3M公司已经失去了他在新产品和新材料方面的领先地位，并且陷入了危险的境地，那些陈旧的发明也是不值一提。接替詹姆斯·麦克纳尼职位的是一个电子工程师，名叫乔治·巴克利，他在公司工厂中继续推行六西格玛，但给予研究人员更多的空间。他的努力并没有白费。通过对高新技术的开发，如广播频率识别系统、光纤、复合材料、云端储存和生物统计学，终于使3M公司从低谷中走了出来，并且从这些新的研发成果中获得了超过30%的利润。

“要解决问题，这就是一个必要的改变。”乔治·巴克利说。因为科技突破的定义就是挑战日常，它不适应变量、目标的数字系统。“发明过程本身就是一个发散的过程。”乔治·巴克利说道，“你不能在研发过程中使用六西格玛，说‘我的发明落后了，所以我下周三要有一个发明，下周五要有两个发明，一共计划三个发明’。创造不是这样的。”

对于本田来说，3M公司最近的故事就是前车之鉴，只有通过接受矛盾的存在才能够避免这些情况的发生，而不是像六西格玛或其它精益管理一样去试图消灭这些矛盾。本田公司没有明确地规定发明的进程，这样的做法显然与公司独特性的观念相悖，作为一个具有两面性的事物的有机副产品，这是一个很值得探讨的课题。但是也有一些学者把本田公司的理念看作是一个区域性的理论。不过，一位有影响的日本公司的大亨野中郁次郎说道：“正反两方面思想的结合，会产生出更伟大的真理。”

野中郁次郎是东京一桥大学国际公司策略研究学院的名誉教授。他补充道，作为公司运营的基本原则，地域性的思考往往是最被容易忽略的但却是当代企业最应有的重要能力。“那些能够控制对抗力量的公司，譬如能把竞争与合作、集成与分散，还有创意与效率处理好的公司，才能够生存并发达兴旺。”他写道。

简单而实在地说，本田公司处理相互挑战的两种对立观点的方法是，研究并仔细区分出它们内在的绝对与相对价值，并确保在整个项目中这两者还能相互协调。绝对价值包含了公司的首要理念，例如尊重个人、追求梦想和激发灵感，它还包括了具体项目的目标。例如为了生产一种大家随时都愿意驾驶的皮卡，不论高配或低配，绝对价值目标是固定的，不会受到外部因素的影响；而相对目标则是可以替代的，它可以通过研究眼下的商务环境来解决，评估对手、供应商、内部资源、工厂产能、市场状况和目标客户群的优势与劣势。

本田公司生产的被称为本田喷气式飞机的商业飞机，其彰显的对矛盾的处理方法提供了一个观察绝对价值和相对价值简单而又完整的视角。虽然在过去的10年或者更长的时间里，许多公司退出了私人飞机行业，通常是由于不可避免地节约成本的考量或缺乏筹集资金的渠道，2008年的经济萧条加速了这一现象。而本田公司决定在2000年初，研究生产一款能带来利润并适应公司市场发展要求，同时又能减少法律管制条例限制的能提供优质乘坐体验的飞机。许多公司在如此明显疲软的市场面前，都不会有过多的考虑。例如里尔喷气式飞机和塞斯纳公司要么倒闭，要么勉强维持。除此之外，还有一些人预期这一市场将会从根本上瓦解。但是本田公司相信，他有能力运作并应付在疲软市场投入几百万美金的不可思议的举动。

前本田公司总裁福井威夫，在2003年的一个演讲的结尾中提出了一个关于绝对价值追求的描述。“移动是所有人一个基本的需求，是他或她的权利和乐趣。”他说道，“本田一直追求能多层面上的移动，在三维空间的移动——也就是在天空里移动，它是我们公司成立不久就形成的一个梦想；先人‘不要模仿他人’的话已经深深地烙在了每个本田人的脑海里。我们没有兴趣跟随别人。”

本田公司的每个项目都体现了自己的智慧。移动力和与众不同是本田公司首要的绝对价值追求。而对相对价值的追求则淡化得多，包括“开发天空交通工具的成本是多少，回报是多少，本田能够增加什么新功能来使得飞行体验变得更好，同时还能保持合适的价格，谁会来购买本田喷气式飞机”等等。每个关于相对价值的答案，都会通过它们是否满足绝对价值的理念而接受衡量。

对于任何项目，本田公司都要把绝对价值和相对价值进行客观独立地研究和反复地对比，通常包括几小时的Waigaya，这时往往会有三个层面的问题被提出。在公司内部，这些问题从上到下依次为A00、A0和A。第一层面的问题(A00)是最根本的：这个发动机是为了做什么用？A0级别会有更深入的思考：这个发动机的概念基础是什么，我们觉得它应该有什么功能，还有可以比较的发动机么？而A级别的问题则是细致入微：发动机应该有多少匹马力？

这个三层问题的力量来自于其避免了复杂性。当一个问题无法解决时，本田公司的设计人员就会被提到某一个层面来。例如一个关于合理动力输出的讨论如果没有得出结论，则这个讨论就被退回，并重新审查发动机的设计。可能通过改变发动机的概念原则，动力输出的讨论也就完成了。

一些本田员工提出了将绝对和相对价值和谐化的稍稍不同的见解，更愿意将这个过程形容为理想主义和现实主义的迫切需求。“理想主义是一个要追求的东西，现实主义是人们想要的东西。”Ridgeline的研发者弗林特说道，“两者应该在一辆车中共存，不然我们就不会生产它。”

例如，对Ridgeline来说，其目标群体的需要是一辆操控性如轿车的卡车，这是现实中的相对价值。弗林特团队的目标是围绕着这个价值展开了设计，而工程手册中包含非承载式车身结构的理念、计算、物理特性和一些最新的研发成果。这些是弗林特和他的团队所需要的绝对价值，进而最终实现现实的目标。有了这样的经历，“本田工程师就不能随便提出不切实际的图纸。”弗林特说，“他们必须设计能解决问题的零部件。”

通过这个过程，本田公司设计了一系列特殊的、书面而正式的文件来解决对立的观点，以期望创造有现实意义的甚至未曾被尝试过的需求。这样做，主要是因为即使在一个追求自主的公司中，也要避免这个理念在被用来处理不同员工、对关键问题的不同视角时引起的混乱，并确保能及时地作出决策。为了达到这个目标，本田公司主管和中层经理的角色是要促进大家默契地配合和自由地交流。对于这些交流，本田公司的研究者认为是不容易被观察到或表现出来的，它是高度个性化的，也是很难被统一的，它可以通过比喻或图片而获得，它深深地扎根于每个人的形体和经验里。

通过Waigaya，这种特别的非正式的讨论，能将员工的空闲时间用到讨论改进新产品和其他技术方面，同时还能启发员工聚在一起讨论他们的初始想法和其它技术知识。本田公司的主管被要求做到——用Nonaka的话说就是“在组织内处理具有创造力的混乱”。最终，主管们拓展着公司视野，一线员工们的日常经验也带来了一切皆有可能的回馈，这些都给予了本田公司创造事物的伟大能力。

2005年，本田喷气式飞机在研发启动两年后，项目被批准通过。本田公司决定进入私人飞机市场，并决心利用自己完美的研发理念，实现飞行移动带来的乐趣。这架飞机在通过一系列试飞后，进入全面量产。这是一个结构紧凑、重量轻，拥有设计先进的发动机的6座飞机。两个引擎直接安装在机翼上，这样大大减少了飞行阻力，使得本田喷气式飞机拥有每小时483英里的巡航速度。这款飞机的驾驶舱就像游戏机玩家的游乐室一般，与同级别飞机相比，本田喷气式飞机节油率超过15%，内部空间增大20%。本田公司喷气式飞机的售价为450万美金，只是竞争对手的1/3。

即使如此，这仍然是一个很大的赌局。尽管售价给予了折扣，私人飞机的需求量最多也只能是缓慢地上升，但这恰恰是本田愿意下的赌注。这是一种具有争议的有代表性的赌注，但最终开花结果了。对于和项目有关的相对价值、价格、速度、尺寸、舒适度、燃油经济性和结构等，本田工程师都能够根据之前飞机的特点进行改进，并通过重新设计给这款飞机新生。他们之所以能迅速地达到这些要求，飞机的设计者毫无疑问地遵循了对于飞机绝对价值的追求。

对于本田公司，对矛盾的热爱最有说服力的一件事就发生在最近。本田飞机公司总裁藤野道格正在讨论本田飞机获得的首批订单，并预计6年内会盈利。一般的做法就是打压对手，或者只是大力宣传本田喷气式飞机的优越性，藤野道格却选择了对竞争对手表示欢迎并乐意和对手同台竞争，这与宗一郎50年代与众不同的做法如出一辙。宗一郎希望日本政府允许外国摩托车进口，从而提高本土生产厂商的竞争能力。藤野道格说：“我们希望激活更多的需求来制造更大的市场。当市场变得更大，我们就会被强有力的竞争对手所激励，而这样就会产生更多的需求。”

有意思的是，如果他在Waigaya会议上这么说，会有人斩钉截铁地告诉他错了。

第四章　准则二：现场 现物 现实

本田宗一郎以他火爆的脾气和焦躁的性格而出名，尤其在他追求完美的时候变得更是变本加厉。即便他的这些最让人讨厌的个性能够让人容忍，但关于这位本田汽车创始人的一些故事还是表现得匪夷所思和近乎残忍

故事发生在1964年，仅仅几年之前，本田赛车团队刚获得了曼岛国际旅行者大赛摩托车巡回赛的奖杯。宗一郎大胆地开启了一个即便是现在的大汽车生产厂商也试图避免的活动：他组建了一级方程式赛车团队，类似美国的纳斯卡。这是一个唐突的决定，因为那时公司仅仅制造了一辆汽车——S500敞篷跑车，它被大家讥讽为是一个座椅四个门的摩托车。不过宗一郎还是为获得了曼岛国际旅行者大赛的奖杯而自豪，正是由于这场比赛的胜利，他享受着发动机设计师奖的荣誉和全球摩托车销量大幅增长带来的好处。

他觉得赢得一场比赛，或者只要能在F1大奖赛中出现，他同样能立刻将本田汽车变成汽车工业的领导者。另外，他还认为，本田汽车出现在国际舞台上将彻底结束日本国际贸易和工业部对其在全球范围内生产汽车夙愿的阻挠。与他许多其它的新倡议一样，在一级方程式上首次亮相的声明自发出的那一刻起，这一目标便成了公司的重中之重。他明确指出，成功将是他唯一能接受的结果。

像曼岛国际旅行者大赛的比赛一样，必须有耐心才能等待到胜利。但是

本田F1比赛的记录表明，它通常还没能等比赛结束自己就退出了比赛。制造一个50cc的摩托车发动机来驱动一辆几百磅重的自行车，与研发一辆高性能1500cc发动机来驱动一辆半吨重单座赛车达到200英里的极限时速，是有显著不同的。在1964年的一级方程式比赛中，在本田赛车数得过来的错误中，英国站的比赛是最明显的。在那里，本田赛车因过热起火，变成火球冲出赛道，令人瞠目结舌。

在日本本田公司总部，宗一郎无计可施。公众眼中的他彻底地被羞辱了。在他心中，他担心公司还没有制造完美汽车的能力。他要求将烧毁的汽车运回日本，并亲自带队调查失败的原因。

他一看发动机就发现了明显的问题：活塞环都烧成了灰渣。看着站在他身边的工程团队，他问道："是谁弄的这些活塞环？"

入交昭一郎回答说是他搞的。他是一个24岁的设计师，毕业于东京大学，获得了航空学工程学位，他入职本田公司已有四个年头。

宗一郎笑了笑，点了点头，好像明白了就是这个缺乏经验的年轻人搞出了这个残次部件，才是让整个公司蒙羞的源泉。"你设计它们是为了让它们着火么？"

"我的所有演算表明活塞环不会着火。"入交昭一郎回答道。

"可能还有一些其它的原因。"

入交昭一郎知道，这些词从他嘴里冒出来，让他给人的感觉既无理又很不礼貌。主要的是他已经意识到，无论他的演算过程有多复杂、多熟练、多么的优雅对称，但对宗一郎来说都没有任何意义，因为入交昭一郎没有在高强度的汽车引擎上验证他的结果，而只是在摩托车上做了实验。

果不其然，宗一郎被激怒了："我是做活塞环的专家！"他大叫道，"因为二战前我的公司除了活塞环我什么都不做，我的父母也是做活塞环的。你难道是在试图教导我么？这就是我为什么忍受不了大学生！你们脑子里面东西虽然很多，但其实啥都不懂。"

宗一郎告诉入交昭一郎说，“因为他的愚蠢”，作为惩罚要他向F1团队的每个人道歉，宗一郎还说整个过程自己都会陪他在一起。

身心受挫但还是准备好了接受责罚，入交昭一郎手里拿着烧坏了的活塞环，慢慢地走向本田赛车总部，他面对着工程部的每一个人鞠躬，并且小声地说：“我对我的错误表示道歉。”

宗一郎站在入交昭一郎的身旁，脸上露出很满意的神色。

用西方人的眼光来看，这种结局是令人无法理解的。故意拿年轻工程师的错误进行羞辱，这种惩罚显得太过于苛刻了。但是几十年之后的现在，这一段轶事仍然是探索公司商业原则价值的最恰当的例子，所以也只有几家公司能像本田汽车那样如此严厉和成功。本田公司最宝贵的原则之一的“三现主义”，也被称为日本的原则。

虽然“三现主义”的字面意思即便是对讲日语的人说也会产生疑惑，但是在本田公司，“三现主义”被定义为在做决定前需要考虑的三大事实，这三大事实是：现场、现物、现实。

现场，即去真实的地点：工厂车间、展厅、后院、停车场、驾驶座、后排、卡车车厢和车斗等等，无论何处，获得第一手知识。（也被英语化为Gemba，精益学家吉姆·沃马克最近的新书《现场行走》中描述了工厂中人们是如何协作的。）

现物，即真实的东西，使用第一手知识来关注实际情况，并开始起草决策或建议。

现实，即真实的符合事实的对策：用真实的数据和在真实的地点采集的信息来支持自己的决定，或者像一个本田公司高管说的那样，“根据事实做决定”。

“三现主义”可以被视为循环反复的真理。“现场”是知识的开始，在通过“现物”的打磨后，这个知识将作为“现实”的根基。这时，由第一手知识而获得有现实意义的决策；相应地，建立在现实基础上的符合实际的决策会在将来的现场中展示出新的知识。

“三现主义”并不是本田公司的原创，虽然许多制造业的专家说，本田公司对“三现主义”与众不同的理解是最有效的，并且直接影响了这个原则的广泛应用。其他日本公司通常会将“三现主义”与精益生产相联系。事实上，对于包括丰田在内的其他公司，“三现主义”是一个当代弗雷德里克·温斯洛·泰勒的预言，与工厂效率研究、六西格玛质量和生产力研究相似，“三现主义”被用作数据研究，并能决定最有效的生产线布局和标准。在这些应用中，“三现主义”的最后一项“现实”——它是收集事实依据并用来做决策的数据支撑，被给予了过多的权重。

对于本田公司，天平却倾向了相反的方向。虽然“现实”还在本田公司应用，但是“现场”却被本田公司认为是“三现主义”最重要的部分。从生产线上的小故障到新车型或者改进车型的新功能，再到全球的策略，“现场”被应用于本田公司日常所有项目的评估。在本田公司，做出的任何决策都离不开第一手资料。没有一个经理或雇员敢于提出一个观点、一个建议，或质疑当前的生产过程或系统，“除非他经过了‘现场’”，这句话在本田公司全球的工厂和办公室中都能听得懂，不论使用什么语言。

“他们在加州尾随从超市出来的妇女，这会让她们吓一跳。他们跟随的目的就是观察她们的车，想知道如何能够使潜在的客户向CRV或Pilot中更轻松地装卸货物。”汽车研究中心的首席经济学家肖恩·麦克阿林登说，“在他们整个工厂，你经常会看到人们围着一个螺丝或者螺母而进行的临时会议，他们必须亲眼见到，不然就是不真实的。”

这样看来，宗一郎对于损毁的F1活塞环的处理是很有道理的。入交昭一郎不仅没有在严峻的汽车比赛条件下测试他的发动机，也没有向赛道上的工程师和赛车手咨询，更没有拆开发动机研究受力问题和故障原因。入交昭一郎的所有计算都是在实验室中进行的，在宗一郎看来他放弃了设计发动机所需的第一手资料。

具有讽刺意味的是，入交昭一郎犯错误的时间点，与宗一郎的职业早期在活塞事业上失败的时间点几乎一样。在本田公司成立之前，丰田公司几乎退回了宗一郎所有的活塞环，原因是它们的尺寸误差。为了克服这一困难和解决这一问题，就像之前讲到的，宗一郎重新回到学校学习冶金技术，并到许多工厂参观，不过他不重视考试。在参观学习期间，他经常与工程师们就生产和机床加工技术展开激烈的讨论。

活塞环事件还体现了“现场”的另一面。宗一郎和他的合伙人藤泽武夫经常担心如果他们离开了，公司未来将如何发展，因为他们在各个层面都深刻地影响着公司。宗一郎在工程学方面有很深的造诣，他热衷于个人发明，他渴望完美；藤泽武夫勤奋刻苦，有谨慎的经济策略和诚信经营的文化理念。他们俩的思想作风贯穿于整个公司的文化并已生根发芽，他们在实践着自己的工业信仰，但是一旦他们离开公司，以后还能持续多久呢？

显然，宗一郎必须承担起全面监督管理本田公司的重任，因此他需要时刻面对那些与公司基本原则相背离的行为；他要求本田公司的管理者们要通过事例不断地宣传和贯彻执行来尽到管理“现场”的义务， 要训练并强调Waigaya、“现场”和其他的本田公司所坚持的原则，就像他自己对待入交昭一郎那样。

一段藤泽武夫和一个日本工厂经理敞开心扉的交流对话，完全展现了管理层职责的重要性。这段对话透露出了藤泽武夫对于他和宗一郎试图维护的公司文化能否持久坚持下去的担心。这段对话发生在藤泽武夫和当时的工厂负责人黑泽永嗣之间，那是一个结束一天工作后的放松和空闲时刻。

“你认为本田会基业永续么？”藤泽武夫问道。

“当然了，本田最好这样。否则我们就有麻烦了。”黑泽永嗣说。一开始，他认为藤泽武夫在开玩笑。

但是藤泽武夫的表情渐渐变得严肃起来，他指出：“你真的这样认为么，如果公司都能无限地发展下去，日本以后就会被无数的公司所淹没。”

“那你认为公司会有生命周期么？”黑泽永嗣问道。

“这样说来本田命中注定也要灭亡。”藤泽武夫回答道，“我想让你想一想，我们如何能避免这样的结局。”

这次对话之后藤泽武夫讲道，在宗一郎从本田公司退休后，黑泽永嗣正在作为接班人进行培养，如果黑泽永嗣认真刻苦地去研究这个问题，他也会得出这样的结论。只有公司将强大、永恒、原创的价值通过员工一代一代传承下去才能避免覆灭的命运。而且，为了要确保这些基本原则能永远坚持下去，公司必须明确每个经理和员工身上肩负的责任，以维护并传承公司的这些原则。藤泽武夫写道：“商业界的竞争如此激烈，本田必须依靠自身力量生存下去，而不是指望别人或其它东西。”

40年代本田公司成立后，“三现主义”便成为公司运营的主要原则之一。二战结束时，宗一郎的太太和她的朋友骑车进城买食品和干果时所经历的道路类型和天气，给了本田公司设计第一部摩托车的灵感。这以后的车型的油箱放在了座位下面，远离了车架，从而让穿裙子的女士可以优雅地驾驶。像这样的功能都是通过派出一组组的人到现实生活中去观察了解摩托车是如何使用，以及被谁使用的，然后才开发出来的。在生产车间，宗一郎先见之明地决定本田公司自己生产模具，尽管这对于刚起步的公司来说很大胆，但这样的决定来自于他的信念，他相信通过自主研发这种设备，能够熟练掌握切割与冲压工艺，从而使公司拥有竞争力的技术和知识。本田公司通过小型摩托车成功地打入美国市场，他的成功在于通过派驻洛杉矶一小队人马在这个国家建立自己的销售商店，而不是通过经销商渠道来获取本田公司具有哪些市场优势的第一手资料。在这些不胜枚举的事例中，“三现主义”被本田公司用来作为进行重大决策时的纲要。

本田公司摩托车和汽车赛事之间保持着长期的尤其密切的联系，并以此获得了丰硕的成就。他比任何其他的生产厂商参与的次数都多，这也是本田公司坚定执行“三现主义”的具体体现。从60年代起，本田公司已经是上百个F1和摩托车比赛中的领头羊。最近一段时间以来，本田公司参与了2006年到2011年期间的印第安纳波利斯500英里比赛的系列赛事，比赛中全部33辆车使用的都是本田发动机。在印第安纳波利斯500英里比赛的历史中，没有一个赛车手因为发动机故障而退赛。

1928年，宗一郎在他22岁时制造了他的第一个摩托车比赛发动机。这是一个由柯蒂斯-莱特公司飞机引擎改造而成的比赛用引擎，在日本它创造了每小时75英里的速度记录。宗一郎相信赛场是工程师和设计师的最有效的训练场，比赛压力和节奏时时刻刻给人们挑战，强迫他们快速地寻找最新的解决方案，准确地解决没有碰到过的问题。他认为比赛能完美地诠释坚持“现场”的意义。除了赛场，没有任何地方能提供更适合或更有价值的汽车工程的第一手资料，在这里发动机、车身、轮胎、变速箱和刹车都在最苛刻的条件下得到了测试。

“在比赛中，细微的差别便能决定胜负，一个轮胎的距离就能决定成败。”宗一郎说，“你不能忽视哪怕是最微小的改进。因为在比赛中你必须领先，不然就落后了。如果你想制造全世界最好的汽车，并且想知道如何做到最高境界，那就是赛场了。在那里的努力和回报是巨大的。”

虽然F1活塞环事件是令本田耻辱的事情，但反馈给宗一郎的信息是，入交昭一郎之后说道：“我明白了。我不能误会他，他是对的。因为是我太大意了，所以才不能在世界上最激烈的比赛中制造出成功的发动机。”

入交昭一郎没有再犯同样的错误。经过无数小时的路试、和有经验赛车设计师进行的性能验定，他为F1赛车设计的发动机在第二年的墨西哥大奖赛中夺得了令人艳羡的冠军。大约10年之后，入交昭一郎被任命为本田美国公司的总裁，他一直任职到1992年。在这期间，他让本田公司从一家小型日本汽车公司变成了美国最佳销量品牌。在80年代，因为他在本田公司的突出成就，通用汽车公司想聘请他为公司顶层高管，但是他选择留在了本田公司。

“三现主义”对本田公司在全球盈利的思想策略产生了持久的影响，或者就本田公司而言，后现代化的全球化策略应该就是本土化。全球化的炒作与衰退是大多数跨国公司国际化策略失败的原因。本田公司在一个商业环境下灵活的冒险活动，不是受不景气的、无序的商业形势所左右的，而是由本田公司本土化的市场所决定的，这些内容将在第九章详细介绍。值得指出的是，本田公司对“三现主义”原则的严格执行，使得本田公司在20年前就决定挑战质疑，并坚定地在全球主要地区建立独立自主的组织，这些组织能够独立地为本土客户开发产品，减少产品出口程度。

仅仅这一项策略，便使得本田公司避免了许多其他企业在全球化上所犯的失误，譬如，对那些他们不明智而匆匆建设的海外工厂，只是通过总部的研发部门、工程部门、设计部门来遥控，并很快让这些还没充分准备好的工厂投产。而本田公司避免了这些战术性的失误，从而使他在全球市场的投资回报和利润空间都高于汽车工业的平均水平。

对“三现主义”的遵守，阻止了本田公司可能出现的任何削弱他全球运营能力的可能。毕竟，如果仅靠远距离地观察和记录来决断，必然有悖于事必躬亲所带来的意义；否则，就使得公司会将当地部门的管理权和生产决策权集中到日本总部，然而“三现主义”要求的是一个更加迅速和机动灵活的本田式解决方案。

当然，对于那些觉得这个理念有些古怪的人来说，本田公司会经常受到汽车工业专家的嘲笑。在一个周六的早晨，本田卡车Ridge line车型的首席设计师格雷·弗林特，在家得宝超市的停车场看到了人们是如何笨手笨脚地向小轿车和卡车里装货，他在那里观察了近6个小时。这一场景让他决定设计一款采用双向打开车尾门的卡车，他没有考虑成本与设计的难度，这显然是跨界皮卡最明智的选择。

弗林特和他的团队亲自体验并驾驶竞争车型，如雪弗莱Avalanche、福特Explorer Sport-Trac及丰田Tacoma，他们去野营、划艇和购物，这让他们找到了在美国拥有卡车的感觉。通过远足驾驶体验，他们做出了选择承载式车身结构的激进决定。由于增加了成本和结构的复杂程度，也就是说如果没有通过贯彻“三现主义”而将权力进行全球化的分散，本田公司日本总部的工程师就不会赋予Ridge Line的美国研发者相对独立的权利来制造卡车，对弗林特他们来说，“无论我们个人观察到的是什么，他们都将是回绝。”这成了本田汽车在美国成功的最佳范例。

针对弗林特对本田地方机构的独立自主价值的讲述，以及对公司集中指挥控制组织机构的含蓄批评，一个本田公司高管评价说，这是一个直率却是准确的批评。该高管然后提出了一个简单的解释来说明，为什么“三现主义”要专注于本土化：

1.知识来自于当地的情况；2.决策是知识的产物；3.管理手段和策略从一个地方到另外一个地方主要应由当地的习惯和特点所决定，而不是总部的统一模式。

一个与众不同的布局让“三现主义”对本田工厂的影响可见一斑，他把数个关键的生产功能集于一身，形成了一个集中的相互协调的作业中心；而其他生产厂商往往通过一个个独立的工厂布局来实现。像在阿拉巴马州的林肯本田工厂（包括最近本田许多其他工厂），其发动机和汽车装配线就是这种背靠背的布局。

这一布局能让视野内看到的存货和生产监督更准确，因为在发动机制造好不久，它们将被安装到20英尺以外的车架上。任何发动机存货数量的下滑都会迅速被装配工人所察觉，他们会通过生产缓冲车型（当生产线需要停产时生产的部分装配车型，放置在一旁用来弥补产出不足）来缓和生产的不平衡，直到发动机获得了补充。除此之外，本田发动机的第一次运行是在车辆已经装配好，并准备下线到测试区域时进行。如果此时发现缺陷，发动机团队不需要将车或发动机运至其它地点修理，而是可以直接在工厂内解决。

与此形成鲜明对比的是，其他大多数汽车公司不像本田公司那样，生产是从发动机开始的。相反他们使用第三方提供的零件来组装发动机，而且还远离总装生产线的工厂。大家通常认为将发动机生产线和汽车总装线集中在一起，会产生零部件的物流管理困难，以及不同工作性质的工人技术培训管理上的困难。但是本田公司的想法正好相反。实际上根据本田公司的数据，通过整合发动机生产线和汽车组装线，本田公司在技术培训、质量控制、生产速度、工厂利用率等方面提高了10%甚至更高。另外，由于沉重的发动机不再用火车或卡车进行长达几百英里的运输，不但节省了高昂的运输费用，而且还避免了运输过程中对发动机造成损坏。

同样，在步行就很方便到达林肯工厂总装生产线的地方，还有一个由20多人组成的工程师团队。这个团队隶属于本田公司工程部，他们在世界各地的工厂中以独立的形式存在。他们主要开发专用工具，如钳子、模具、机器人软硬件和可以满足特殊要求的机械装备。通常地，这个工程团队许多创造性的工业设计主要是为本田公司非常灵活的生产技术服务，它可以让公司众多的车型能在同一条生产线上无缝转换地生产，特别能更灵活地生产具有竞争性的新车型。

“内部工程部是我们的秘密武器，不论是对新车型的开发，还是在工厂日常的生产活动中。”林肯工厂的设计者，现在在位于俄亥俄州马里斯维尔市，本田北美工程中心的动力总成部首席工程师恰克·恩斯特说，“不论我们遇到或大或小的技术问题，或者我们需要改变策略，例如将一个产品从第一条生产线转至第二条生产线，或者想在第二条生产线上生产全新的车型，我们都很容易解决。位于现场的工程师队伍是无价之宝,他们功不可没。我们的改变可以说是随心所欲。”

虽然现在几乎所有汽车公司都有自己的内部设计工程中心，但他们通常位于总部附近。然而在二战之前，甚至在本田公司成立之前，他们的专业工程师队伍往往是与生产工厂紧密结合的。那时许多汽车工厂都靠得很近，例如通用和福特公司，他们所有的工厂都在底特律附近，这样工程师队伍就可以很方便地被委派到多个现场。另外，工程师们还可以被要求解决一系列不同的问题，因为那时工会组织还没有与汽车公司达成保护雇员权益的协议，以限制汽车公司让汽车工人，包括设计师们从事额外的工作，并要求汽车公司必须根据工作性质来给雇员发放相应的工资。二战以后，雇用员工的灵活性显著降低，许多北美的工厂被关闭，代之而起的是网络一样的国际化工厂，这样一来，保持现场的工程师队伍显然花费很高，因此就被传统的汽车制造商所摒弃。

“但是，放弃这样的队伍会使公司对各地工厂的需求失去及时响应的能力。”汽车工业资深分析师，现在在Guggenheim partners任资深管理总监的约翰·卡塞萨说道。

本田公司生产自己使用的专用设备，在任意工业领域都比其他生产厂商多。与本地工厂紧密结合的设计工程师队伍，经常设计制造可更换的焊接头、新型冲压设备和重型车床，这些都帮助本田公司改写了工厂灵活性和生产的传统标准。例如新型的焊接机器人，最近又在林肯投产，它能根据进入到焊接区的车型特点来选择合适的焊接头，这样本田公司就能够在车型间实现非常灵活的切换，且都是在不延误生产的情况下几秒就能更换完设备。这一自动化工艺技术让最笨重、最耗时的汽车装配过程不复存在了。恰克·恩斯特回忆道，当然这可能会需要“两个到三个不同体位的转换，或者5到10分钟来更换这些庞大的金属物体，以便为生产线上的新车型准备对应的焊接头。”（在第六章将详细介绍林肯的焊接系统。）

驻厂工程部往往能够通过改进提升之前的设备性能来解决工厂的短板。如林肯的工程师团队，最近制造了一个可以辅助工人检测变速箱的机器，这台机器能很容易地打开巨大的变速箱盖，并每次都能将它们翻开到同样的位置，而之前人工手动打开变速箱时，冷却液会经常流到工厂的地板上。

另一个例子是，工程师们设计了一个机器人，“尺寸就像马克·麦奎尔吸毒时的小手臂一样的大小。”一个工人这样说道。在安装V6发动机时，这个工具是用来安装活塞盖上关键的螺丝，如果因为没有用足够的力量拧紧，它将会导致发动机故障。这不仅让装配质量得到了提升，关键是本田公司的这个难题得到了解决。

作为本田公司的骄傲，这一系列创造性的工艺技术的提升令人只能望其项背，当然如果没有当地的投入和支持，他们也不会有这样高的发明和创造热情。毕竟许多工艺改进都会影响到工人的工作，所以员工们经常会受到新机器的威胁，如果他们不确定为什么需要这些机器，他们甚至会破坏或者至少抵触其应用。

“我曾经见到要求安装由公司总部设计的一些设备，”恰克·恩斯特说，“这些设备都有严谨的使用说明书，内容包括严格的规定和指南。它需要花几个月的时间才能弄清楚如何安装以满足本地工厂的各种要求，然后还需要花费几个月来培训大家，最后还需要用几个月的时间来克服人们对它的抵触情绪，他们没有选择，不得不使用它。对于本田，由于这一团队的成员都是在同一个工厂工作，他们每天都能见面，所以很容易克服这些困难。”

从更高的层面来看，“现场”让本田公司通过采用驻厂工程部这一措施，来达到公司的目标，它也符合宗一郎的宣言，这就是当初他所要求的他的工程师要学会如何自己生产磨具和冲压机器的原因。正如一位本田公司高管所说：“当你是在购买技术时，它是冷冰冰的，它是不属于你自身的一件外来事物，以至于到最后你也不知道它有何潜能，以及如何对待它。”

本田公司要求每个员工，不仅仅是工程师和研发人员，还包括工人，将工作过程中的改进，甚至那些可能的专利发明都要视为自己的工作职责；同时在工厂或任何地方，避免普遍存在的人们全天都在按部就班地进行工作这一问题的发生。这就是为什么本田公司严格地贯彻“三现主义”的原因。 前本田公司CEO福井威夫，在10年前写给公司的一封公开信中就向每个员工明确阐述了“三现主义”和公司未来之间的关系。

福井威夫说道：“本田的一系列广泛的授权，体现了每个人都是公司的主宰者。这就是如何将每一个个体的热情、能力和行动融入到公司并能创造出价值。我们一直致力于提供给每个人都能最大程度地发挥积极能量的工作环境，并且对于重要的工作岗位和实际的工作场所给予足够的重视，把决策建立在真正的事实基础之上。这就意味着努力强化实际工作岗位的重要性，换句话说，让每个人都能在自己的岗位上积极主动地思考和行动至关重要。发明与价值创造能让一个人激情澎湃，也就是说每个人都可以努力尝试本田的方式。”

本田公司的工人有时候看起来像神灵附体，他们会不折不扣地听从指令。基本上我见到的所有雇员都服从公司的要求，并相信努力就有回报的文化。他们把设计新的生产工艺或者改变工厂惯有的规则作为自己的责任，而不是一种可做或可不做的选择，有些时候他们是必须为了保住工作而这样做。迈克尔·罗比内特是底特律IHS汽车的顾问总监，他说道：“在外人看来，他们好像都喝了药，眼睛瞪得大大的。但是没有任何一家公司能在创造性上与本田相媲美，他们成功地将公司文化建立在日常工作与不断促进工厂改变相结合的基础之上。”

本田公司员工自己动手的革新和改进，有很多简单实用的东西。例如，当铜的价格上涨时，本田公司工人设计了一个带吸力的漏斗系统，它可以收集生产过程中的下脚料铜，然后将这些铜回收并重新利用。另外一个例子就是俄亥俄州马里斯维尔工厂设计的传送系统，它可以帮助旋转车门，使得工人在将车门安装到车身上之前，不需要消耗很大体力就很容易地安装车锁和车窗部件。这些符合人体工程学的改进，提高了本田公司的生产质量，而其他厂商的工人却被磨损、碰撞以及车门上的其它问题困扰着。

在阿拉巴马州的林肯工厂，还有一个看起来效果明显却不被提起的创新案例，它成功地解决了工厂第二条生产线投产后，导致上下班交通拥堵的问题。该方案就是把通向工厂的双向两车道进行拓宽，然后把两边增加了几英尺的道路调整为两条出厂的道路，而将中间的道路调整为一条进工厂的道路，从而解决了工人试图提前下班以避免高峰拥堵的担心，这样生产效率得到了提高，质量也有了保证。在这个方案产生之前，唯一的办法就是修建新的道路和桥梁，但这样的建议其成本很高。

本田公司在全球最显著的突破也是最成功的例子，在我看来则是一个在马里斯维尔工作的技术工人开发的数学方程。这个方程几年前已经获得了专利，这一方程的算法大幅度地减少了本田公司在全球工厂的碳排放量，该项目是从前CEO福井威夫在2007年的演讲中获得的启发。他那时指出，二氧化碳排放是全球变暖的罪魁祸首，汽车公司必须设法从他们的生产技术和产品中寻找并解决每个严重问题的办法。舒伯候·巴哈塔刹亚那时也有了同样的想法，他认为威夫的演讲是他着手寻找解决这些问题的动力。

舒伯候·巴哈塔刹亚在本田公司策划部工作了10余年，他获得了机械工程硕士学位。他把汽车生产过程分解成不同的能源使用单元，通过认真分析工厂的碳排放过程，发现在生产过程中50%的能量消耗来自于框架组装过程，而这些能量中60%的能量消耗又来自于喷漆过程。大型长方形的喷漆间长150英尺，宽20英尺，车架是通过传送带连续地进入喷漆间，而这一过程需要空气调节，但需要消耗大量的能源。

“为了使油漆达到最佳的黏稠度，让它既不能过稀也过于黏稠，喷漆间必须维持在70华氏温度，浮动范围不能超过正负5华氏温度的范围，相对湿度也必须维持在68%，正负5%的浮动区间。”舒伯候·巴哈塔刹亚说，“所以，大量的空气在进入喷漆间之前，必须调整至满足喷漆所需的狭小范围内。”

在通常情况下，空气处理不是一个高效的过程。夏天，热空气首先被快速冷却，将湿度调整到合适的范围内，然后再重新加热到所需要的温度；在冬天，是相反的过程，寒冷的空气首先被加热，然后加湿以达到合适的温湿度。

由于这种空气循环处理过程会消耗大量的能源，舒伯候·巴哈塔刹亚推导出了一个方程式，它综合考虑了室外空气条件，喷漆过程的温湿度要求，以及HVAC［Heating Ventilation and air-conditioning（暖通空调）］系统制冷或加热空气的能力等因素，这样一来，消耗最少的能量就可以适时地获得最适合喷漆条件的温度和湿度。与此相反就是不顾天气季节变化与能量消耗，让空调设备按照同一模式持续提供一个满足喷漆条件的环境系统。舒伯候·巴哈塔刹亚就是让空调设备间歇性地工作来提供满足喷漆间的温湿条件，以最大程度节省能源。

如果你熟悉高等数学的话，这个方程的结论很有逻辑，也相对简单。舒伯候·巴哈塔刹亚认为，当你回头看时会后悔为什么之前没这么做，我不知道原因，但是就像所有新想法一样，你总会觉得它们理所应当。

舒伯候·巴哈塔刹亚要求俄亥俄州立大学机械工程系对HVAC控制系统进行编程，并检测其系统是否能使空气调节符合设计要求。这一步完成后，舒伯候·巴哈塔刹亚把结果呈给了马里斯维尔的管理层。他告诉管理层按他的估计，这种智能喷漆技术（IPT）将会减少喷漆间能量需求的25%，重要的是他几乎不需要改造经费。“我的目标是零投资，这样工厂领导层就没有理由拒绝了。”舒伯候·巴哈塔刹亚说道，“这就是为什么我专注于由技术知识改变的系统，因为它可以在现有的基础设施上获利，而不需要再添置新的设备或部件。”

IPT存在巨大的潜在的节能空间，比之前提到的工人的发明都更有效。2008年年初舒伯候·巴哈塔刹亚的方案，几乎没有延迟就获得了在俄亥俄工厂实施IPT的绿灯。几周之内就看到了舒伯候·巴哈塔刹亚的确获得了惊人的效果，他的系统将工厂的能源消耗从空调过程中解放了出来。舒伯候·巴哈塔刹亚达到了他的节能预期，并间接地节约了生产成本。在马里斯维尔工厂，IPT让本田公司每年减少碳排放1万吨，这相当于1500户家庭每年的二氧化碳排放量，也相当于少使用41.7万个天然气罐，或相当于少消耗110万加仑的天然气。在那之后，本田北美工厂全部安装了IPT，并在加拿大和英国获得了专利，后又在美国、日本和中国也递交了专利申请。

虽然有了完美的结果，但本田公司管理层也承认，他们的公司在采用IPT时也承担了巨大的风险。工厂的许多节能措施往往都关注与非生产过程相关的东西，例如关闭不使用的设备，安装动态监测的开关灯装置。这些都是一些简单的应用，因为工厂生产不会由于这些设备的故障而受到影响。然而IPT却致力于在汽车工厂中至关重要的环节节省能源，对于新车和行驶了3万英里以上的车身上，喷漆的质量非常关键和重要，喷漆质量直接影响销量、品牌形象、质保和售后的费用。对于汽车购买者来说，喷漆质量比发动机数据更重要，因为只有小部分人能够通过外观判断发动机的好坏，而喷漆质量却不是。

调整喷漆过程的确是一件意义重大的事情。没有在真实工厂环境下测试过IPT的效果，而是在一个喷漆间一样大的房间内，让车辆壳体穿过，来模拟一个真实的空气调节过程，这几乎是不可能做好的。舒伯候·巴哈塔刹亚要保证他的系统不会改变喷漆间的关键东西，仅仅靠的是预测的节能数据。当然，马里斯维尔工厂的经理也知道，这个系统可以应用不同的节能方法达到相同的温度和湿度条件，他们必须给IPT一次尝试的机会。

是的，敢于挑战，用宗一郎的话来说就是要拥有挑战精神，这在本田公司参与的一项项赛事中一次又一次地体现着，“敢于挑战”是这家公司对所有人的要求。这样看来，宗一郎的理论是正确的，拒绝员工的发明是很难得到公司认同的。本田公司的工人经常回忆宗一郎的一句话：“作为一个组织，我们积极地向前推进并快速推进。因为我们仅有一个会被我们的梦想充斥的未来，它需要我们勇于挑战传统。”

约翰·梅伯里是俄亥俄州East Liberty工厂的经理，这里生产本田CRV、雅阁、歌诗图和讴歌RDX。他解释了公司简单的格言和保证自己对公司文化的尊重与不懈努力。“我们不能害怕冒险，”梅伯里说道，“如果我们要求员工冒险的话。”

舒伯候·巴哈塔刹亚后来被提升为本田公司北美工程中心的管理层。这个方法的发明完全在意料之外，他是在CEO讲话后获得了灵感，如他所说他只是“完成了未完成的工作。”舒伯候·巴哈塔刹亚还说道：“这不是一个预定的项目，高层并没有提到它，这完全是我自己想做的事情。”

“三现主义”这个被本田公司偏爱的理念，用其简单而又神奇的语言告诉我们，它只能在真实的地方存在。

第五章　准则三：尊重个人主义

科德尔·弗莱克是一个看起来很容易得到尊重的人。他大概30岁上下，个子很高，令人过目难忘，曾经在海军陆战队预备役服过役。当然，他的外表不只是人们尊重他的原因，他有一双深色的眼睛，坚定而又有穿透性，在阿拉巴马州林肯市的本田工厂，他是存货管理部的经理。科德尔·弗莱克管理着超过300人的团队，他负责记录、检查和派送这些日夜不停进出工厂的零部件。

科德尔·弗莱克是个黑人，童年是在林肯市附近度过的。他出生在一个贫穷的中产阶级家庭，毕业于奥本大学，他在这所距离他家向南两小时车程的大学里获得了系统工程专业的学位。他从没想到自己会在汽车工厂工作，而是想在毕业后，幻想自己能成为一名海军陆战队的军官。他想，即使他最终进入私营企业工作，也会进入沃尔玛这样的超市或者相对简单的轻工业类企业，如纺织业工作。

然而在一次奥本大学的招聘会上，　他的简单的计划却因和本田公司负责招聘工作的人员相遇而改变了。那时他才大四，刚刚20岁出头，妻子也才刚刚怀孕。肩上的担子对他来说格外的沉重，但是他觉得如果他能参军入伍，他就可以顺利地过一个相对稳定的生活，他也就不用担心丢掉工作或收入过低。

招聘会上招募人员见过科德尔·弗莱克之后，本田公司的高管对他未来的想法却有着不同的见解。本田的林肯工厂是拥有最先进设备的工厂之一，它将于2001年8月动工。在接下来的一年里，本田公司将开始寻找可靠、自信、缜密、有原则并且富有想象力的人在这里工作。对于是否具备汽车工业的经验或者对汽车生产的经验，并不是完全必需的，而需要的是责任心、独立的性格和刻苦的精神，科德尔·弗莱克恰恰具备了这重要的几点。

在本田公司一系列的面试过程中，科德尔·弗莱克被问及了家庭生活、人生目标、兴趣爱好和他的热情所在。他还被问及如何应对在具体工作中可能会发生的同事和人员冲突，如争斗、欺凌、偷工减料和泄密等，诸如此类的问题比问及的物流供应知识或者他不熟悉的汽车知识都要多。随着面试过程的进行，他意识到本田公司最终将给予他一份管理层的职位。

“我觉得他们关注我，是因为我做事的伦理观以及依靠自己生存的个人故事。那时我已是大学四年级，是一名海军陆战队队员，有着全职的工作，有妻子，还有一个将要到来的新生儿。我对他们非常诚实，没有非常想要这份工作，这让我非常放松。”科德尔·弗莱克说，“实际上如果我没有得到这份工作，我可能会更轻松，这样我就可以继续自己的计划了。然而这样的我恰恰是他们想要的。”

的确是，本田公司雇用员工与员工的升职策略和该公司其它方面一样，总是与通常的逻辑相反，至少与其他大多数公司的逻辑相反，本田公司与众不同的雇用策略与其他典型的汽车工程公司形成了鲜明对比。在其他公司，不论是精益的日本工厂或者纪律松散的美国工厂，许多汽车生产职位都被热爱汽车的人员填满，他们拥有汽车专业的知识并且服从指挥，本田公司认为这样的人才组合缺少并限制了想象力。与此相反，本田公司希望寻找到与众不同的员工，他们的生活轨迹与众不同甚至有些奇怪，并且如果他们来自的行业远离汽车行业，那就更好不过了。这样，他们就不会先入为主地对于汽车生产有应该如何进行的倾向性观念。“我们希望他是一个独立的人，能够以新颖的观念来观察汽车的生产过程，而不是一个盲目的追随者。”本田公司的CEO伊东孝绅在许多场合中说到。

就像詹姆斯·沃马克《改变世界的机器》一书中写到的那样，伊东孝绅的说法是对宗一郎雇用政策的一个简单升级版。当詹姆斯·沃马克问道，一个理想的本田公司应聘者应该具有什么样的重要品质时，宗一郎说道：“他更喜欢生活中经历过麻烦的人。”

宗一郎虽然语气显得很顽皮，但是他并没有开玩笑，他只是在婉转地说明本田汽车的第三个重要组织原则：尊重个人，更准确地说是尊重个人主义。自从公司创建，他就时常激进地质疑自身，并经常打破那些被认为是成功企业应遵守的规则。这些与众不同的做法常使他陷入被动当中。比如，他希望对有竞争性的日本公司实行贸易自由，允许进口更多的来自全球竞争对手的产品，因此与日本国际贸易与工业部闹得不可开交，直到本田公司生产并出口了自己的第一辆汽车。除此之外，由于他极为与众不同的态度，结果引来了众多的猜忌，比如开始启动使用自己的铸造和冲压设备（从那以后本田工厂基本上所有的软硬件都是自己生产），或者当本田赛车努力地进入世界级赛车与F1比赛时，或者当他决定比任何汽车制造厂都能早生产出满足美国环境保护署的发动机时，这些统统都招致了各种各样的猜忌。

那些非常执着于自己的发明理念并有实际行动的员工，在那些崇尚规则和秩序的组织中是不会活跃的，而这些人就是被宗一郎称之为“经历过麻烦的人”。宗一郎认为无论这些组织有多先进、多高明，他们都不会有太大的成就。或者毫不隐讳地说，那些能够在矛盾与问题中成长起来的人，那些能够本能地探索事物规律的人，且明显具有反传统观念的人才是本田公司的候选人。这些人如果看到一个半满半空的瓶子，他们就会认为瓶子的尺寸大了一倍而会重新设计一个不一样尺寸的瓶子。

在诸多方面，本田公司将自己视为丰田公司的镜子，丰田公司也是本田公司的老冤家。在最近的一次会面中，詹姆斯·沃马克回忆起他与入交昭一郎一次生动而有趣的对话。这个日本人80年代在本田公司北美的经营部门工作，入交昭一郎曾经生动地描绘了两家日本公司雇员不同的个性。“我现在来模仿丰田员工，”沃马克回忆着入交昭一郎的话，“入交昭一郎拉上窗帘，然后，径直向墙走去，最后摔倒了。他说，‘唉，丰田员工直线走得的确好，但是没有视线，就会像瞎子一样的罗马军团。’”

然后沃马克继续模仿道，“‘来，现在到了本田的员工。’说完便拉开了遮阳帘，他屈膝蹲在家具的旁边，然后就在屋里面快速地来回跑了起来。他说道，‘本田员工像游击战士，他们喜欢热闹，而丰田员工却非常非常不喜欢这些。’”

本田公司的人事管理与众不同。本田公司的政策是，从最高层开始每个人都应积极地重新认识自己的工作性质，而不是一成不变，每个本田公司的CEO都应来自公司的工程师岗位，这些CEO都曾是之前某个职位上本田公司誉满天下的研发部门的总监。

这是个非常了不起的记录。在其他跨国公司中，大家传统地认为最有能力的高管都应该是从事市场、销售或者统计而不是工程。其结果是，即使是基于科技的产业，例如医药或者电脑软件和硬件企业，他们的CEO也很少了解他们所销售产品的设计及生产过程。尽管如此，人们也不认为这是一个缺点，因为大多数人认为工程师给公司创造不了多大的经济收益。

在创造、设计和制造产品时，工程师通常被认为是能够解决具有挑战性的问题的，他们针对的是产品。而相反的是，CEO通常被认为更专注于收益，关注如何击败竞争对手并能承担风险，发掘出未被发现的利润。事实上，CEO他们自己不论在什么岗位上，都将自己视为为公司赚钱的人，是公司产品或服务的推销者，不论是哪一样，他们总占其一。当我问及CEO或其他公司的高管他们如何评价自己时，得到的往往是那个俗气的关于推销员成功的故事：一个伟大的推销员能将冰箱卖给爱斯基摩人，（这个故事是透着俗气的、Mad man遗迹的东西，但这个故事却时不时地会出现。）一个好的推销员可以卖给一个被水淹的人一杯水，而伟大的推销员甚至可以给他不停地提供续杯的服务。而我最喜欢的一句是：一个伟大的推销员可以卖厕所里的水给水管工。然而你仔细想来，却发现它毫无任何意义

基于他们不和产品直接接触的工作性质，我们也不难看出一家企业的高管可以轻松地跳槽到另外一家公司，但是这带来的往往是苦难的结局。詹姆斯·麦克纳尼离开了3M公司的post-it小便签和Scotchguard胶带业务部，来到波音公司销售787；爱德华·兰伯特从高盛公司跳槽到希尔氏公司做对冲基金；罗伯特·纳德利从家得宝公司跳槽到克莱斯勒公司，并一直待到这家汽车公司倒闭。还有更早期的最令人疑惑的一次跳槽：70年代末期，约翰·斯卡利离开了百事公司来到了苹果公司，唯一的作用就是几年后将乔布斯排挤出公司。这些CEO跨行业的跳槽，在任何情况下都不能算是成功的事情，而失败例子不胜枚举。（实际上福布斯曾形容过兰伯特在希尔氏公司的破坏力：“使得那个曾经在零售业独霸一方的企业”毁灭。）

对于CEO不应该来自于工程师的偏见，不仅仅存在于美国和欧洲公司，许多日本公司也有这样的短视现象。例如丰田的CEO丰田章男是公司创始人的后代，拥有培养了许多CEO的麻省巴布森学院的MBA学位，他没有任何工程师经验。再如最近的索尼公司的CEO是威尔士人霍华德·斯金格，一个拥有牛津大学硕士学位的前电视制片人，他经历了电器公司历史上最糟糕的亏损，从那时索尼公司就失去了生产创新性产品的口碑。（但是值得注意的是，尼桑和福特公司最近都追随本田公司的脚步在公司高层任命工程师，包括尼桑的卡洛斯·戈恩和艾伦·穆拉利。）

宗一郎和继任他的工程师们，在公司领导层的任用上都表现出了与其他跨国公司完全不同的观念与偏好。在本田公司的研发部门，其CEO的长项在于产品与生产过程的创新，它主要体现在新车型设计的功能、特点和采用的新科技，以让它们更快更好。最典型的是，本田公司的高层通常会将时间花在新车灯和前脸的设计上，而不是与一屋子的会计研究一系列财务报表。他们

解决问题的方法是辩证性的，通常会考虑对立的思想并使用个人Waigaya。作为管理者，决定他们是否成功，其标准就是他们在组织中带领的人所表现出来的创造性，本田公司认为，只有这样做才会使本田公司真正超越竞争对手，而胜过发动一系列新的市场推广活动。

本田公司的CEO们在解决问题时经常不走寻常路，比如宗一郎的继承者黑泽永嗣在处理问题时会使用四种选择，而不是两种传统的极端答案“是”或“否”。他认为这样的回答不能解决复杂的问题，他的四个选择是“是”“否”“是和否”“既不是也不否”。黑泽永嗣在1970年面对是否在俄亥俄州马利斯维尔建造汽车组装厂这样困难的决定时，使用了他调色板一样的回答，那时还没有任何日本汽车厂商考虑在美国建造工厂。

如果“是”或“否”是他仅有的两个选择，黑泽永嗣会毫不犹豫地拒绝这个提案。建成工厂的成本会超过2亿美金，种种预算报表显示公司在头几年还会亏损，这些亏损主要是由于在工厂附近建立能够满足本田零件供应商体系所花费的一些时间。在1970年的两次油价大涨中，从本田、丰田和尼桑公司进口的可靠廉价的日本车销售势头一浪高过一浪，而此时美国车的声誉已节节下滑，可以嘲讽地说由美国工人制造的日本车在美国将会不好销售。

黑泽永嗣知道了正确的答案是“是”和“否”，他依然没有放弃。虽有充分的逻辑与数据来反驳这个提案，但黑泽永嗣并没有简单地决定放弃它，他认为此时作出决定还为时太早。每次当他决定放弃这个提案时，一个声音便在他脑海中重复地响起，那就是本田公司可能错失了一个建立全球本土化策略的黄金机会。通过研究“是”和“否”，几周后他最终理解了直觉和事实背后的深意，这时答案就水落石出了。虽然作这个决定对于许多高管来说是再明显不过了。黑泽永嗣说道：“建造一个汽车工厂是有风险的，但是本田自过去一直以来在关键时刻勇于冒险。”

两年之后的1982年的11月，一辆银灰色的雅阁从马利斯维尔的生产线上驶了下来，车上悬挂着俄亥俄州的蓝白相间的车牌USA001。这是第一辆在美国生产的日本汽车，它现展出在密歇根州迪尔波恩市的亨利·福特博物馆中。马利斯维尔工厂头两年就开始盈利。底特律HIS汽车的顾问总监迈克尔·罗比内特说道："它在汽车工业中具有非常深远的影响。因为本田引入了独特的工作方式，并在工程、生产和质量上树立了新的标杆。本田证明了美国工人可以造出像其他国家一样好的汽车。"

黑泽永嗣在鼓励组织内部个人创造性的过程中，也同样与众不同。比如在1978年，当他担心本田公司紧凑车型过于平庸而不能吸引更多的年轻消费者时，便在公司内部召集最年轻的设计师和工程师们开会。他们的平均年龄只有27岁，黑泽永嗣要求他们为他们的同龄人设计一款车型，他保证高层管理者不会干扰他们的工作。这一尝试让非常受欢迎的city诞生了，这款廉价紧凑型的车型拥有活泼的线条和微笑的前脸，在超过40多个国家畅销多年。

虽然本田公司的CEO关注技术，但是他们与其他汽车公司的CEO相比在经济方面的表现也毫不逊色。因为他们首先是工程师，其次才是CEO，所以本田公司高管在研究数据时也与众不同。对于他们来说超过竞争对手并不意味着在销量上成为第一，而是用最好的产品为公司赢得品牌认知度。这些产品需要用足够低的价格来吸引消费者而不放弃公司对质量的追求。本质上讲，这意味着要设计和生产一定比例的行业内奢侈的盈利较高的车型。这是一个长期的工作重点，这样的重点基于产品或者说是用工程师的眼光来看的，这样做取消了对季度到季度的盈利与市场份额的评判。许多商业专家认为，这样做会帮助提高创造力并带来持续的增长，而许多其他公司及其股东却都不这么认为。

就像本田公司在任命高管时无视传统习惯一样，工厂管理者的背景也非常反常。他们的高层管理者和部门经理在本田公司雇佣他们之前，都没有在工厂内的生产经验，这样的事例不胜枚举。俄亥俄马利斯维尔工厂的负责人汤姆·斯科普，现在是阿拉巴马州林肯工厂掌管生产经营的董事长，他学习的是政治学专业，在来到本田公司之前他帮助俄亥俄州议长制定法律。苏珊·英斯利曾是俄亥俄州当地的律师，在被本田雇用后成为了美国第一个（或者是第二个）在汽车工厂的女性管理者。另一个例子是玛莎永井，她学的是公共关系学，被任命为本田公司在中国的两个工厂的经理。恰克·恩斯特在本田公司聘请他之前对汽车组装没有任何知识，1985年，在本田公司位于俄亥俄州安娜市的发动机工厂投产后，他负责了林肯汽车工厂的建造。

恩斯特在本田公司的面试过程中，曾大声问过为什么给他安排安娜市的职位。实际上是他在安娜市的妻子，在报纸上替他找到安娜市的这个职位，而恩斯特寄出的职位申请并不是期待来自本田公司的回复。“为什么你们要面试我？”恩斯特问发动机工厂的经理高桥家铺，“我对汽车一无所知，我在炼铁厂工作。当我是个孩子的时候，我只是对摩托车很感兴趣，但是我对大量生产汽车、摩托车、发动机却一无所知。为什么选我？”

“你对摩托车很有热情，”家铺回答道，“我们可以教会你本田更喜欢的做事方式。”

实际上做起事情来可能比上面说的要复杂得多。本田公司的确有意识地避免雇用之前有过汽车工作经验的人，因为没有任何其他汽车公司拥有本田公司这样的文化。本田公司希望新雇来的每个人都是一张白纸，他们愿意接受工作培训并得到发展，同时还自觉自愿地想成为多面手，并愿意接受并经历各种挑战。

“对一项工作一无所知的人可能更适合做这项工作。”本田公司资深管理总监森庄司说道，“他们会用没有偏见的眼光来审视这份工作，这样一来他们会做得更好。”

对于本田公司刚刚在安娜市开始的工作，恩斯特非常符合这个标准。当时巨大的工厂还没有建造，他们一个小团队都是新雇用来的员工。他们被安排到附近的一个老旧农场，在这个即将建成工厂的农场里学习如何制造发动机，并为新工厂制定设备布置方案。农场的排水系统非常不好，地下室经常发大水，房间也非常小。但团队不顾这些困难，只是想尽快赶在截止日期前头来完成这些要求。为了学习本田发动机的所有知识，他们研究了金翼1200毫升发动机，他们把这个发动机用链子挂在房间的横梁上。“我们的工作就是自己要学会如何拆卸并组装发动机。”恩斯特回忆道，“我们没有工具，我从家里带来了自己的工具。”

几个月后，安娜市的工厂破土动工。那个开始时还是新手组成的团队，现在已经转变成发动机设计组装和工厂运营管理方面的专家了，恩斯特被任命为工厂的高级主管。一开始，工厂生产金翼发动机，随着之后的扩张，工厂接着生产本田思域和本田雅阁发动机。不但一开始他们凭借着自己的力量让安娜市工厂终于投产，而且在之后的一段日子里，安娜市的工厂成为综合程度最高，也是世界上生产效率最高的发动机工厂。在同一个地方囊括了一般来说会拆开布置的七所不同的工厂，它们包括铸造、锻造、车工、铣工和冲压工厂，还有生产刹车减震部件和发动机零部件的工厂。

本田公司在面试过程中主要是筛选那些个性与公司文化不相同的人，而不是考察他们的技术水平。除此之外，应聘者还将被问及一系列如何解决潜在情况的问题。在本田公司，明显的答案往往不是最常见的，一个雇员根据他的历史所回答的与众不同的答案往往能够战胜对他的顾虑。

在某种程度上，科德尔·弗莱克在第一轮面试中的情况并不是本田公司理想中的应聘者。作为一名海军陆战队员，把在军队中做一名军官作为自己的职业理想，科德尔·弗莱克的确拥有明确的并显示出令人敬佩的工作道德。虽然他在军队的履历也显示出他思考问题的不灵活性，并过分依赖惯例和循规蹈矩的制度，但是他对在工作场所中产生的紧张气氛如何应对的能力，让人打消了对他的顾虑。

当被问及他如何处理一个有才能的工人固执地抵抗本田公司的工作方式，比如他一直在为自己的观点辩论，即使在Waigaya达成共识之后，科德尔·弗莱克并没有提供一个传统的解决方案，例如，“我会试图理解他的问题，然后对他表示同情，并让他继续工作。”相反，科德尔·弗莱克却毫不迟疑地说道：“我相信个人责任感，我会对他的自私观点进行批评，因为他表现得太过了。”

像这样的回答使得科德尔·弗莱克在林肯市获得了自己的那份工作，因为这样的答案充满了真实感，没有虚伪的修饰和阿谀奉承。在他成为存货管理部的经理不久，他面对了不少和面试中非常相似的情况，而他的处理方式与他的个人信念是一致的。

在科德尔·弗莱克处理的一系列事件中，其中有件事情是，一个工人公开抱怨，并且时常对于他的团队已经同意的为了提高关键零部件进入工厂的运输速度这个指标表示不满。这个工人总能完成任务，但是却没有停止抱怨任务的繁重。科德尔·弗莱克不愿意失去这名员工，他也不愿意开除他。事件逐渐变得很清楚，那就是这个工人不开心并影响到了整个团队。科德尔·弗莱克考虑过对这个员工保持强硬的态度，想告诉他，他的想法无关大局而且还要好好完成工作，但那样可能会使事情变得更糟糕。所以科德尔·弗莱克将他带到一旁问道：“你有多少个孩子？”

“两个。”

“你有房子么？你有贷款么？”

“有。”

“你还有电费水费，你不是还要交采暖用的煤油或者天然气的费用么？”

“是的。”

“你打算如何支付这些费用？你打算如何养活你的孩子？”

“这就是为什么我还要来上班。”那个工人回答道。他对科德尔·弗莱克的一系列问题表示了不满。

“当你在这里上班时你应该记住这句话：我做事是为了照顾好我的家庭。”科德尔·弗莱克说道，“所以我不希望给你带来不利，你不是在为我工作，你是在为你自己工作。”

科德尔·弗莱克进行这样的对话，也在他与其他员工那里进行过许多次，这些都给他们的团队工作带来了新视角。这看起来也非常合理，它是一群同龄人为了同一个目标共同工作的基石，任何企业无论是大型或小型企业，这都是一样的道理。不过本田公司认为，相互协作是基于个人的优势而不是团队。本田公司认为个人比团队更重要，个人的能力、决策、知识和创造力是这个团队行为表现的最终源泉。换句话说，一个人通过他的思考、知识，以及他在周围人中的形象，可以将处于劣势的团队转换成一个高效且具有创造力的模范。本田公司的观点是，团队的组织结构必须服务于个人才能与技术的最大化，这样团队、组织才能获益。

德比·麦克尔罗伊是林肯工厂喷漆部门的经理，在来本田公司之前，他曾在肯塔基州卖内衣和马匹。他回忆起在他得到这份工作不久后发生的一件怪事，似乎也说明了本田公司这个与众不同的观点。有一天，他和一些其他的新员工被带到了远离工厂的一间小屋里，那里除了一辆汽车停在屋子中间其它什么都没有。这里有冲压机的撞击声，有液压机械臂“嗖嗖”的移动声，有汽车工厂迸溅着的焊接火花，经理看着这些还在努力适应着一切的新员工们，让他们拆掉这辆汽车的车门。

“于是我们大家开始拆卸车门、门板、电线、玻璃和其它的附件。”德比·麦克尔罗伊说道，“当我们拆完时，经理说：‘现在把门再装回去。’我们盯着门但是却不知道如何装回去，拆门的时候我们没有认真注意这些。”

作为团队，他们讨论着失败的原因，德比·麦克尔罗伊和同事们都被他们自己的尴尬表现所困惑。他们相互看着对方试图找到答案：是谁的错？应该怪谁？但是这样做却无法解释团队的错误和如何避免这一问题。直到找不到理由后，拆卸车门一事的意义对这些新雇员来说，才真正显示了出来。它不是“如果拆的时候我们注意就好了”，而是“如果我注意就好了”。

“你不知道你的邻居是否注意了，所以你必须自己注意，那是你的责任。”德比·麦克尔罗伊说道，“如果每个人都这样想，我们每个人都会知道如何把门装回去，我们的团队就完美了。”

宗一郎有一个颇具想象力的比喻来形容个人与团队之间的关系。“在大海中，你看到一群鱼，它们四处游荡，”他说道，“当有些事情发生时，它们一个紧挨着一个迅速地排队，直到它们全部排好完美的队形，然后向同一方向前进。之后这群鱼再次分开，各自寻找自己的路径和食物。这就是成功的团队和商业的运行规则。”

对个人主义非常尊重，在本田公司早期的历史中就有所体现。宗一郎在一份名为“三大快乐”的声明中就曾经提到过。这些原则第一次出现于1951年12月1日本田公司的内部周刊上，那时公司成立仅仅三年。文章明确地给出了一系列的原则，并成为公司所有员工的道德规范。

“我将‘三大快乐’作为我们公司的座右铭，”宗一郎在之后的注释中写道，“我会尽我的全力将它们实现，我也希望公司的所有员工不遗余力地践行公司的格言。”

下面这段备忘录概要地介绍了每一种快乐：

“生产的快乐：就像造物主用丰富的智慧来创造大自然的一切一样。工程师用自己的理念来创造产品，并对社会作出贡献，这样的快乐是其它快乐所无法媲美的。除此之外，当产品拥有优良的质量并得到了大众的欢迎，工程师的快乐将无法形容。”

“销售的快乐：我们是一家制造企业，我们公司生产的产品将通过很多经销商、零售商的努力才到达消费者的手中。在这种情况下，只有当产品拥有很好的质量、优越的性能、更合理的价格，才能在销售产品的过程中获得快乐。销售过程带来了利润，同时也带来了接触产品而产生的自豪感与幸福感。”

“购买的快乐：既不是生产者也不是销售者来确定产品的价值和对产品

做最终的判断，而是那些每天使用产品的消费者才是最终拥有幸福感的人。想着都会很高兴，‘噢，我真高兴我买了这个产品。’这些快乐是产品价值以外得到的桂冠。”

很多年过去了，“三大快乐”已经升华为对个人创新、对员工挑战自我，以产生更多的新理念的要求，也成了经理和领导者制定公司人员培训和发展计划，以及制定鼓励员工政策的原则。

现在，“生产的快乐”又被称为“创造的快乐”，而且也不再拘泥于仅仅是工程师的任务。相反，这个原则对所有员工们的最新解释是，要他们开发设计出高质量的产品，这些产品要“超过预期”“自我满足”“业界领先”。就像本田公司90年代的CEO川本信彦，他曾主持研发了具有象征意义的CRV和奥德赛。他把公司的这一宗旨总结为：“必须认识到我们的文化是挑战自己，为自己做事，把握机会并自主判断，从而体现创造的快乐而不仅仅是生产产品。”

同样地，“销售的快乐”现在也转变为要求所有员工，将本田公司每款产品的可信赖性赋予超越客户期待的功能，而不仅仅是销售商留给客户的印象。对于“购买的快乐”也一样，而今对物质的享受已经变得淡化，也不仅仅是让消费者自己通过购买的过程产生幸福感，购买产生的幸福还经常表现为能鼓励企业创新，从而最终促进社会的进步。这样才能使得消费者更加快乐并提高他们的生活质量。

本田公司“三大快乐”的一些外在表现是公司平静而又开放的工作环境，本田公司认为只有这样才能有利于个人的创造力。这样设计的工作场所也已开始被其他公司所效仿，尤其是那些高科技公司，如谷歌或脸书。但在汽车工业中，这样的工作场所并不多见。

在本田公司最明显的表现方式则是员工的穿着。不论是高管还是保洁员，都穿着洁白的制服，他们的制服没有纽扣或者皮带，为的是防止被卷入机器或者划伤汽车的车身。员工的姓名被绣在右口袋上，以红色的字体书写并嵌在红色的圆圈中；而在左口袋上也用红色字体书写着“本田”，并以长方形为背景。如果员工选择戴帽子，则是本田公司绿白相间的棒球帽。

员工之间的平等并没有止步于此。在本田公司也没有办公室，只有开放式的隔断与工作台，当然还有生产线。更没有私人的餐厅，所有人都在一个餐厅就餐。同时也没有预留的停车位，早来的人可以得到离工作大楼最近的车位。在较新的本田工厂，平均主义被发挥到了极致。停车位圆弧形地布局在建筑物的周边，这样的设计使得同一位置的每一排都离公司和工厂相同的距离。

对于大多数工人来说，至少在一开始他们没有听到关于工作性质的介绍。他们听到最多的是“没有人比你更了解你的工作”。就像一位工程部经理罗伯特·舒克说的那样：“我的第一个老板给了我能得到的最好的指导。在我第一周上班时，我曾提出我难以理解自己工作的实际性质。他看着我沉默了几秒，然后用低沉的声音说，‘所有的都是你的工作。’就这么一句，我花了很长时间才理解了它的意思，而他说得非常正确。”罗伯特也是《本田美国成功记》的作者。

通过缩小工作差别，本田公司培育出积极的工作氛围和高效率的工作士气。毫不令人感到意外，其他公司也在效仿本田公司的方式，其中最明显的追随者则是大型的网上品牌鞋子零售商Zappos。2008年，他们的收益达到了10亿美元，而这仅仅是他们在创建公司10年后所取得的成绩。3年后，亚马逊以12亿美元收购了这家公司，但是合同保证了Zappos能够继续享有自主权。

这对Zappos的CEO 谢家华来说非常重要，因为他所建立的运行模式即便以本田公司的标准来衡量都可以称之为古怪。在公司的拉斯维加斯总部，完全没有办公区，但这只是一个开始，他们的每一个办公桌都有一个装饰物，或是来自50年代，或是牛仔，或是外星人等等。那里有一个休息室供员工放松身心，而且在每一个转弯处都有各种钟表和铃铛。你能看到有些雇员在认真工作，而另一些则玩着橄榄球，或喝着咖啡聊着天。一个客户服务代表花了将近9个小时与不能决定买哪双鞋的客户沟通，最后他获得了订单也有了提成。

2014年1月，谢家华取消了工作头衔和Zappos的经理，用自我负责的Holacracy表格取代了传统公司的职位表，按谢家华的话说：“与其选择从上到下的等级模式，不如选择平等的‘Holacrachy’’能更加平均地分配责任。”

艾梅·卓信在网上的Quartz专栏写道：“这家公司即将开始圈定不同的圆圈，到2014年12月，Zappos将会有400个左右的圆圈。员工们会在不同的圆圈内担任数个职位，这样一来他们便无法躲在工作头衔的后面，彻底的透明性是Zappos的最终目标。”

谢家华在发布公司新的组织结构时曾经说过，他并没有想要超过本田公司。很明显他使用了自己原创的东西，但是他指出这两家公司都很明显地懂得同样的道理——如果给予人们更多的机会来享受工作的快乐，那么人们就会变得更加自立和负责，而对公司来说才会有更好的结果。谢家华预测，因为Zappos有了平静而又和谐的环境，员工的效率将提高20%到100%。

“在员工之间也有高层次的交流，人们彼此之间相互帮助，因为他们也是在帮助朋友，他们不仅仅是同事。”谢家华说道，“我们的首要目标是建立公司文化，我们相信如果我们的文化积极向上，那么我们要做的一切便都会顺理成章地发生。例如提供优异的客户服务，创建良好的品牌形象，使人们愿意来购买产品，并最终形成品牌的忠诚度。”

在我和本田公司位于世界各地的员工们交流时发现，这种观点得到了普遍认可。除了极少部分员工提出异议，如一个员工说：“觉得这种自由非常无聊，是装腔作势的形式主义。”但是大部分人对开放式的工作环境还是表示认同。本田公司的多数员工讲道，来自“三大快乐”的规则，能够提高他们工作的效率，强化他们的责任心，并乐意全身心地投入到生产中去。

可能每个人都有一个故事，像俄亥俄州本田刹车生产线上一个安装工人的故事一样。几个月前，这个员工发现将胶皮管连接到螺母上是非常困难的，它们之间有着非常微小的尺寸误差。他告诉了领班，两个人当时正在研究这些零件，这时另一个人走了过来。

“他是一个日本人，他制服上的名字是外语，所以我也就没有在意他。”这位安装工人说道。

那个日本人说把零件送回去吧，但是这位刹车生产线上的安装工尖刻地瞥了他一眼，并快速地回了他一句：“没关系。不必要为了这个零件来停止生产线的工作，这个零件的问题并没有严重到不能修复。”这个日本人边微笑边摇着头走开了。

“对，你现在已经猜到了。那个人就是俄亥俄工厂的大头儿荣信岩田聪。他的衣服上写着Hide ，但是谁知道呢？”安装工人说道。“但是他错了，我是对的。的确不是什么大事儿，我只需要在刹车上调整螺丝的位置，这条线就轻松地装进去了，仅仅用了10分钟。但是想象一下，如果岩田聪先生没有穿制服而是穿了西装，我便会觉得不平等，我可能就会被迫按照他说的做了，没准他会说‘就这样做吧，不要再说了。’而如果这样，公司的生产就会受到影响。”

虽然宗一郎最初将“三大主义”涂满了专制主义的色彩，但也并不意味着这些原则不可改变。相反，他认为三大原则可能是永远也做不到的，但是应该是为之努力的方向。毕竟“创造的快乐”不存在于某个时刻，也并不是永远不变的。相反，它时来时去，时有时无，它会受到诸多现场因素的影响，也不会持续很长的时间。现实地说，在工作场所或者任何有人管控的地方，这些理念都会因人而变，并不会在某一瞬间便停滞不前了，因为每个人都有自己的喜好、个性和理解事物的方法。

宗一郎认为这些他一直强调的员工自觉主动地进步，能创造美好的新事物和精彩的未来。在他的眼中，“三大快乐”被有意地定义为一个无法实现的追求过程，这个追求的过程带给公司的理念就是引领公司追求完美，完善个人理想，尊重个人在这个时时都在变化着的世界中的存在感。

看来宗一郎所倡导的“三种快乐”是受到侘寂的禅佛思想的影响。西岸结构主义哲学家莱纳德·科伦在其著作中描述，侘寂定义了存在的三个标志：不完美，不持久，不完整。最近侘寂被一些艺术家拔高到超自然的境界，他们对他的理论进行了重新诠释，发现了他于简单中存在着的魅力——一个久远而深奥的理论，那就是通过自然的形态和规律获得灵感来生产令人满足和享受的艺术品。宗一郎坚持着他是一个创造者的责任感，他将这些自然的理念融入他的人生，使他的产品表现出对自然美景的崇尚，并让他的公司成为拥有美好未来的全球合作伙伴，用业界的话说就是“社会青睐的企业”。

在60年代的文章里，宗一郎描述了他的美好愿望，就是用困难和愿望来克服自身的缺陷，这也是他的“三种快乐”所暗示的。

“假设一个人一直站在那儿，发型漂亮，带着金丝眼镜，穿着闪亮的皮鞋。”宗一郎写道，“我们会如何看他？我们会觉得他缺少一些人性的东西。”

“我们无法辨别出他是一个人还是一件装饰品，这种情况下只有他突然从口袋中不经意地拿出手绢，或者动一下黑框眼镜而不是金丝眼镜，他才会显得生动。这样，这个人就会给人留下生动和温暖的印象，我们称之为协调之下的和谐。”

“协调是转为和谐的关键，缺乏不完美，人会变得无趣。设计的意义就在于将不完美变得完美。”

宗一郎经常研究他能找到的最完美的形式，以作为他设计新车型的灵感。例如在1957年研发梦幻C70摩托车之前，他花了10天时间在奈良和京都的寺院里“寻找灵魂和精神”。

他写道：“如果我们用当代的视角审视过去的设计，会发现有许多可取之处可以用在现代设计之中。例如佛像眉毛到鼻梁的优美线条就非常的标致，而且日常场合并不多见，我在设计油箱的边角时融入了佛像的概念。再如膝盖防滑垫微暗的外观传达出一种光滑柔软的感觉……”

“机动车的设计必须是视觉盛宴的交响曲。由于交响曲往往会因为一个不合群的长号而显得不协调，设计必须考虑每一个因素应避免打破平衡，如轮胎、车把和其它东西。除此之外，每个平衡协调的零件也都应该具有自己相对独特的设计。”

宗一郎的这些理想甚至是深刻的思想，不断地给本田公司带来了灵感，它对公司文化和对公众所展示的都具有同样的重要意义，例如Waigaya和白色的工作服。在宗一郎的语录里随处可见的都是对自然的尊重，追求美丽的外形和色彩，以及对渴望的理解，探索不和谐以发现和谐。这些思想构成了“三种快乐”的理念，然后把它们变成了原则并规范着本田公司，它不仅创造了市场，而且还提高和完善了本田公司客户的生活品质。创造、销售和购买快乐都可能会因这种伟大的理想而实现。

受这个目标的激励，本田公司拥有了值得羡慕的创造产品概念标准的记录，这一能力包括坚决面对当前环境问题，在探索人类交通的迫切需要的同时，用科技服务大众，杜绝任何没有意义的碳排放而造成全球变暖。虽然悲观主义者觉得这有一些道貌岸然，但本田公司CEO伊东孝绅这样描述本田公司最近十年的策略：“给予消费者速度、廉价、低排放，带来欢乐、交通、自由和满足人们享受生活的优良产品。”

“自公司成立以来，提供交通的快乐和自由，已经成为本田研发个人交通产品的目标。交通的快乐不仅仅在于驾驶自己汽车或者摩托车的快乐，也带来了探索的激情和交通自由所实现的梦想。”

本田公司是否能达到这个远大的目标尚未可知，但是公司之前的环保成就至少足以打消疑虑。除此之外，站在商业运作的角度，伊东孝绅的声明有着显著意义。他熟练地有意识地将本田公司最鼓舞人心的原则——“三种快乐”与本田公司当前的商业运营联系起来。重复地使用“快乐”这个词，伊东引用了宗一郎当初声明的公司理念，并且对它们的演变表示了尊重，因为这些演变反映了多年来全球状况和客户偏好的变化。

通过这种方式明确地指出本田未来10年的发展方向，伊东传达的“三种快乐”绝对不是空中楼阁。一个扁平化的组织它所展示的应是重视个人发明、质量和富有想象力的产品，比如它应致力于满足消费者，鼓励员工天性并激发他们的潜能。本田公司追求的目标就是拓展人类在这个星球上的移动能力。

许多公司没有抓住这一点，即企业文化不能仅仅是一系列设想，只生活在他们自己虚幻的世界里，而应该是与公司每天的目标、策略、战术和操作框架相联结。如果分离开来，无论设想得多好的公司原则，也就没意义了，抑或是对员工没有作用力了，因为文化层面上的原则与工人的表现、收入，乃至工作，本质上并不相干。管理者也无法执行这些原则。更糟的是，多数公司的行为经常会表现出极其相似的文化，这显然是令人失望的。在这些情况下，组织就会在这种肤浅的公司文化中丧失获得进步的机会，尽管它和商业经营没有直接的联系。如果有事故发生或者相似的公共问题暴露，同时公司的声誉也会被置于受损的危险境地，这些做法比装饰门面好不了多少。

丰田公司在2009年到2010年遭遇了一次快速升级的事故。这个事故表明，虽然精益生产的理念在丰田工厂中可能还是主流，但是在管理层中已经不是那么重要了。就像本书第一章里所披露的那样，员工虽然可以提出质量问题，但是，只有这个基本精益原则减缓了丰田公司成为世界第一汽车制造商的脚步时，这些才会受到欢迎。事故问题被揭露后，在一次品牌和市场调研中，消费者对于丰田公司的认可度直线下降。在2011年的150家被调研的公司中，丰田公司位列第139名，而前一年排名则是第17名。（本田公司2011年是第30名，2012年第29名。同年，丰田公司回升至第79名，苹果、Kellogg's、卡夫食品、强生和华特迪士尼公司在调研中位列前五。）

不过，让公司文化与公司商业运营严重分离的代表则是英国石油公司。

这是现在大家都已熟知的错误。英国石油公司在新千年伊始便声称是一家“绿色石油公司”，公司的缩写BP则意味着“超越石油”，这个石油巨头的高管们承诺他们将通过“在油桶外思考”来保护环境；他们发布了一个由绿黄白三色组成的旭日新标志，这是对能源替代和对环境关注的推崇。

虽然精心策划了公关和广告活动，但一切都成了泡影，这些活动在任何程度上都没有体现英国石油公司的真实文化。公司在替代能源上的投资是最小化的，公开的报告和官方的调查揭露了高管清楚地知道环境与安全政策一直被忽视，然而英国石油公司却一直公开否认。2005年英国石油公司在德州市的炼油厂爆炸，15人遇难。2010年墨西哥湾发生石油泄漏事故，这是历史上最大的海上钻井平台事故，它揭露了英国石油公司的虚伪。这一系列事故给了英国石油公司的财富和品牌形象以沉重的打击。另外，一切旨在创建绿色英国石油公司的付出及所期盼的回报也都付之东流，包括市场占有率。

通过孜孜不倦地努力，本田公司不断地将公司中短期的策略目标调整到与公司基本的长期目标相一致，这也是本田公司几十年里能够连续不断地坚持自己特有的文化，并保证了文化与公司目标与时俱进的原因。换句话说，对于本田公司，公司文化是商业运作的基础而不是潜在的绊脚石。

本田公司的运作模式得到了特别直接的肯定，一个公司高管曾说：“记住，‘三大快乐’是我们非常重要的商业模式，它不是利他主义。我们说相信就相信，但是我们为了赚钱，通过认真保护环境，我们希望在赚钱的过程中做正确的事情，但是如果不能赚钱，我们也不会长期这么做。我们为自己公司的文化，为本田先生为每个工人所设定的目标，以及为获得利益的道路感到荣幸。”

的确是，本田公司由于比其他汽车制造商在环保方面具有优势而获得了直接的收益。从美国开始到1972年，这个当时只有三年历史的汽车制造商已成为第一个达到美国清洁空气标准的公司，这惊艳了整个汽车行业。

其他汽车生产厂商声称，在消费者能接受的价格内，要生产符合新环保标准的引擎无法做到，而本田公司的CVCC（Compound Vortex Controlled Combustion）双化油器引擎，让这些生产商的声明显得无力。1975年版装配CVCC的本田思域售价为3500美元（如今是150万美元），显然价格并不是很高。

从那以后，本田公司生产了一系列配备了相同设备的产品。例如 CVCC发动机的继承者是VTEC（Variable Valve Timing and Lift Electronic Control）。这款发动机被《进口改装车》杂志称为“四个引发革命的字母”，这个杂志号称刊登了所有复古的非美国车。简单地说，VTEC是第一款每个活塞进气阀的开闭都与发动机的转数相关的主流发动机。在低转速时，通过限制进气量以达到稀薄燃烧的空气燃油比；在发动机高转速时，进气阀完全打开使发动机充分吸气以提供更大的扭矩。

80年代VTEC引入之后，本田公司还设计了许多变形产品，并升级了一系列不同且更加复杂的自动进气阀调整系统。总的看来，VTEC发动机有效地提高了燃油经济性（在一些车型上最多提高20%）和动力性能，在一段时间内VTEC发动机是唯一一台超过100匹马力的发动机，特别是它还显著地减少了二氧化碳的排放。

1998年，VTEC发动机是第一个得到了加州空气资源董事会和美国环保署认证的具有ULEV（Ultra-Low-Emission Vehicle）标志的汽油发动机。这个标志意味着安装VTEC引擎的车型达到同类型车排放量的50%以下。一年之后，本田公司生产了被称为ZLEV（Zero-Low-Emission Vehicle）的发动机，它要求的排放量仅仅是ULEV排放量的10%。一个不是本田公司的汽车工程师这样形容ZLEV发动机：“比汽车吸入的空气还清洁。”

除此之外，本田公司于1999年在美国生产了第一款油电混动汽车，名为Insight。经美国环境保护署检测，达到了高速行驶60MPG（每加仑汽油可以行驶60英里）的好成绩，并成为有史以来最节能的汽油动力发动机。在历史的长河中，本田公司的市场部决策有许多不足之处，其中一些公司的工程师

CEO们可能是始作俑者，2001年，本田公司将全球混动车型的领军位置让给了丰田普锐斯。

本田公司还生产了唯一一款民用天然气轿车，被称为本田思域GX。本田公司有7年历史的燃料电池汽车FCX Clarity，它使用氢能源并且是零排放，驾驶范围近300英里，它是唯一一款使用该发动机并能在美国合法上路的车型。如今FCX 在拥有氢燃料站的地区提供租赁服务给消费者，比如加州的一些地区，许多业内精英预计燃料电池汽车和它的衍生产品将成为下个10年最受欢迎的非内燃机车型。

最近，本田公司决定到2020年，把在全球生产的所有车型与2000年的标准相比，降低二氧化碳排放30%。根据EPA的数据，截至2010年，本田公司在美国所有车系的碳排放已比工业平均值低13%，而燃油经济性却高了13%。

虽然雄心勃勃，但是本田公司的环境计划最近受到了延误，其原因是因为有很多相关但又不同的公司研发团队参与的结果，至少业内精英是这样认为的。建立在“三大快乐”的基础之上，将移动的意义加以延伸并超越传统意义，提供移动的乐趣成为了公司的理念，本田公司开始研发一系列不同寻常的产品和服务，这其中许多都被认为是和汽车不相关的。吸引本田公司关注的原因主要是大多数这些努力可能会成为潜在收益来源，而其他的汽车公司并不这样认为。

“本田拥有时不时能超越自己的技巧和扩大产品范围的能力。这些技巧总能带来一些新奇的东西，但却从不远离公司的宗旨。”汽车研究中心的首席经济学家肖恩·麦卡林登说道，“本田生产过装有马达的自行车，之后他们制造摩托车，再后来他们生产剪草机和农用设备，他们后来又制造汽车，现在他们又在飞机领域进行拓展。谁也不知道本田新的研发方向是什么，但是它却总能给本田带来利润。”

本田喷气式飞机是轻型6座的节油型飞机，这款喷气式飞机的机翼上安装了两台涡轮发动机，这是一个与众不同的设计，它是本田公司最新研发的移动的机器，本田公司希望它能够得到消费者的青睐。另外，本田公司还有一个没有车轮的产品ASIMO，它可能是现今最有意思的，也是最具机动性能的机器人。

ASIMO4英尺又3英寸高，重达119磅，是一个拥有白色气泡状脑袋的机器人，它能够以接近4英里每小时的速度移动；可以像运动员一样摆动双臂，像人类一样一步一步地行走时腿能离开地面；还可以单腿跳、踢足球、用手指打开暖瓶盖并倒饮料；它能向两个不同方向侧移和上楼梯，还能轻巧地避开障碍物。ASIMO（Advanced Step Innovative MObility）是有34个分开的电脑驱动电动机持续地对周边情况监控并调整动作，它是卓越的科技成果。

当ASIMO得到进一步完善后，本田公司希望机器人能够帮助残疾人坐轮椅和上下床，或者像好友一样帮助老年人，让他们有更好的活动能力，例如盲人。本田公司也希望能够将ASIMO安排到危险的区域进行紧急救援，像火灾、化学品泄漏、地震等等。ASIMO最终将有可能驾驶汽车，“移动”这个词有很广泛的意义。“ASIMO、飞机、汽车都被涵盖。”美国本田研发中心总裁弗兰克·帕卢赫说。

在那天到来之前，我们还需要克服很多难题，甚至让ASIMO对简单的问题做出响应，例如“打开灯”都很困难。人工智能——能够思考和学习的机器，一个被研究了70年的课题并且吸引了电脑科学界的众多知名人物，例如艾伦·图灵（剑桥大学国王学院）、马文·闵斯基（麻省理工学院）、西摩尔·派普特（麻省理工学院）和罗杰·单克（耶鲁大学）。但是人工智能仍然没能创造出比拥有基本知识技能更强大的电脑。

不出意外，根据最近的报告，ASIMO没有能够分辨出人们举手提问与拿相机对它照相的动作。除此以外，ASIMO不能理解没有被编程回答的问题，它会陷入尴尬的循环，这意味着它将不间断地重复同一个问题：“谁想问我一个问题？”

如果不考虑到这些智能上的缺陷，ASIMO仍然能够在灵巧性与感知度方面超越世界上任何其它机器人。

在加州开始的一项绿色房屋活动可能是本田公司最先进的移动项目了。本田公司正在集资，为那些本不是本田公司的客户安装太阳能板和其它可替代能源设备。这个活动项目的动力来自于那些购买充电式电动车的客户，无论是纯电动的车型，还是有电动辅助引擎的天然气动力车型，本田公司将碳排放控制由汽车转换到了他们的家庭居住用房。

看看这些数据，美国本田公司环境商务发展办公室的副总裁史蒂夫·岑特说："一个生活在加州节能住宅里的人，有一辆传统汽车，他30%的二氧化碳排放来自于基本的生活电力需求——灯光、空调、电视、电器等等；还有30%来自于取暖和生活热水；令人惊诧的是，他消费的40%的个人能源却来自于交通所需的汽油。"

"如果我们革命性地改变交通工具，就能从上面这些数据中减少汽油的消费，那就是让每个人在家里给电动汽车充电，他们的碳排放就会减少20%，因为他通过家庭电网的电能弥补了对汽油的需要。"岑特说。

事实上在某些州，例如怀俄明和印第安纳，这些以煤作为主要能源的州，与每加仑能行驶45英里的汽油车相比，如目前的混动汽车丰田普锐斯和本田思域，使用这些充电式电动车可能会产生更多的温室气体；相反，充电式电动车会在那些依赖核电，例如康涅狄格，或者使用水力发电的州，例如爱达荷州和华盛顿州，也可以像加利福尼亚州一样有较高的环保要求的州，与使用汽油车相比才会减少碳排放。

但是通过对房屋进行太阳能改造，加利福尼亚州的居民可以通过使用可再生能源以抵消他的用电量，包括给电动车充电的用量。"五千瓦的太阳能可以减少用户70%的二氧化碳排放，这些能源还可以用作取暖等用途。这些应用会带来显著的不同。"

智能房屋就像本田公司许多其它的新环境项目一样，仍然处于实验阶段，但是肯定会跟随着时间不断向前发展。一些项目会成功，也有一些项目会失败，还有一些将会被更好的理念所取代。但是，在通往寻找利润的道路上，本田正在编制着一张越来越大的网。确实，本田带着一点传统但又紧紧地把握着快乐理念的现代本质，通过切实尊重个人意愿让员工和消费者感到自身生活的美妙。

生产于1947年，A型机动化自行车装备了公司的第一个发动机。为了燃油经济性，空气和燃料通过旋转盘阀进入发动机，旋转盘阀门位于曲轴箱一侧而不是在活塞的进气阀上。

本田宗一郎（左）和藤泽武夫（右）在1949年合作开发本田汽车。一个充满碰撞并有巨大动力的组合持续了25年。

于1949年建造的梦幻机器，是本田公司第一个全车架摩托车。

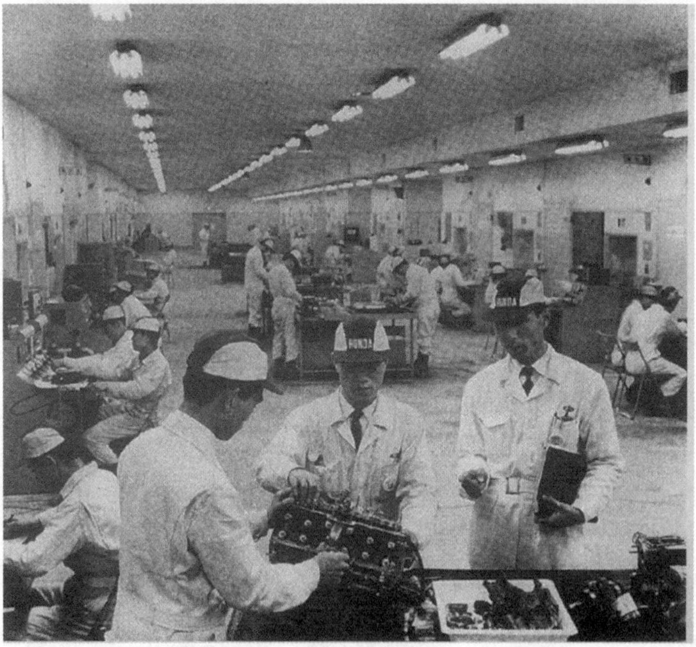

位于东京的本田公司研发中心，在1960年成为独立的个体。本田公司仍然是唯一一个拥有独立研发子公司的主流生产厂。

本田公司首次进入美国，在洛杉矶一个不起眼的小门面房中，在这个热爱摩托车的城市国家，几个工作人员销售着本田公司的小型摩托车Supercub。

在1961年，本田公司成为赢得Isle of Man TT摩托车赛冠军的首个非西方摩托车制造公司。

本田公司第一辆量产车是1963年的S500，被日本记者讽刺为“四轮摩托车”。

最成功的营销企划之一，格雷广告公司的“驾驶本田，遇见好人”。这是1965年的版本，这些广告展示了主妇、年轻情侣、大亨和他们的宠物狗，还有外卖小工甚至圣诞老人等等都在骑着supercub。

公司参加大赛一年后，也是公司开始生产第一辆汽车后的两年，本田汽车赢得了一级方程式大赛，这是本田宗一郎当年赢得大赛的样车。

本田宗一郎在1972年视察CVCC发动机，这是第一台能够符合1970年美国清洁空气法案的污染物排放要求的发动机。

1974年的思域，是第一部安装了清洁CVCC发动机的车型。

在美国生产的第一辆本田车型，这是1983年的雅阁。那时，本田公司是在美国唯一一家生产汽车的非美国汽车制造商。

本田宗一郎（左）和藤泽（右）在结束本田公司合作之前。他们在1973年10月的同一天退休。“藤泽武夫和我，我们每个人只有一半，我们像学徒艺妓一样，合起来才是一个整体。”

2014年版本田Ridgeline。一款在美国设计的针对美国市场的汽车，被《汽车与驾驶者》称为“打破传统”的车型。

2014年版本田Brio，原本由本田泰国子公司研发并生产。是充分体现本田公司全球本土化策略的许多独立的本田公司中的一个公司。

本田公司在阿拉巴马州林肯市的工人。穿白色制服是所有本田公司员工在工作时的要求，不论是主管还是生产线工人，在衬衫的右上角红色椭圆形中间绣着他们的名字。

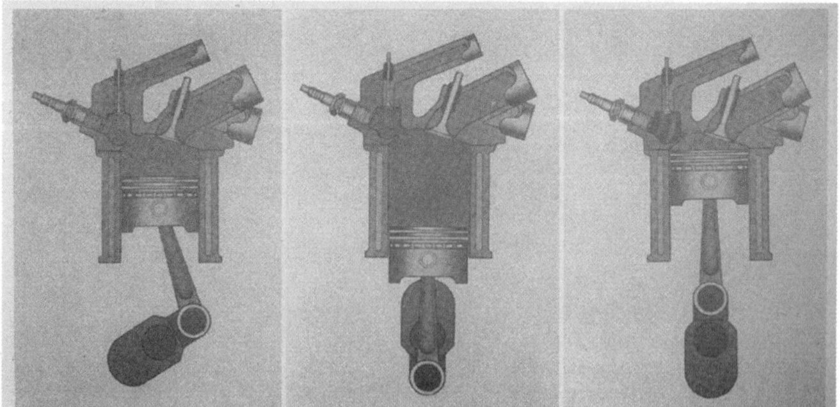

CVCC发动机原理图。

第六章　与众不同的本田工厂

在阿拉巴马州林肯市，你能找到的最能体现本田汽车存在的象征性人物，可能就是理查德·乔治了，他现年67岁，一直居住在林肯这座城市中。他出生在当时种族隔离区内的一个家庭里，他家和其他佃户们都在这里的一个大农场里工作。他长大的地方没有自来水，厕所也是一个简单的户外厕所，他18岁的时候购买了第一辆老爷车。他当时经常被扣留，并因为一些莫须有的罪名受到身体上或者言语上的攻击。

“他们总是‘小孩’该这样或‘小孩’该那样，”理查德·乔治说道，“而且你永远不知道自己做错了什么，因为你本身什么也没有做错，他们这么说，就是想让你自己觉得自己做错了，因为你不是白人，他们就是想惩罚你。”

理查德·乔治身体很魁梧，身高超过6英尺（183厘米），体重至少230磅（105公斤），但当他讲到种族隔离带来的种种不平等时，他似乎能畏缩着到你的眼前。

“你知道有些事情不对，但这并不是因为你不知道怎样更好，也不是压根就和你有关。”理查德·乔治说道，“那时，有自由的生活，有我们这些黑人的生活，但是你不能在大街上向任何人抱怨，否则你将会被殴打，或者更惨的是，你会被莫须有的罪名监禁很长一段时间。”

从另一种角度来说，林肯市当时只有几千人口，小得太不起眼了，太过于平静和沉闷，以致这里的年轻黑人很难不被认为会惹些麻烦。理查德·乔治说，他决定如果这就是他的生活，他将认真诚实工作，并努力养活自己的家庭。他在附近的安尼斯顿美国管道铸造厂找到了一份工作，并一直工作了超过25年。到了90年代中期，理查德·乔治离开了工厂，开了自己的便利店，来出售罐装食品和一些小工具。在那之后，他的门店一直扩展到了一家烧烤店的旁边。

理查德·乔治的新门店位于一个不知名的远离林肯市的地方，这曾是他外祖父的，现在他从他的妈妈那里继承了下来。1999年，没有任何预示的情况下，本田公司选择了位于理查德·乔治商店对面仅仅一路之隔的1350英亩的土地，准备投资6亿美元，建立一个170万平方公尺的工厂。而理查德·乔治拥有其中的40英亩的土地，这些地是他商店的一部分，他曾经在这块地面上和当地的运动爱好者一起打猎。他将这些地以超过每亩1000美元的价格卖给了本田公司，就这样他不费吹灰之力挣得了不少钱。

“商店的生意还可以，不过仅仅是刚刚好。人们喜欢我的食品，而我希望我的生活就像大家一样就可以了。”理查德·乔治说道，他一边微笑着一边回忆起当初他对这块地的期待是多么的滑稽。“本田明明有整个阿拉巴马州来供选择，也可以选在南部的任何地方，可却偏偏选中了我家马路对面的那块土地。就好像有人随便在地图上指向一点就说，这就是我们的了——不，这是我的！”

在工厂建设的18个月中，理查德·乔治似乎成为了本田公司在阿拉巴马州的第一家一级供应商。建筑工人和本田公司的工程师们，在他那里购买劳保手套、鞋、衣服，各种各样的杂货和食物，而最吸引人的则是他家的烤猪排。尤其是在中午和晚上吃饭的时间，理查德·乔治的餐馆里来来往往的人都是本田公司的员工。这家餐馆当时又黑又破，其实也就是一个破旧的铁皮房子，里面摆放着几张旧桌子，而椅子似乎来自30年代破旧不堪的老木屋。

理查德·乔治在木头台面上制做食物，它紧挨着厨房，他烹饪时可以和来往的客人谈天说地，其中一个小岛将他们隔为两间屋子。

“我觉得我的猪排可以在美国挑战任何人，”理查德·乔治似乎很得意，不过大家也都非常认同他的自信。“没有一个厨师可以像我一样使用木头烹制，我必须时时刻刻注意火候，翻转猪排防止被烤糊了。我必须知道在恰当的时间来翻转和用合适的温度来烹制，只有这样做才能保证它们肉质鲜嫩。”

本田公司的管理层被理查德·乔治的企业家精神和敏锐性所打动，他们给理查德·乔治颁发了在新工厂工作的聘书。但理查德·乔治却拒绝了，因为他太喜欢经营他的小商店和餐馆了。他说：“本田可能比其他任何公司都好，很多事情也与我小时候大不一样了，不过种族歧视在阿拉巴马并没有结束。如果我能掌控着我自己的生意，我就可以把握自己的人生，用不着与那些喜欢或不喜欢我皮肤颜色的上级老板们周旋。”

年复一年地过去了，理查德·乔治与本田公司的关系越走越近并拓展了业务，这其中包括为本田公司高层会议和员工提供餐饮服务，他甚至还为工厂打理草坪。理查德·乔治没有提到因为他这个不期而遇的本田公司邻居而赚了多少钱，但是他说道：“我们都很满意。”

的确是，理查德·乔治与日本公司这一段近乎不可能的亲密关系是从二战之后的废墟上诞生的，这是一个在他南方出生地闪亮的宝石。它是严重的种族、道德、全球化、工业化和文化变化在这50年来不断变迁的产物，这一切也都改变了理查德·乔治在林肯的生活，就好比雪弗莱取消了镀铬的金鱼鳍。

对于本田公司来说，理查德·乔治现象则象征了本田公司一直在追逐的东西，就是在林肯建设他们最先进的汽车工厂。虽然这一最初的选择让阿拉巴马州政府官员十分惊讶，但他所体现的理念是让人们追求那种未曾打磨过的钻石——认真地工作、拥有自身技能和常识的自立。林肯工厂的设计者恰克·恩斯特略带开玩笑地说道："理查德·乔治和本田同出一辙，高尚的工作道德，脚踏实地，积极地完成伟大的新事物，并在自己选择的道路上特立独行，愿意交流并且具有创新性思维。"

本田公司前往林肯的路早在1998年便开始了，当时公司的西海岸律师所与哈里·亨肖签约，他在克利夫兰高力国际集团商务事业公司担任总监一职。本田公司的律师对亨肖说，他们正在寻求一块南方的合适的土地来建造工厂，并且直到不得不告诉他们的时候，没有人知道是本田公司参与了这个项目计划，甚至连政府以及南方州的发展部门的官员也不知道。

大约16年前，本田公司成为了在美国建造工厂的第二家外国汽车公司，那时他还在俄亥俄州的马里斯韦尔建造了工厂。在接下来的时间里，本田在俄亥俄的东黎伯特建造了另外一家工厂，并且与其他非美国汽车公司相互竞争，包括田纳西州士麦那的尼桑公司，印第安纳普林斯顿市和肯塔基乔治城的丰田公司。宝马公司在南卡罗来纳州斯帕坦堡市，奔驰公司在阿拉巴马州万斯市也都建造了工厂。

鉴于奔驰公司最近仅仅投资了三亿美元，刚刚在塔斯卡卢萨郊区的万斯建造了工厂，就从该州获得了2.53亿美元的减税优惠和其它优惠政策，整个合同结算为16万9000美元每创造一个工作岗位。亨肖认为阿拉巴马州应该会对新的客户更加优惠，亨肖联系了阿拉巴马州伯明翰市大都会发展董事会成员泰德·范佳能。在80年代的田纳西州，范佳能曾为州长拉默·亚历山大工作，曾帮助通用公司命运多舛的水星工厂搬来斯普林希尔，并且帮助尼桑公司来到士麦那。

几周之后，范佳能带着亨肖看了个1000亩的地块，它位于伯明翰市州际95号高速公路附近并邻近铁路，这一地区还拥有着丰富的高智力的劳动力资源。本田公司的高层也参观考察了这个地块，而这时范佳能才知道参与这个交易项目的汽车公司。他几乎当时就要决定取消交易并准备回家。

"这个地方离大城市太近，其他大多数公司都会喜欢，但是本田公司却并不青睐。”范佳能说，“城市方便了吃喝玩乐，吸引游客，是为高层提供居住的好地方，但是本田的想法却不尽相同。他们说，‘我们希望找一个安静的地方，偏僻一些，这样我们工作时就可以避开大都市的聚光灯。’”

作为回应，范佳能推荐了位于阿拉巴马州加兹登市距离伯明翰市东北部56英里的一块地方，不过即使加兹登市是一个才拥有3万6000人的城市，对本田公司来说仍然太过于城市化了。而更令本田公司不感兴趣的是固特异轮胎工厂在这个城市中旷日持久的法律诉讼问题。（这个工厂雇佣了Lily Ledbetter，她在1998年辞职并诉讼固特异给她的工资少于男同事。在美国高级法庭判定Ledbetter的法律行为已超过诉讼期限之后，国会通过了一项以她名字命名的法律，有力地支持了女性诉讼工资性别歧视。）

在没有别的选择的情况下，范佳能提出了一个不会有任何人感兴趣的地方。在范佳能收到亨肖电话前的几个月，林肯的连任市长卡罗尔·华生曾邀请范佳能参观他们城市中的一块地，当时华生的堂兄是这块土地的拥有者，这块地面积很大也很平坦，之前曾被作为农场，但大多数时间都处于休耕状态。范佳能承认他当初只是出于礼貌回答华生“‘不错的地，有一天这块地会有机会的，’而我当时的真实想法是它不会有机会的。”

突然间纽约摩天大楼的数量和这个人口数量一样多的城市，其一块乡下不被人们关注的平地成了范佳能和本田公司达成协议的最后稻草。所有其它通常都能令人渴望的地方对本田公司都毫无任何的吸引力。范佳能想，也许这块与众不同的地方会有希望。在1999年5月的一个星期五，范佳能让华生最快地提出如何交易林肯这块土地的方案，使他能够给一家全球公司提供一个清楚的不存在产权纠纷的协议。根据亨肖所制定的规则，他没有告诉市长这个潜在买家是本田公司。

对于华生来说，他这个名不见经传的小地方让他感觉到了一次巨大的机会。华生曾经是一个不动产评估员，他整个周末都在工作，直到方案获得满意。市长的堂兄将获得大多数的财产，但谈判初期并不理想，协商过程也不顺利。不过到了星期二，华生终于签署了协议。他的堂兄总共提供1500亩土地，根据土地的位置和质地，他得到了每亩3000到1万美元不等的补偿。

有了这一协定，范佳能要求亨肖再次带领本田团队，来到阿拉巴马州林肯市来看一看这块土地。考察团两周之后视察了这块土地，当时就表示对这块土地及其所处的位置很感兴趣。它与世隔绝并拥有着乡村的田园风光，这个I—20经过的地方还有两个不常用的出口，出口位于距离伯明翰市以西48英里和亚特兰大108英里向东之间的地方，对于本田公司来说这几乎是完美的。这个地方拥有铁路及完善的公路，还有许多没有工作的富余人员，他们看到这些人在保养破产农场年久失修的约翰迪尔和卡特彼勒农用设备，也有在附近一家濒临破产织布企业上两班倒的工人。此外，林肯还有一个非常有名的纳斯卡赛道，它是塔拉迪加超级赛道的故乡。虽然本田公司不参与纳斯卡比赛，但是高性能的F1和全球摩托赛道场地赛都是本田公司的强项。在公司里提到任何与赛车相关的新闻都能得到大家的关注。

在这半年里，本田公司试图寻找一块合适的土地，范佳能和其他地方工业开发官员也都以不同的途径和方式，各自都想提出一个优惠方案来吸引这个汽车厂商。只有地方发展委员会和私人公司受邀参与到这项调研，其中包括一些银行和水电公司。他们刻意避开了州政府官员和省会蒙哥马利的高层。1998年，阿拉巴马州举行州长选举，范佳能和他的同事们知道，如果这些候选人将本田公司的计划作为竞选砝码，无论是好是坏，本田公司都会获得过多的关注，他就很有可能去其他南方的州另寻土地。

虽然一些公司可能会认为新工厂的建设是很好的市场发展机会，但是本田公司的不轻易暴露的想法正是他与众不同的全球化策略。与其在新的地方建立工厂并通过全球总部提供支持，或者通过在日本的更大的运营中心提供支持相比，本田公司的本土化策略主要是在各大工厂周边建立自给自足的卫星运行中心，包括研发、工程、可靠的供应商和物流服务社区。

这一大范围的地理上自给自足的工业生态系统就是本田公司理念的核

心，这样的理念被期待着在全球范围内开花结果。“三现主义”的理念换句话说就是注重现场，其要义就是要依赖于当地的观察、经验、信息收集和见闻。作为一种信仰就是为客户提供他们想要的而且又需要的产品，并乐在其中，这些产品要和当地客户的喜好非常地一致。同样，本田公司研发的成功模式就是基于本土的开发、员工的自主，以及工厂的效率和规模。

实现这一战略目标是一个非常复杂的事情，它需要工厂各个部门的深度合作，要尽力尽责在当地展开招聘工作，还要持续不断地提供多方面的培训服务，其中包括对供应商进行的培训，这一切都要在工厂的统一指挥之下井然有序地进行。但这仍然需要附近社区的大力支持，这样才能够获得最好的人才，以坚持公司对企业努力方向的全面承诺。

为了这些原因，本田公司对自己在该地区的行动非常慎重，他非常在意人们的看法。特别地，本田公司喜欢用低调的方式试图避免形成一个观念，那就是当地人是由于本田公司的到来才觉得自己终于有了用武之地，希望当地人觉得是因为他们自身的优势才让本田公司来到这里。简言之，本田公司希望他们在该地区不仅具有一个经济贡献者的身份，而应该超越它成为当地经济发展的基石。每个新的设施都需要大量的投资，本田公司不愿意被认为是一个外来者，或者无视当地人民需求和意愿的公司。

2011年4月份，阿拉巴马州遭遇了龙卷风，死亡60余人，有6个城市受灾，梅赛德斯奔驰公司和本田公司的反应截然不同。这次龙卷风给了人们一个观察公司与当地关系的视角。戴姆勒奔驰，是梅赛德斯奔驰的母公司，拿出100万美元作为在阿拉巴马的救灾资金。与他的德国竞争对手相比，本田公司没有那么富有，只捐赠了15万美金作为垃圾清理费。但是本田公司做了更重要的一步，虽然在龙卷风之前，日本也发生了大规模地震，导致零件短缺，林肯工厂的生产减慢，但是本田公司决定在这个困难时期雇用所有的人，将空闲的数百名工人分派到受灾区域清理杂物，提供水、食物并发放其它必需品。穿着白色制服和带有红色本田标志的工人，为本田公司赢得了良好的信誉。

一位林肯市附近城市的市长曾经对我说："戴姆勒100万意义非常重大，我不是想贬低他们，但是，当你看到一群来自同一家公司穿着一样的制服的工人在那里救灾，下周你又看到他们带着孩子来到社区中心，再接下来的几周你又看到他们出现在儿童中心医院，渐渐地这群人的形象就会在人们心中生根发芽，让人觉得有了他们世界变得如此美好。他们是真的来做贡献的，而不是仅仅把钱拿走。"

后来他又说："如果本田需要建设一条新的道路，或者其水处理工厂需要一些帮助，抑或需要雇用一些本地的优秀员工，没有人会拒绝他们。"

鉴于本田公司对当地居民有如此多的关注，范佳能和他的同事自始至终都对寻找工厂的过程缄默不语，从而不让州竞选人知道这件事，以防止其用作其它政治目的。但是当提及对公司的优惠政策时，他们面临了很大的困难。因为他们一直以来受到了很多批评，他们惯常以税收优惠和基础设施提升的方式让外国汽车公司来美国建厂。在南方这是非常矛盾的事情，即使不包括给予公司的补贴，这里的税收都很低，结果这里的公共服务业，尤其是公立学校，成为全美最糟糕的地区。

经济学家总是认为大型制造商的到来，能够给社区带来经济和生活上的显著进步。"工厂的每一个岗位支撑着两到三个当地经济的其它岗位，其中包括供应商物流和其它间接需求。"奥本大学的教授，也是阿拉巴马州著名的经济预言家卡文·达莱尼说道。除此之外，达莱尼和其他人指出，还存在一些间接性需求的增长，其中包括不动产的增值、零售业的增长，还有医疗饮食、航空、火车、汽车和医疗保险以及经济服务等等。然而，这些预见往往是错误的，因为如果优惠政策给得过高，几十年以后，州政府和当地社区是收不回给予制造商的优惠的，在这期间，地区的居民们将承受着下降的公共服务质量。

这种令人恐惧而又低回报的投资情景，在那时的阿拉巴马州，尤其是本田公司决定在这里建厂时常常引起分歧。阿拉巴马州凑齐的2.53亿美金6年前交给了梅赛德斯工厂，现在却变成了州政府的难言之隐，尤其是在合同字迹未干时,便被人们发现教育基金也被挪作用于支付这笔资金。刊登在1998年11月《时代》杂志上的文章，用阿拉巴马州的公立学校来说明这种间接效应，并将优惠政策形容为：“大公司福利。”这些描述特别让人气愤不平。“快来万斯小学吧，距离梅赛德斯工厂只有一到两个橄榄球场。”唐纳德• L.巴雷特和詹姆斯•B.斯蒂尔写道，“当然了，你根本看不到教学楼。因为它是17间可移动的环绕着的教室，它们还会每年增加两个。而学校里原来设计能容纳290人的建筑现已挤满了540人，在未来两年内将会增长至700到800人。这和给梅赛德斯建造的培训学校的宽敞房间形成鲜明对比，这些培训学校教室的投资就达到了3000亿美元。”

当教育基金无法再用来支持万斯工厂时，阿拉巴马州的官员决定使用州养老保险基金。但是阿拉巴马州养老保险的账务已经极不平衡，很大一部分是用来给大量公司的发展进行补贴，养老基金的贷款利率达到了可怕的9%。而实际上这将更加恶化与梅赛德斯的合约，即使是州政府工业发展投资部门最热衷的支持者，也犹犹豫豫地得出结论，那就是给予梅赛德斯的优惠政策过于慷慨了。“这些优惠政策简直无法想象。”达莱尼说道，“我们太过急于签订合约，在那时我们这里没有汽车制造商。而且我们也不敢相信梅赛德斯竟然选择了阿拉巴马州，我们已顾不了自我了，我们不想落到后面被人遗忘了。”

由于受到了之前优惠政策的负面影响，本田公司高层对范佳能和其他人说，他们不是寻求一个过于剥削的优惠政策，最重要的是他们不希望受到任何的公众批评。本田公司寻求的主要帮助在于土地购买、招聘和培训当地工人，一些配套的基础设施、水利电力建设和税收优惠。这些降低了的要求使得工业发展委员会能够自己提出一套提供资金的方案，并得到了五个最能从林肯工厂受益的城市的支持。虽然州政府最终有权利批准优惠政策，而这是第一次阿拉巴马州当地政府独自为一家新工厂提出的财务计划。最后本田公司得到了大约1.5亿美金的资金支持，这相当于梅赛德斯优惠政策的60%。

“我们不想被认为过于贪婪或太过自大，所以这套政策非常合适。”阿拉巴马州本田公司生产部的董事长汤姆·斯科普说，“我们在俄亥俄州已经有了非常强大的区域效应，而我们想在南方的州做同样的事情。如果我们自己太过蛮横或要求太多，我们的长期目标——在林肯地区树立伟大企业的形象，将不可能实现。”

1999年5月，也就是公司高层第一次访问林肯市两周后，本田公司宣布了他们要在这个城市建设新工厂的决定，工厂约三年后竣工。本田公司通过与林肯市的联姻，将自己的未来与南方各州联系了起来，不过这一联姻并没有在当地社区引起任何不良反应,而这一切都应归功于本田公司把做出决定都交给了长时间的调查与研究。

事实上，当本田宗一郎被问及在进入汽车市场前，他们是否进行过SWOT分析；问及他是否研究过自己的公司，以及自己竞争对手的优势、劣势、机会和威胁。宗一郎用他具有代表性的自信而又生动的表情回答道：“如果我们的团队进行了商业分析，我们可能不会选择进入汽车业。”他说，“我只是简单地把世界上最大的汽车制造公司的缺点一一列出来，而这个列表非常的长。”

换句话说，相信你自己的直觉并且不要浪费机会。

有很多人曾认为本田公司对林肯市了解得不足，但是一个本田公司高层讲述的故事让我们知道他们其实非常了解林肯市。“认为我们没有做过功课，那是不对的。”他说道，“我们去过当地，看过林肯市的这块地。我们当时就知道林肯并没有很多需要立即去了解的东西，它就像一张白纸，这就是我们为什么喜欢这里的原因。这块地方非常纯净，可以使我们很容易地引入本田的方式。”

一张白纸是对那时的林肯市非常恰当的描述。这里曾经是一个繁荣的农业地区，这里遍布着纺织企业和国防企业的工厂，他们为这里提供了大量的工作岗位。到了90年代末期，林肯市的大部分农场基本停止了生产，当地的工厂也纷纷关门，这一切都源于五角大楼减少了预算和全球化的浪潮。只有少数年轻人还在林肯市工作，少数离开林肯市去上大学的人也很少回来，除非他们已经走投无路。

当时林肯市只有两千左右的居民，不足以支撑一个合理的教育体系或者职业技术培训体系，如生物科技，健康护理，或者航空航天，而这些行业在阿拉巴马州的汉斯维尔市和伯明翰市正蓬勃发展。只有间歇性的外来资金通过塔拉迪加超级赛道涌入这个地区。这里有一个巨大的三角椭圆形赛道，位于安妮斯顿空军基地，高耸倾斜的弧形赛道把林肯市赛车节的周末，变成了纳斯卡狂欢节。只有这些时候，17万5000赛车迷涌入这个地区，才让这个城市一下子变得熙熙攘攘。当然还有很多家庭开着房车来到赛道寻找快乐，但他们的表现并不怎样。

在本田公司到来之前，林肯市就有一个重要的景点罗根·马丁湖，它是库萨河的主要蓄水池，库萨河是阿拉巴马动力公司在60年代建造的。罗根·马丁湖的两个大坝是这个州的主要水力发电来源。这个湖也吸引了钓鱼、划船和游泳的游客。在林肯市，位于马丁湖周围的房产价格最高，虽然大多数湖边的居民都已经退休了，或者他们只将这些房子作为周末或假期的居所。

借助塔拉迪加赛道和林肯马丁湖所带来的经济收益，林肯市能够保持自己这个地区的不断发展，但是大多数情况下其发展是没有计划的，并且常浮于表面。学校的质量和收费价格（除了湖边的地区）和城市服务，最多也只能算是中流水平。其实确切地说林肯市没有自己的中心，当你开车穿过林肯市平坦的没有任何特征的21英里的街道时，分散的商业区似乎每隔几英里就有一个，而这些商业区也仅仅只是几个商店和办公室。这一切虽然使得林肯市看起来似乎很有发展潜力，而如果将它们分离开来，这些小的商业区也只能是勉强存在。

古老的市中心很早之前就不再是社区的中心了，它已很少再被提及，并且也没有火车轨道经过。古老的市中心有4个商店，其中的3个，房子都已经倒塌；还有一家大萧条时期的银行，有着电影中一样经典的砖墙。林肯市政府是一座没有任何特征的办公室建筑，似乎有四条车道那么宽，是一座平坦的建筑，它距离市中心一英里左右，距离壹元店并不远，还有6个零售店和一座小旅馆坐落在离I—20高速公路不远的地方。每一条破烂的小路边都有一座教堂。

有几家零星商店和旅馆，安静得让人心里发毛，毫无生气的面貌，这些正是本田公司高层们来到林肯市时所见到的。阿拉巴马州的官员很难能够预见到，也很难让他们理解的是，不同于他们从大多数公司那边听到的观点，本田公司认为林肯市的空旷就是林肯市最能吸引人的地方。

除了这些，这里还有一个并不容易发现的优势。在这个安静的社区里，人们的工业情节不容怀疑。他们经历了繁荣的农业时期，懂得如何廉价地维护他们拥有的设备与机械,他们缺少机械工具的帮助，他们很费力地在钟表上进行钻孔操作，这一切对本田工厂来说都非常地具有吸引力。这里大多数人可能都离家很近，学校里也很少有人缺课。他们在一个经济没有很好发展的城市里顽强地坚持了下来，工作机会的流失并不是他们的错误，很久之前便已证明了他们值得拥有这些工作。在这些方面，其他那些城市都不具备这样的条件,而这些正是本田公司所看中的。

位于林肯的工厂对本田公司来说意义重大。首先这家工厂将成为本田子公司在美国南部的转折点，它将首先生产受人欢迎的奥德赛厢式车，并最终推出了Pilot SUV、雅阁V6轿车和讴歌MDX SUV。与本田公司位于俄亥俄州、加拿大和墨西哥的工厂一样，林肯市的工厂将主要生产供应北美市场的车型。这将使得这座南方的工厂成为本田公司本土化策略的重要基地，使这家来自日本的汽车公司在北美市场变得举足轻重，同时也将保持他全球销量遥遥领先的地位。本田汽车的销售额有超过51%的部分来自于北美市场，日本和亚洲市场分别贡献了略高于20%的销售额，而欧洲只占有5%。

这样的分布结构恰恰体现了当今全球汽车市场的活力与可参与性。虽然中国市场的汽车年销售量超越了美国，但是与中国的跨国合作仅限于合资，汽车公司必须与中国的汽车制造商组成合资公司。这样一来，美国现在却是拥有最多客户且最具利润潜力。除此之外，就这些跨国企业，本田公司在北美当地市场销售的汽车，超过90%都在当地生产，他在其他国家和地区的情况也是类似的，这也正是本田公司的销售策略。（本田公司营业收入的地区分布，更符合一家由商业总部控制的日本汽车公司的商业结构，日本占50%，北美25%，亚洲17%，欧洲8%）。由于国际市场条件变幻莫测，本田公司本土化的策略使得公司能够通过混合销售模式，不断地反映出潜在客户最多的地区和他们最想要的产品。

但是，阿拉巴马林肯工厂的另一个重要性，就是本田公司计划在这里引入最新的生产系统，而公司希望能够通过这套系统产生一系列在速度、研发、成本、效率和质量上远超其它工业运营模式。林肯工厂体现的一系列思想，就是试图改革许多传统的汽车制造工艺，这些工艺自亨利·福特时代就再没变过了。

领导新工厂建设的工作交给了恰克·恩斯特。他是本田公司1985年雇用的一名工程师，一直在俄亥俄州安娜市的本田发动机工厂工作。作为全家都是工程师的年轻一员，恩斯特50多岁，身材高挑，是一个低调的中部美国人。在安娜工厂工作前，从没有在汽车工厂工作的经验，在设计林肯工厂之前更是从未设计过工厂。

恩斯特在密歇根州出生，曾参加过美国空军。在他还是个青少年的时候，他就已经在10个城市居住过了，往西最远到过加州。但是，他大部分童年时光是在俄亥俄州的辛辛那提市附近度过的，他从祖父那学习了神奇而又精彩的发动机知识。他的祖父是一个实验飞行器方面的发明专家。“他最喜欢的其实是水上飞机。”恩斯特说道，“我第一次帮他修复和改装一架老菲亚特飞机引擎，把它变成了水上飞机，这让我进步不少。”

对于发动机和速度的热爱，他承认他有一些“疯狂”。他曾在俄亥俄湖上比赛驾驶水上飞机，甚至参加了很有名而且有时候有些疯狂的“麦迪逊帆船赛”。在印地安那州的麦迪逊市，每年7月4日的周末都会在轻松的氛围中拉开麦迪逊帆船赛帷幕。在一段时间里，他还曾经保持着淡水湖飞行器最快的记录。他能驾驶他的水上飞机以每小时200英里的速度飞行。

考虑到他勇于挑战的个性，恩斯特的父母在他青少年时期禁止他驾驶摩托车，现在看来的确是个明智的决定。但是恩斯特通过帮助自己的朋友，并陪他们观看摩托车赛来规避这一约束。表面上他是提供支持的成员，但是实际上他是试驾司机。在恩斯特高中毕业前，他已经组装了两辆汽车。

1980年，他从位于俄亥俄州牛津市的迈阿密大学毕业，获得了应用科学的学士学位，之后，恩斯特在位于俄亥俄州的Armco钢铁公司担任了总工程师一职。他当时已经对高质量的日本产品有所耳闻并略有研究，他说：“我从来没有维修过本田摩托车，他们似乎永远不坏。”但是他在Armco时，他亲身经历了与日本公司竞争的过程，他也亲眼见到了这些美国公司的竞争对手有多么地领先。许多高效的新式迷你炼钢厂，以及最成功的传统合成钢的供应商，如新日铁公司和川崎钢铁公司，它们都是日本公司，并且他们的销售重点在于不懈地追求质量和客户满意度。

恩斯特指出，日本与美国公司的不同之处显而易见，例如双方生产卷轴的方法，卷轴是用将近3000磅的钢板卷制而成的。制作它将会花费很长的时间，为了满足供货周期，Armco会省略产品的最终检验。果不其然，许多消费者对于他们收到的卷轴并不满意；他们对于受损的边角和弯曲的卷轴抱怨连连，有些人忍无可忍地退回了产品。“而这家公司的态度是，这样就可以了。他们会将主轴剪开再重新焊接，重复做一遍而已。”恩斯特回忆道。

“我们只会说‘我们最终会让消费者满意的’。”

恰恰相反，日本公司会检查他们的生产过程，以确保产品质量，同时满足供货期限。他们不愿意让退货成为商业经营中的一条退路。“我们解决这个问题的方法既非常被动又产生浪费。而日本公司的态度就是在第一次时就要找到正确的方法。”恩斯特说，“我们知道我们必须提升自己，在这些事情上我们并不是瞎子，我们只是不知道如何快速地做好它们。毋庸讳言，我们丢掉了许多客户。”

最具讽刺意味的是，日本对于质量的重视则源于美国。第二次世界大战结束之后，美国启动了日本电子工业重建计划，以使得他们在这个领域能为美国通讯网络提供无质量缺陷的设备。东芝、NEC和日立这些公司必须从美国占领者那里，学习成品的统计分析知识以减少差异和缺陷，选择合适的、耐用的原材料并掌握先进的设计和制造技术。

从根本上讲，由于他们商业上的极度需求，日本公司成了美国公司的好学生。这一教育过程到了1950年取得了显著进步，而当时美国质量控制专家爱德华兹·戴明在日本的科学家与工程师联盟发表了演说。那个演说的主要内容强调了生产率、成本控制、增加效率和客户满意度提升，以及它们能更好地给质量控制分析带来的积极结果。演说有效地激起了日本全国对质量问题的关注，很少有公司能够不为所动。各个行业的日本公司都希望自己能够在全球市场上站稳脚跟,为了达到这个目的，日本公司纷纷接受了全面质量控制理论。而在美国和世界的其他任何地方，这都是闻所未闻的。戴明也因此成了日本的国家英雄，并以他的名字命名了奖项， 以此来表扬他对这个国家质量控制方面的贡献。这个奖项主要是颁给那些在质量控制方面有显著进步的日本公司。

就像恩斯特说的那样，日本公司对于质量极度地重视，远使得Armco无法企及。1984年，当恩斯特的太太向他展示了本田公司在安娜市的招工启事时，他决定：“是时候加入一家日本公司了，而不是拿脑袋撞墙试图超过他们了。”

一年之后恩斯特被本田公司雇用。四年之后，Armco也最终被川崎钢铁收购，这家日本公司以3.5亿美金买入了他40%的股票，那时这是日本钢铁公司在美国的最大投资收购案。

当恩斯特被邀请建造林肯工厂时，他已经离开了安娜发动机工厂，那时他已是本田公司工程部的一员。他接触任务之初，其想法就是要建造合适尺寸的工业厂房并予以合理布局。他知道设计与建造这个工厂的过程要充分体现本田公司的原则，那就是采纳许多Waigaya提供的很多好点子，并且还要结合很多“现场”来决定什么对林肯工厂以及其它本田设施最合适和最有效的方案，这些都要被考虑并要引入到阿拉巴马工厂中。

但是根据他在安娜市的经验，他很确定一件事，那就是投在林肯工厂的预算是有限制的，这在他几年前退出Armco来到本田公司时他是不敢相信的。“那时我认为我进入了一家大型汽车生产公司，直到我上班的第一天起。”恩斯特说，“我离开了我的大办公室和有七八个人为我服务的老雇主，而来到了一个落魄的农场，那里的安娜工厂还在准备建设中。”

在这个乡下的环境里，农场后面房子里一间孩子们的卧室便是恩斯特的办公室。恩斯特除了必须每天使用自己带来的工具来拆装试验用的引擎，还要给同事们讲授汽车与摩托车发动机的构造和组成。恩斯特经常还要穿防水长靴才能保持住这一天身上是干爽的，因为当水位很高时，地下室就会泛水。“而且我们还有一些搞恶作剧的人，当他们看到我去地下室时，便会冲全楼的马桶来使水位升高。”恩斯特说。

恩斯特起初对本田公司破败的工作条件很不满意，直到一段时间以后，他才对本田公司有了更深入的了解。时过境迁，他终于明白了他的新老板为什么把他和其他安娜工厂的新雇员，都安排在如此破败的环境下工作。他们在传达着一个信息，恩斯特和他的同事是这家日本公司在美国的第一家汽车引擎公司的美国雇员。这仅仅是在本田马利斯维尔工厂建设3年后，日本公司第一家在美国建造的汽车发动机工厂，厂区沿途有25英里。不论是在距离还是在文化上，安娜都离日本很远。本田公司想让它的员工知道，他们的工作生活将不会再出现那种不积极、低效率并且极其浪费的工作状态，就像底特律的三大汽车巨头那样。“我们在日本的老板曾隐晦地跟我们说，他们期待我们：要有创造力，有独立性，不要自负地认为任何工作都配不上你。”恩斯特说道。

在这种心照不宣的指示下，个人责任感在公司范围内广为传播，并且体现在了安娜工厂的工作作风中：减少生产过程中的成本和消耗，无论是汽车设计或是物流过程；工厂设计从理念到竣工，节约成本和减少浪费是不变的宗旨，因为这些直接影响到汽车的售价。

“当我被指派到林肯市时，”恩斯特说，“我就没有想过我会得到一张空白的支票。”

无论廉价与否，林肯工厂都值得去追求。在2000年4月的奠基仪式上，本田公司高管曾承诺第一辆车将于24个月后从这个工厂下线，比其他汽车工厂足足提前一年到两年。恰克·恩斯特还没有开始工作时，他又得知这个计划已经被放弃，而是一个新的更有野心的计划——那就是18个月汽车就要下线。本田公司希望能够通过大尺寸的北美版奥德赛需求量的增加获取利润，而这辆车正是林肯工厂将要生产的第一种车型，在这之前只有加拿大生产这种车型。当恩斯特得到这个新闻时，他已经雇用了承建商——伯明翰市的一家大型公司B.E and K 公司来监管建造过程，在这之前B.E and K也曾经建造过纸浆工厂，但没有汽车工厂建造方面的经验。

当恩斯特把林肯工厂计划的开业日期告诉B.E and K创始人泰德·肯尼迪时，肯尼迪说，这是不可能做到的，尤其是最后还要得到州和当地政府的许可。“我在阿拉巴马州做建筑已经34年了。”肯尼迪说，“而你提出的建议根本做不到。除此之外，这种工厂对于我们来说也是新的尝试，或许还会有一些意想不到的问题存在。”

“等一等，你为我工作。”恩斯特回答道，“你的计划必须和我的同步，你没有建造过汽车公司正是我们选择你的原因，这样你就不会被各种各样来自你之前经历的经验，来告诉我们不能做这或不能做那。我们雇你就是为了完成这件事情。”

恩斯特说，在接下来的过程中，他再也没有听到过任何人讲“做不到”这样的话了。

虽然提前的时间计划是一个有勇气的举措，但林肯工厂启用的新的生产模式，让有些人对工厂的设计和制造过程产生了疑问，不过也有人认为这是大胆的创新。在林肯工厂发布建立一套新系统之前一年左右，本田公司工程部资深副总裁约翰·亚当斯带队开始了一系列的waigaya，其第一步就是研究汽车工厂里的关系网络。任何等级的员工在这一行动中，都被要求提出或进行辩护关于提升效率、安全、质量和节约成本的有益的观点。

在这些waigaya会议中，有一个格外极端的关于放弃传统直线型生产线的观点涌现了出来。直线型生产线是从工厂的一头到另一头将车串联起来，然后进行组装的过程，最后对组装完的整车进行检测再最终送出工厂。在本田公司的新规划中，工厂设计了五个区域，每个区域都要负责整车大部分的组装与质量工作，喷漆间之后的区域是：底盘、门和面板、发动机、减震装置、内饰，以及外观；同样类似的装配过程，例如布置电线和燃油管线，或安装空调与转向助力装置，都被安排在附近的区域，工人们被要求在他们的区域内对所有的工作都能熟练操作，他们每两个小时轮岗一次。在每个区域里，质量控制都是在最后一步。

理想状况下，这些紧凑的自我完善的工作区域，把工人责任和义务的覆盖面延伸至更多的汽车组装的过程，而不仅仅是某个单一的生产单元，这显然大大提高了工人的工作能力。把质量控制嵌入到生产过程中，而不是在整条生产线的末尾再抓质量，可以及早避免费力费事的修复过程，如拆下一辆组装好的车的内饰，仅仅为了修复座椅和地毯下一根接触不良的导线。一句话，重要的是节约了生产满足消费者需求的汽车的制造周期，也减少了售后服务的费用。

“在每个区域末端，负责检验车辆的人与安装零件的工人紧挨着，他们可以相互快速交流‘嗨，你做错了，这个没有安装好’或者‘这个零件是坏的，我们需要把他们退回给供应商，并要求发来新的零件’”约翰·亚当斯说道，“在整条生产线未被某个问题影响前，问题会在当时就得到解决。”

虽然本田公司的Waigaya点亮了激情，但当这种与众不同的方法被引入生产线时，这个理念也遭遇到了很大的抵抗。在某些人看来，这个想法与本田公司之前承诺的对质量控制的渴求不同。本田公司承诺的核心，就是日本的质量控制是基于基本的而不是难以达到的目标。但这个与众不同的似乎不切实际的理念是：为了生产完美的产品，以至于可以免掉最终的检测而直接将产品交付给消费者。与许多日本公司一样，本田公司全身心地奉行这个宣言，实际上，他们比任何竞争者都更接近目标。

可能最大胆的创新是：在本田工厂，汽车发动机第一次使用时，汽车已经准备好离开工厂了，这意味着经过了发动机工厂的最终质检，本田公司的发动机便不再有其它检查，直到它们安装到车上并在测试场上驾驶。这是一个自信的但是有风险的做法，很少有其他汽车公司敢试图这样做。然而，本田公司用他们高超的生产技术和成功，证明了生产无缺陷产品实际上并不是遥不可及的理想，并且它让本田公司员工不断得到进步和完善自身。

即使这样，在讨论新的生产模式时，本田公司管理层还要在该系统中增加更多质量控制环节，而不是试图最终取消它，虽然这样使它越来越不像一条生产线了。许多员工受waigaya影响，对于自己和生产最高质量产品的目标存在着差距很不满意。“我们的基本理念是始终追求一次成功，这样我们就用不着到了最后还要花费昂贵的代价去修理什么，”林肯一位高管参加了一系列启动会议，对生产系统是这样评价的，“如果这一理念是我们的目标，我们为何还要唐突地认为，要在我们最先进的工厂对生产线上的工作一遍又一遍地进行检查，难道我们不能在第一次时就做对么？”

像许多矛盾问题一样，这个前后矛盾的问题讨论已经进入了更深的层次。因为本田公司已经能熟练地应对诸如此类的矛盾，对于公司理念的不同诠释，很显然会影响质量控制的方针，这些都给了本田公司重新审视之前做法的机会，并可以不断地进行调整。

这场争论的意义，随着许多杯咖啡的浅斟慢饮和滔滔不绝地实话实说，在许多杯啤酒之后的激情下显露无遗：虽然生产完美无缺陷的汽车可能是一个高尚的有野心的追求，但是，针对生产一个拥有1万3000多个部件的汽车简直是不可能做到的。生产中哪怕有一个零件存在一微米的差错，汽车的整个或部分的性能都将会受到影响。理解了这样的事实以后，一种解决方案是：继续以传统方式即直线型生产线生产汽车，并希望某一天淡出质量控制，但是它没有带来现实的好处。而另一种解决方式是：大刀阔斧地改变生产线，它不但能立刻节省成本，而且可以大大地提高产能和生产速度。结论很明显，至少在这里，现实超越了理想主义。

“你永远不要放弃最终的目标，这个目标就是生产一辆没有缺陷的汽车。但是你必须意识到，在你生产汽车时，有些问题总会出现。我们必须要学会如何有效地解决它。”约翰·亚当斯说，“一方面你想否定你有意淡化‘一次做对’的想法，尽管这一追求是你想要全身心地投入这项事业，但同时你会发现自己会不由自主地说要按实际情况做事。我承认我会时不时地想‘我们为什么要这样折磨自己？’”

恰克·恩斯特热衷于这个五区域工厂的概念，他认为这是一个令人惊讶的富有想象力的布局，是一个重新定义典型工业流程模式的机会，也是一个解决困扰每个工厂设计者的问题的试验方法，而本田公司对此事也很在意。

一张表格里花费总是放在首位。有意思的是，新建工厂常以一个公司在建造时的花费进行排名，好像投入越多回报就越多。我们已经不断适应了媒体的说词，如在谷歌网上我随便就能找到“丰田4.75亿美元的新工厂在南沙区投资建成，它位于广州市的南部，代表了丰田在中国的决心”或者“卡特皮勒在佐治亚州投资兴建的两亿美元的工厂，给克拉克、奥科尼和附近地区带来了转机”的新闻，而且随便录入一个公司的名字都会有许多类似的报道。然而，通过花费多少建造成本来衡量工厂的价值，就像是认为五角大楼购买的436美元的锤子，可以比斯坦利系列的12美元的锤子把钉子钉得更好一样滑稽。

恩斯特花许多的钱建造的林肯工厂，并没有给本田公司管理层带来奢侈的感觉。恰恰相反，他一开始就通过限制工厂占地来使成本最小化，五区域的理念给了他发挥的空间。随着直线型生产线的被迫放弃，恩斯特有了更经济布局的自由度——那就是圆形回转式布局，旋转的生产线从空中鸟瞰就像是一个回形针。随着质量控制过程融入到生产工艺之中，它大大减少了工厂尾部的多余空间。

除此之外，回转形的生产线允许恩斯特将发动机工厂布置在工厂圆形区域的中央，那时，没有哪一家汽车制造厂敢将发动机与汽车总装集成在一个屋檐下。结果，潜在的经济效益十分巨大，它让本田公司避免了再建一座发动机厂房，也避免了建造一条自动传送带，以便将这些发动机从一个工厂传到另一个地方，从而节约的发动机运输成本可以超过100万美元；重要的是避免建造一座大楼而节省了数千万美元。

紧凑的工厂设计，与本田公司厌恶过多建筑物的思想不谋而合。公司即便损失一些短期的销售收入，如一个产品可能突然意外地得到消费者青睐，也不愿意为此短期行为建造以后不再使用的低效益的建筑物，也不会为这些建筑物的运行和维护去付费。“你不会建一座大楼，然后让它的三分之一空置着。”恩斯特说，“这样的浪费不会有任何回报。”

恩斯特还找到了另外一种不同寻常的节省资金的方法，特别是通过回收一些在其他本田工厂使用过，后来又被闲置在工厂里的设备，大多数是新建汽车工厂的全新设备。造成这一情况的部分原因来自于工程师和设计者的偏好，他们往往会被新奇的事物所吸引，使用最新的科技既能吸引眼球又能显示水平。建造新工厂也被视为是一个能引进先进技术的好机会。这样一个面貌的所谓的新工厂，之前的设备或丢失或遗弃，像极了史前工业的遗迹，放在那就好比一块巨石难以挪走，以至于再建新工厂需要绕开它。

恩斯特可不愿意这样想，至少在他来到本田公司15年后是这样的。他看到了在林肯工厂有节约上百万美元的机会，他找遍了本田公司所有的大楼，他想积极地抓住这个机会。他找到了日本和光发动机工厂的用来生产发动机缸体的设备，它已有10年之久，曾用于试生产，后来被淘汰了。它的控制方式是机械式电磁继电器，而不像今天的设备是用高科技的PLC（可编程逻辑器件）控制。它每天只能生产375个缸体，林肯每天至少需要450个。

林肯的团队对这台铸造设备重新进行了改造升级，并维修了液压系统，改造升级好的设备得以重新使用，且维修费用相当的便宜。“我发现一旦我们开始扩产，我们就想买新设备，”恩斯特说，“实际上，我们现在这样做真是太好了。设备经过改造升级后，在测试的24小时之内生产了超过600个缸体，这比预计的还要好很多。特别是，我们的工人通过维修而不是简单的买新设备，学习了很多关于保养与操作设备的知识。”

这次我们节约了50万美元。我们接着又把本田公司在英国的发动机工厂停滞的设备加以利用，又节约了60万美元，这是车削或铣削加工像钢铁一样的原材料时使用的夹紧设备。我们还找到了省更多钱的事情，像发现了一台没有使用过的废弃在英国的传送机械，这台机械设备可以在不同生产线上生产不同的发动机。

这种回收策略并不仅仅是为了让工厂少花钱，重要的是它直接体现了一种追求。“总的来说，这些设备账面上的价值就有200万，我们仅仅是花了一些运输和重新安装的费用。如果你在生产上减少了投资成本，总资产的折旧也会减少，你就能快速地盈利。”

无论如何计算，本田林肯工厂在空间利用率和投资效益两个关键的制造业生产指标上超越了其他汽车工厂；虽然本田工厂还在不断扩大，最初它占地170平方英尺，每年生产13万辆汽车和发动机。阿拉巴马的设施总价值为5亿美元，它不仅包括了工厂内的设备，还包括土方工程、房屋建设和其它不动产花费。相比之下，大众汽车位于田纳西州查塔努加市的工厂于2011年投产，占地350万平方英尺，每年仅生产汽车15万辆（没有发动机），投资14亿美元。大众工厂是本田林肯工厂占地面积的两倍多，造价有本田的3倍，但产能却低于本田。

丰田公司也一样，没能复制本田公司的高效率。丰田公司在肯塔基州乔治城市的巨大工厂，占地面积有750万平方英尺，每年生产50万辆汽车和发动机。同样规模的本田工厂，可以超过它并能多生产出20万辆以上的汽车和发动机。最近丰田公司宣布了在乔治城投资3亿美元再建设一条新的生产线，使得丰田公司每年可多生产5万辆汽车，这相对于本田公司来说还算是低的。在林肯工厂投产后，本田公司的规模增加到了350万平方英尺，年产量稳定为30万辆汽车和发动机，其中大多数是轻型卡车和V6发动机。

奥维（Oliver Wyman）的资深合作伙伴，专注于全球汽车生产咨询的罗恩·哈伯说：“本田相比于其他汽车厂商实力不算雄厚，从生产摩托车到汽车，本田一向奉行节约。然而突然在过去10年间，工厂效率、适应性及厂房空间利用率简直成了行业领先的标杆，大家都想知道为什么本田做得如此优秀。”

罗恩·哈伯继续说道：“关键是因为本田建造高效率工厂的能力并不是从昨天才有的，只是之前没有人注意到。这一历史的产生可以追溯到本田创建者那里，反对浪费，通过内部创新，找出节约资金的途径。”

罗恩·哈伯是研究汽车业工厂设计与产能的专家之一。根据他自己在现场获取的资讯，每年他都把很多工厂的表现进行排序，并在《哈伯报告》上予以报道，它是许多汽车生产者的必读刊物之一。罗恩·哈伯说，让本田公司与其他生产商区别的秘密是工厂的灵活性概念。用简单的话说，本田公司能够在同一条生产线上生产不同种类的汽车，在转换车型的时候生产不需要停下来。

一般来说，汽车工业中整个工厂只能用来生产一种单一的车型，就像那张不清晰的早期工业时代的黑白照片，亨利·福特自豪地指着一排排的T型车。问题在于，当这些车型不再受欢迎时，整个工厂都将停产。除此之外，低销量的车型会在小范围的市场受欢迎，例如Ridgeline轻型皮卡，由于销量过低，且不能承受只能在单一生产线上生产，导致成本过高而被迫停产。而相反的是，本田公司的灵活生产线允许自己生产Ridgeline，虽获利较低但它能够同时适应其它的新品开发，从而确保未来生产有更高利润的车型。

除了降低成本，能够同时生产多种不同车型，也是2000年恰克·恩斯特工作事项中极为重要的一项任务。这个目标在其他本田工厂中虽没完全实现，但已接近实现。不管怎样，五区域生产线系统还是提供了一个生产线灵活化的完美平台。

依据本田公司新的工厂布局要求，每个区域的工人应是某一相对较大区域的汽车专家。只要进入该区域的汽车都有类似的设计，如都需要相似的技术并在相似的位置安装刹车和变速箱。在这个区域的工人可以轻松地应对有微小差别的任务，比如组装奥德赛和雅阁v6款。换句话说，本田公司认为建造灵活工厂的关键，在于将通用的工程理念引入组装生产环节，而这样的策略对于本田公司来说已相对简单。

在拥有传统生产线的工厂里，每个工人的工作被拆开揉碎。这使得工人由于不能够对生产线有足够全面的认识，因而不能够掌握不同车型的快速转换。

最近，许多汽车生产厂都在不同程度地效仿本田公司的灵活设计，并获得了一定的成功。确实，丰田公司获得了继本田公司之后最大的成功，不过还没有任何公司能够与本田相媲美，它们达不到本田公司流水线的生产速度和灵活性。

“本田在这方面很成功，”罗恩·哈伯先生说，“当他们由于供求关系的变化想改变车型的产量分配时，没关系，他们只需把想要的零部件在生产线上调整一下就行了。”

这种策略的最大好处是在新车投产阶段。这时，一般工厂的通常做法就是工厂停产，并重新配置设备、培训工人，这一过程通常需要几个月的时间。在这个阶段，工厂每天都在亏损之中。相反，本田公司的理念允许引入新车型，还不会影响工厂的正常生产。

已故的杰罗姆·约克是受人尊敬的业内人士，他曾经是克莱斯勒公司的首席经济师，他主导了十年前柯克·科克莱恩对通用公司不成功的收购案。他在2008年的汽车制造商大会上将灵活工厂称作是“未来的战争”。他提醒自己的美国同行不要轻视本田公司取得的成就的重要性，他略带幽怨和不满但还是表达了对本田公司的尊敬：“本田可以从周五100%生产雅阁，切换到下周一100%生产思域。而他们唯一的问题就是需要车辆下订单的时间。”

约克的说法在几个月后得到了验证，在后经济危机和油价大起大落的时代，suv和多功能车比其它任何市场衰退得都要严重。本田公司迅速把Ridgeline和雅阁v6款引入林肯工厂，以此来弥补奥德赛与领航员需求量的降低。这个简单而又迅速的转换，保证了本田公司在经济危机最艰难的时期，能够让林肯工厂维持着相对较高的产能并且盈利，同时还没有开除员工的现象发生。相比之下，通用和克莱斯勒公司却不得不面对破产的处境，而丰田公司也在他的历史上出现了第一次亏损。

具有讽刺意味的是，采用了这一新颖的方法，意味着林肯工厂的组装线成了自动化程度最低的汽车工厂之一。确实是这样，组装区域的电脑只会用来扫描条形码，以帮助决定哪些特殊部件可以进入装配工作区域。这个工厂的高科技部分也就到此为止了。为了易于区分不同车型进入的工作区域存在的微小差别，为了统筹兼顾全部车型的汽车，同时还要做好区域内的质量控制工作，显然需要更多的人手和一些少量的机器。实际上本田公司的生产系统虽然在很多方面成熟而又先进，但是它却更依赖于人力。与本田公司相反的是，汽车公司在过去的10年内，在自动化应用上一掷千金，其结果就是当他们需要改变生产计划时就没有了灵活性，尤其是在应对某种车型的意外供求变化时。

“即使拥有可视系统（有视力的机器人），问题在于，你必须告诉智能设备什么是要做的事情，但你不可把所有可能发生的意外情况都写进控制程序。”阿拉巴马州本田公司生产部的副总裁，也是恩斯特林肯建设团队的一员，麦克·奥特莱齐说道，“我能教会机器人每一次都拿起一杯水，然后再放回到原来同一个位置，但是我不能让它还顾及桌子是否被划了或者桌子是什么颜色，至少机器人要达到在生产汽车过程中，我们所需要的那些洞察力和判断力还是有一定距离的。”

重要的是，不要在这些观点上纠缠不休，以免错过了更重要的事情，这就是本田公司对待这个问题的态度。的确是，本田公司绝不反对自动化。本田林肯工厂拥有业界最先进的机器人设备；在本田公司的其他工厂，如果人们没有合适的装备来解决难题，或者那些自动化设备在做某些工作占有明显的优势，就会出现机器人的身影。只不过决定是否使用机器人，本田公司有自己的价值判断，它的高管们不会轻率地作出决定，因为他们认为自动化会影响到创新。当工人与机器在工作区域内一块工作时，高管们认为组装线上的工人会逐渐疏远工作，也不愿意积极地改进他们的工作过程。另外，本田公司坚持认为，由于产能和质量标准常常会被迫受限于当前的科技水平，其结果就是，为了提高性能你就必须经常要更新设备。

“一旦你决定进行自动化生产，你便没有提升的空间了。”汽车研究中心的首席经济学家肖恩·麦克阿林对本田的理论解释道，“当你研究他们工厂的效率、熟练程度和创造力时，除了较低的自动化水平，他们有很好的现实依据。”

基于这一立场，本田公司在任一领域几乎都和所有的主流工业公司的意愿相左。机器人被各行各业的生产者热烈追捧，它被视为满足两大理想的终极方式：提高产能和降低人工成本。确实值得注意的是，截至2015年，苹果公司在中国的IPhone生产者富士康，在他的工厂内拥有超过100万台机器人。在《与机器人赛跑》一书中，麻省理工经济学家埃里克·布林约尔松和安德鲁·迈克菲写道，工业自动化对20世纪农场中的农业自动化产生了同样巨大的影响，农场的雇用率从以前的40%减少到现在的5%以下。

为了强调这一观点，伟创立高速解决方案公司的董事长迈克·丹尼森，一个加利福尼亚州圣何塞的电器原件的生产商，他在描述机器人早期如何应用于大规模生产时的场景时说道："有趣的问题是，在哪个点电锯该去替换保罗·班扬？总有一个有价值的点，我们会非常接近那个点。"

本田公司对追求自动化并不积极，他不将机器人填满整间工厂，这样反而可以获得更多的收益，这足以证明这样做不是一个什么缺点。至少也有一些汽车零部件供应商的高管们，会讲到一些关于汽车制造商的趣事儿。有些工厂由于过度的自动化，以至于他们停止了升级某些汽车部件，这通常是那些不可见的部件，因为他们不可能给予整车都有相同的关注程度。发动机、大灯及刹车系统可能会经常被重新设计升级，但是启动机和发电机可能就要被忽视了，因为那样做，生产线上的机器也都要升级，为安装新的不同尺寸的部件将会花费昂贵的成本，这是高管们的共识。所以一个供应商说，他在"把过时的产品卖给追求新科技的消费者"。

最近的趋势表明，本田公司和其他汽车工业企业在未来几年，很可能在自动化应用上会产生更大的分歧。这个问题在本田公司内部已持续展开讨论，恩斯特说，公司对改变立场不感兴趣，因为一切都已经融入了本田公司的文化。"我们希望能够深入地理解汽车是如何拼装到一起的而不是机器替我们做。"恩斯特说，"还有一点，当你知道某些人或某些事在生产汽车时是程序化的动作时，就失去了制造的乐趣。"

林肯工厂独树一帜的柔性制造系统能够很大程度上不断地进步，这得益于本田公司自己的工程师团队，除了别的其它工作，他们主要负责开发专用设备，以提高装配生产线的速度和灵活性。而本田公司的竞争者则试图将很多的生产环节进行分解，以简化工艺流程。这通常意味着将繁琐的生产工作承包给了供应商，而在总部或附近其他地方却还要有一批工程师队伍，事实上他们却远离了最需要关注的生产线。对于本田公司，他更愿意在一个工厂内集中很多的任务，他相信这样做能够避免质量下降，改善物流管理，鼓励当地的创新；在设计工装机具方面，使各个产品线之间能够交流和互补，从而提高工厂空间使用和生产投资的经济效益。

林肯工厂工程团队的最高水平体现在卓越的焊接系统，这台焊接机器把灵活生产的潜力发挥到了极致。众所周知，把汽车箱体和车顶这些大部件焊接到汽车框架上，是一个极其复杂和耗费时间的汽车生产过程。之前的焊接工艺使用的是一种固定的工具，笨重的固定不动的焊接机器人按设定好的位置进行焊接，它只适合某一种车型的焊接操作。如果要在同一条生产线上生产其它的车型，这种焊接工具必须要拆除并重新设计安装，其过程非常耗时漫长。

在林肯工厂（包括现在的本田其他工厂），这种蠢笨的焊接机器已经为更加灵活的“通用焊工”让路了。轻型铝质机械手安装在机械臂的末端，它被放置到车体的底盘部分；在装配生产线上，机器人自动地调整好速度和夹紧力，不断地改变着车身到一系列的特殊位置，然后电弧焊枪就将车身部件焊接在了一起。

如果在生产线上，每一辆车型都不相同，通用焊工可以连续地改变自身的机械手以适应进入焊接区域的汽车车型。这个机械臂可以准确地找到工具箱，在几秒内完美地更换好机械手，这样新车型就可以被快速地调整好位置，就像之前来到焊接区域的车型一样进行焊接了。整个自动操作过程是由时序器控制的，会和与生产线的速度相适配，不会造成速度的减慢或停滞。

林肯工厂的新设计理念和在这里引入的新生产模式，基本上在本田公司的工厂里都得到了推广应用，而且其他地区还可以根据自身不同的偏好和要求进行改变。有了这样一个独一无二的全球化生产平台，本田公司可以在同一个工厂自由地切换生产的车型而不会造成生产的停滞，也可以在其他地方和地区实现本田公司已有车型的无缝对接引入。

本田新颖而又灵活的生产系统所带来的独特价值，体现在大量的统计数据中：一个这样标准的工厂，第一年投产后无残次品率提高了20%，返修车辆（有些车辆在离开工厂前需要维修）降低75%，生产每辆车的成本降低10%，焊接成本降低30%；除此之外，整个工厂可节电10%，其中焊接过程的节电就有20%。

对于林肯市来说，他也在一直迫切地寻找着自己的定位。破旧而又散落的小村，一个没有什么历史的群落。但是自从10多年前本田工厂来到之后，这里的生活发生了之前不可能有的现象。公园不断出现，有个公园甚至还修建了跑道，现任市长也保证将对小村子重新规划建设，并将其打造成吸引人们的市政中心。除此之外，所有林肯市的学校都将是新建的。

而住在林肯市的人们也发生了巨大改变，或者我应该说是在本田公司工作的人们发生了改变。他们拥有了非常不错的工作，工作既有挑战性又能令人心满意足。在整洁干净、设施领先的工厂工作，他们所得到的工资，也是他们在林肯过去辉煌的历史褪色后所无法想象的。即便是组装线上的初级工，也可以每年挣得5万美元。和我聊天的大多数本田公司雇员都对自己感觉良好，在工作中他们能够得到肯定，也没有下岗的顾虑。

最具色彩地和深刻地描述林肯市和本田公司之间关系的应是理查德·乔治，他会做世界上最好吃的猪排。（我尝了，的确名副其实。）他对我说：“林肯市自己什么也做不了。但有些时候，你必须变得特别丑，才会有人觉得你好看。”

第七章　本田的创新机制

本田宗一郎与查尔斯·汉迪虽不相识但惺惺相惜。汽车工业一向缺少开天辟地的新想法。和作为历史上最古怪、最具创新性的汽车企业本田公司一样，汉迪更是组织行为学、管理学新想法的鼻祖。

尽管他们的成长经历截然不同，但他们经常有相同的视角，你可以经常听到宗一郎和汉迪他们对传统教育的批评。一般常识的缺失与种种扼杀自我创造精神的举措——用汉迪的话说就是，“相比全国统一的课程，对每一位儿童单独制定的课程才是最需要的。”

另外，通过本田公司全球本土化的战略现象，也可以看到汉迪组织分散化的理念。在联邦制的模式中，汉迪说：“考虑到现在的人们分布在世界各地，你一定要让他们能够自由发挥——自主权，这意味着你的组织必须建立在职业化与信任的基础之上。如果你管理这样的组织，一定要确保其是规模相对较小，且长期能连续发展的团队，并且团队的每位成员都要高度地投入到工作中去。”

鉴于两人精神上的高度统一，汉迪关于公司连续创新的最有价值、最实际的概念也可能是技术性最强的应用，便顺理成章地落户在了本田公司。其概念包含了悖论法和超越他人一步或多步的思想，这是两个关乎本田公司成功的根本因素。

汉迪，生于爱尔兰乡下科尔戴尔郡的一个英国牧师家庭，前半生过着平凡的生活。获得了皇家奥利牛津大学的学位之后，1956年他到壳牌石油公司任市场总监一职。但是汉迪为了避免去利比里亚工作，他于60年代中期离开了壳牌。他转投学术界并在伦敦商业学校做了教授。80年代初期，汉迪在他有趣的大部头自传《大象与跳蚤》中写道："离开了大集团的保护……，自己来谋生。"

在那本书和他的许多演讲中，汉迪描述了一个由大象和跳蚤组成的世界。大象象征着大型组织和跨国集团，而跳蚤则是自给自足的个人，或者在减员潮流中被裁掉后从事繁杂工作的个体户。

汉迪喜欢做一只跳蚤，这是他选择的道路。但他坚信正统的教育完全没有把人们培养成能独立于组织之外，适合较少组织安排且独立自主工作的人。学校既没有提供感情教育，也没有提供知识工具来适应这种生活。现在越来越多的人要么被迫面对跳蚤一般的工作，要么在没有个性的大集团中工作。宗一郎和他的公司已经经历了60多年的路程，他努力建立一个鼓励人们变成跳蚤的公司，一个独立，能自我驱动，勇于共同创新的公司，与此同时，还应遵守上市大公司的目标与规则，并时刻不忘满足股东的需求。

虽然有时候他听起来像是一位吃过不少苦的激进派，但他并不是一个反资本主义者，宗一郎本人也不是。他们两个人都略带偏激地认为，公司存在的大部分意义就在于提高顾客和员工的生活质量，同时还要盈利，而盈利与否取决于员工之间的平等。宗一郎在公司的管理中注入了"三个快乐"原则，这使得本田公司的管理更具浓烈的情感因素。写于20年后的汉迪著作明显地呼应了宗一郎在60年代就具备的观点，那就是让企业永远立于不败之地。汉迪在一次采访中说道："能长时间生存的公司只能是那些可以提供给世界独一无二产品的公司。敬业和卓越使它的产品具有能让用户充满幸福感的灵魂，发展和盈利不是公司的唯一追求。"

汉迪的理想主义的确可圈可点，很少有企业管理者能够像他那样如此强调公司的价值和理念，也很少有人不懈地奉行公司的宗旨，所以经常会出现一些很优秀的令人眼前一亮的公司，由于不能理解持续创新的重要性而犯一系列看似平常的错误，以致轰然倒闭。

对于大多数制造业企业来说，也知道并愿意给受欢迎的产品增加功能或进行更新换代，但何时进行，却常常使企业陷入非常严峻的两难境地。其结果往往由于创新过于缓慢，而使本来运营良好的公司丧失机遇，丢掉关键的市场份额和销售机会，这样的案例比比皆是。正因如此，宗一郎常常陷入恐惧之中，唯恐他的公司也掉进这样的陷阱。本田公司的三大原则明确地表现了他的担忧。Waigaya、“三现主义”，以及尊重并鼓励个人对生产和流程进行不断地“再评估再想象”，这些不仅是本田公司的新特征，更是让本田公司具有了一系列不断的开创性的进步。

汉迪有一套与众不同的连续研发理论和令人神往的分析理论，这些分析能够精确描绘出企业对于风险的厌恶和对改变的畏惧。宗一郎也多次揭示并指出企业满足现状的可怕。本田公司是让一系列部门提出产品研发需求，让研发部门明确自己的主要责任就是保证公司要有持续不断地推出新产品的理念，这就从根本上避免了企业满足现状的情景发生。本田公司的做法与汉迪的想法同根同源，这家汽车厂商的成功是其理论的最佳实践证明。

汉迪第一次提到自己的持续创新理念是在他的《悖论时代》中，它是基于一个古老的复杂的数学方程，叫做S型曲线，简单地说，就是一个被横过来拉长的“S”。它描述了自然界的所有循环关系，包括生物的、物理的，以及人类通常在政治、艺术、商业甚至是亲密伙伴中的关系。

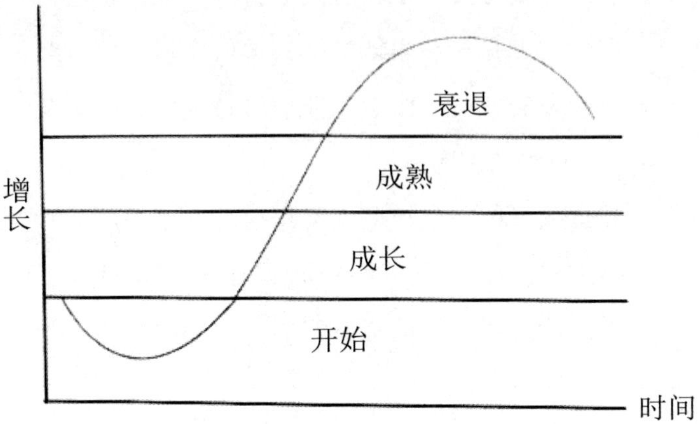

S形曲线

沿S曲线从左至右，一切起初进展得都非常缓慢，我们晃晃悠悠地向曲线的底部沉去，直到我们找到自己的信念，然后从此便开始上升，由于进入了上升的通道，我们得到了力量与自信，它鼓励着我们不断地学习与进步最终到达了曲线的顶点。就像恋爱产生生命的过程一样，其发展也是遵循着S曲线的规律，坠入爱河并产生爱情结晶——新生命的诞生，这时，一切到达了曲线的顶点。S曲线揭示了自然界的循环就是“天下没有不散的筵席”的信息。

应用这一理论到商业界，特别是那些制造业企业，汉迪认为受欢迎的产品通常会按被缩短了的S曲线运行。起初在一段较短的时间内，潜在的消费者通过广告、市场和公关得到产品信息。如果他们喜欢，好比iPad，甚至在苹果发布其平板产品之前，铺天盖地的市场信息就已经开始了。然而最终消费者们会离开，奔向拥有更多吸引眼球的功能的同类型新产品。

汉迪建议公司不要成为S曲线的受害者而使自己最终走向消亡。他写道，企业应该在第一个产品的受欢迎度降低之前引入一个新的S曲线，从而做到在竞争者出现之前，推出一个新的提升的版本。理想情况下，这个新产品的设计应该在公司有资源、有能力、有野心的时候来启动，启动时第一条曲线应该还未触及它的顶点。但是这时就产生了悖论，因为当销售量如火箭般上升时，原始的产品仍会有很大的需求量，公司这时最不想做的就是用更好的产品来代替现有的产品。升级产品会使得当前的产品显得过时，这样的行为会看起来很愚蠢，并且危及最畅销产品的需求。

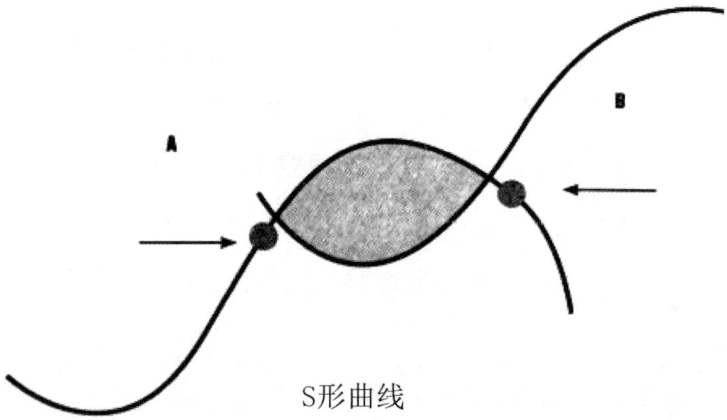

S形曲线

的确，公司最不愿意做的就是留下成千上万的客户和价值，同时还要花不菲的金钱来研发生产新产品，他们总是愿意等到当前的产品开始走下坡路时再来升级产品，但是那时候已经晚了。当产品销量下降时，公司可能需要补充大量资金与人力资源来维持旧产品的生命，例如打折或开拓市场，当这些代价不菲的努力由于产品迅速落后于对手而失败时，这些产品自然就会被消费者认为是过时的。这时公司就不得不投入大量的资金用于进行新品的研发，但已很难再次燃起当初设计原始产品时的激情，公司内部各方面的支持也会非常困难，而这时可做的事情又很少。再开始一个S曲线的确很艰难，面对困难地选择，公司犹豫徘徊着。汉迪S曲线A点与B点之间的阴影部分，可以被定义为令人困惑的时期，同时这又是公司最好的时机，如果把握运作得当，旧产品会将继续保持市场地位。汉迪认为旧产品运行的S曲线过程及其衍生的发展曲线，可被用于组织的文化、策略或者新产品的运行操作模型。与众不同的苹果公司就成功地躲避了S曲线的陷阱，譬如他们持续不断地推出Ipad和大多数其它“I”产品的过程。苹果公司在竞争对手提供类似产品之前就及时升级了自己的产品，尽管智能手机产业由于发展过快，其S曲线的周期看起来很短，但苹果公司总是在不断努力创新中，一刻也不曾停止过。

大多数典型公司会成为S曲线的受害者。一个经典的案例就是美国电视制造工业RCA、Magnavox、Zenith、GE和其他公司，他们与电视网络一同兴盛于50年代。随着电视屏幕的从小到大，促使它们在显像管尺寸、复杂程度、研发费用上投入资金，因为更换显像管有着巨额的利润空间，这就使得这些企业沉迷于在显像管上进行盈利，即使他们的研发部门已经开发出了固态半导晶体管，为下一代电视做好了准备，但公司的商务部门仍然拒绝使用这种设计，担心这样做会侵占现有产品的市场份额，比如像RCA，当时的电子界的巨人就是这样认为的。

到了19世纪80年代，日本电器商像索尼、夏普、松下等，他们把利用固态技术的电视机、收音机、微波炉和一些具有相似功能的产品输入美国市场，成功地掀起了一个新的S曲线。而此时的美国电器制造商却仍然紧握着已经有40年之久的陈旧技术不放，1995年的Zenith，生产了美国最后一台本土电视机。事实上，Zenith之前的其他美国竞争对手，均早已倒闭或退出市场。曾经鳌占美国市场的其他公司也同样受到S曲线的影响，包括IBM个人电脑、Blockbastard电影等，同样底特律的汽车厂商，包括通用、福特、克莱斯勒等公司，被本田公司这样的日本竞争对手逮了个正着。

汉迪对S曲线的认识还有过一段轶事，这段轶事说明了为什么S曲线可使得大部分公司难以控制。他谈到了曾经在都柏林外如何找到威克洛山的一段经历。这段山路没有路标，仅有美不胜收的风景，汉迪那时向路人询问过方向。

“这很简单”当地人说，“就沿着你的路直走，过一会你会经过一坐小桥，戴维斯酒吧就在远处，你不会错过的。”

汉迪说他明白了，只是径直走向戴维斯酒吧而已。

“你明白就行。但是在你到达那里之前，右转上山。”当地人强调说。

用汉迪的话说："他说的话似乎很有逻辑，我感谢了他，然后开车前行。但当我发现他的逻辑完全不搭边时，我已经看不见他了。当我走到戴维斯酒吧的时候，我在想，在哪条路向右转呢？现在看来他给了我一个悖论的典型例子。当我知道我要往哪里走的时候已经太晚了，过不去了，因为我把走到戴维斯酒吧错当成了目标，所以，如果一直沿着这条路走将会错过那个正确的路口。"

就像在第三章中所讲到的，本田公司很明白悖论在商业竞争中的存在。汽车公司就是要构建一种能对相反意见进行不断权衡的文化理念，以便对人们固有的却不再适宜的东西作出取舍。wagaya的推行就是为了促使人们离开自己熟悉的领域以挑战传统的观念，它被用来审视本田公司的各个方面。汽车制造过程、移动方式、装配工艺和任何能够影响公司形象的事情，都得从另一个角度进行一番审视，至少这能在短期内用一种不同寻常的方式挑战常规。

本田公司的员工，会对现有系统的有效性和新策略的价值提出疑问，还不止于此，这家汽车公司还接受了一种不同寻常的组织模式来避免S曲线的悖论，并对马上到来的下降趋势进行预警。对于其他任何公司，无论其规模如何，重组都非常少见，20世纪60年代，本田公司却让他的研发部门另立门户，叫做本田研发（Honda R&D）——这是一个类似于公司的部门，它有自己的目标、经费和领导团队。就像在第二章中说到的，这个勇敢的行为发源于藤泽武夫——他是宗一郎的商业伙伴，这一举措是将研发与短期经济目标相分离，用另一种话说，就是将公司对于风险的担忧与研发分离开来，这一段对应于S曲线上A点与B点之间的阴影部分。

正如藤泽武夫设想的那样，本田研发可以像公司一样运作，选择任何恰当的方式来拓展业务。在本田公司，"概念设计""新的移动或交通方式"，这些词汇代表着未来的一系列产品，诸如机器人、飞机、汽车、摩托、剪草机、除雪机和农用工具。有些研发成果可以很快地投入生产，例如一帮工程师在新车与摩托车的设计研究中如果取得关键突破，它就会被立即应用。而其它的一些基础性研究成果，短期看来也许没有太多实际用途，例如研究蟑螂和蜜蜂行为的理论，但这些成果能让我们能更好地了解自然界或生物界的移动方式，以便于未来的应用。

本田公司强调研发的重要性是这个公司与众不同的特点，在宗一郎的观念中，这是一个竞争优势，它有力地影响着本田公司和潜在客户之间的关系。“我们不会为了需求、市场而生产一种产品，”他说道，“我们要让自己的技术制造需求和市场。”

现在已经有24个以上的本田研发实验室分布在全球五大洲——北美、南美、欧洲、亚洲和中国。除此之外，本田公司还有其他独立的研究机构在日本、美国和欧洲，当地会提供风险资金、设备、人员、场地，以便于这些机构能够长期进行研究工作，例如纳米材料和人工智能。

每个本田研发机构都在正式的组织编制中，他们独立运营，拥有自我管理、自我治理的权利，而其他大公司，却从不会赋予他们的研发部门过多的权利。事实上在大多数公司中，研发部门都紧紧地与公司目标结合在一起。如果公司在一种零部件上加大投资，试图获得这种零部件的市场份额，那么研发部门也一定会大力推进这个零部件的研发力度。

本田公司认为这种方式损害了研发工程师的想象力。与让工程师们围绕着一个中心来思考相比，他们独立思考恰恰能产生大量有用有创意的思想。本田公司全球本土化的策略，正是基于允许地区的偏好偏差，以及允许客户对本田公司队伍的目标产生影响，这既表现在生产、设计方面，也表现在研发方面。在本田看来，远远站着的管理者很难管理这些活动。

“本田的运作模式是一系列不同的公司在围绕全球而动，而不是拥有很多部门的一个公司在活动。”迈克尔·罗宾纳特（HIS汽车工艺咨询公司总监）说：“给予研发部门高度的自主性，是许多公司不愿意做的赌博，当你不能得到你想要的产品功能或设计时，该怎么办？如果这样，你的研发部门是浮在空中而没有落地的，然而从现在来看，本田公司的做法是成功的。”

纵观本田公司的研发史，我们很难与他争雄。他们不断证明自己可以开发出具备实用价值的任何产品，使自己一直领先于竞争对手。譬如，1973年开发的CVCC引擎，定义了汽车工业尾气排放的标准；1991年推出的VTEC引擎拥有自动气门可变系统；而最近世界第一台混合动力与氢燃料汽车的诞生，更是树立了本田公司能够及时地提出超越性概念并加以应用的口碑。可能许多人不知道，在1990年本田R&D（本田研发中心），使用了第一种向上打开而不是向前排乘客打开的前排安全气囊，它大大减少了乘客受伤的可能性，后来该部门又开发出了碰撞自动刹车系统以帮助驾驶者减少车祸。日本国际商贸与工业部曾要挟本田公司禁止他们生产汽车，正是由于研发部门早早地将样车做好，才使本田公司能于1963年快速地生产出他们的第一辆汽车。

除了汽车，本田公司一系列具有革命性的相同理念在不断涌现，其中包括ASIMO机器人、本田飞机和从稻米秸秆中提取乙醇的机器。在欧洲，本田研发部门最近推出了世界上第一台可用于商业的机器人剪草机，它使你可以坐在家里轻松地看着橄榄球，而此时一个吸尘器大小的机器人却正在帮助你剪草。与此同时，在中国，研发部门的人员已经为2015年准备好了12辆新款车型，几乎半数特地为中国市场设计。这些车中包括长相怪异却夺人眼球的龙脸车CRIDER，这是一款定价较低的中档级别的轿车，它是专门为“后毛泽东时代”的人研发的。“后毛泽东时代的产品”在本田公司势如破竹地改进中，被认为是为那些90年代出生的，实际上是为有能力追求自己梦想的那群人开发的。

本田公司的自主研发部门每年都能孵化出几千种发明。从2012年专利局的报告中可以看出，本田公司专利数排名第三，其中多为汽车类、传动系统类。在汽车与运输行业中，本田公司获得1049项专利，虽然通用公司获得1123项而位居首位，丰田公司也拥有1111个专利，但考虑到本田公司的收入仅仅是丰田公司的三分之一，通用公司的二分之一，可以说相对于对手来说本田公司已经取得了了不起的成绩。专利局专家说，这些数字仅仅针对于汽车工业的专利，考虑到其它所有研发的产品及专利，本田公司超越对手至少10倍。

本田研发部门的价值很难单纯地用专利的数量来衡量。更加重要且与众不同的是，本田公司非常巧妙地将研发部门融入汽车的开发过程之中，本田在这方面堪称是行业中的大师，本田公司跨功能的组织团结协作是他的强项。一般来说在汽车工业中，一个车型的升级或发布一款新车，工程师与生产和销售之间存在着一定的隔离。每个小组完成自己相对独立的任务，并将项目的责任移交到下一个部门，就结束了自己的任务。很明显，这样相对独立的工作方式影响了交流效率和研发过程，汽车生产厂虽试图小心谨慎地解决这一现象，但受到了组与组之间的阻挠，他们唯恐分享结果会淡化自己在公司中的重要性。

而本田公司的做法和方式截然不同，任意一个跨公司的小组，包括研发部门的代表和工程、生产、营销人员，他们都能同时监管每辆汽车的研发过程。一般来说，一个研发部门的主管会领导这个小组，主要是为了保证组织能做出最正确的决策，即使有些决策非常陈旧——也许它深藏在研发部门的保险库中。另外这个跨公司的小组，一直保持着联系并发挥作用到新车发布，这样大约要持续4年左右的时间。在这段时间中，他们在这个项目中的每一阶段，都像一个团队一样工作，这让研发部门在应对风险方面具备了快速反应的能力，包括调整车辆蓝图，在晚期引入新功能，有时甚至是新车已经制造出来之后还再调整。用汉迪的话说，研发部门自始至终的参与，保证了新的S曲线在之前的S曲线下降前持续地出现在研发过程中。

这样接力棒式的组织模式很少有其他汽车企业采用，这是一个巨大的循环，在这一循环过程中，本田研发工程师既能得到生产过程中的知识，又能了解到工厂的管理方式，同时装配工人、销售及市场人员也能对设计过程有所贡献。研发部门对任何一辆车所提出的改进，生产方面都可以提出自己的见解，比如供应商是否可以提供合适的产品，是否有能力生产新产品和提供何种价格，同时还可以提出如何改进工厂的生产流程，以使得新功能更方便地安装到车辆上；销售部们也可以反馈给研发部门有关消费者对新添加的功能的反应。本田公司的三大原则在这里得到了有机的结合：一是决策建立在对数据的合理的分析基础之上；二是从研发开始到成品车下线的任何关键点，总有小组人员在持续地发挥作用；三是在车辆的研发过程中每一组的成员的贡献都能得到尊重。

“本田与众不同的汽车发展模式是很有价值的资源，是动态monozukuri的组成部分。”这句话来自于日本工业精英的评价。对西方人来说monozukuri是一个不熟悉的词汇，而它的确是日本公司成功的关键。它指的是组织内部的一些不确定的因素，即使消费者与它们没有直接的接触，但这些因素最终会影响到产品的价格。这些隐藏着的但重要的环节，包括工厂生产力、产品成本、废品率、生产时间、设计生产效率和对客户品位的理解。日本公司认为，一个公司的monozukuri的品质最终决定了产品的竞争力。（Monozukuri字面意义为生产东西的过程，即“制造”。）

伊藤原浩说本田公司的“制造”手册，遍布于这家公司的各个角落处，他是东京大学生产管理研究中心的特聘研究者。在他看来本田公司起初是一家小型新兴企业，因缺少销售业绩而不愿雇用大量雇员，也不能建立单独的研发中心，缺少研发人员和生产管理专家。“这样本田自然会寻求一个跨部门、跨公司的部门小组。”伊藤说道，“这使得每个人的贡献都可以充分地形成设计资料并得以传播，同时建立了一个不受阻碍的流畅的过程。”

另外，伊藤原浩还指出，由于制造工程与生产环境的紧密结合，本田公司避免了将制造流程分隔开并单元化的做法，因为这种做法会使生产过程变得更碎更小，就像丰田和尼桑公司所做的那样。“与丰田和尼桑相反”，伊藤说，“本田使自己的生产线在一个过程中尽可能地同时承担各种作业任务，这使得他们的产品质量一直都很有保障。”

把研发组织置于跨功能研发小组的最前沿，本田公司取得了众多的研发成果，最恰当的例子出现在2007年。当本田公司正在研发第二代讴歌MDX时，宗一郎突如其来地加入了一项最新功能，它现在已经成为本田汽车的标准功能了。时至今日，很多其他公司的产品还一直没有这一功能，且还在试图赶超。

升级像MDX这样最好的豪华型SUV，涉及一系列严峻的资金与功能的取舍问题。愿意花5万美金购买的消费者，希望能与高科技有近距离的接触，并且还可以到处炫耀；他们想炫耀自己是第一个拥有无钥匙启动和倒车影像汽车的驾驶者。他们喜欢一台动力强大的发动机，也喜好能在道路上可以轻松转弯的车架，但是他们更希望能够有拿得出手的东西来证明车的价值，像一些他们可以轻松炫耀的新鲜的不曾见过的功能。

MDX的设计团队，已经赋予了这台车一个强有力的引擎，它能够在6秒内将车加速至每小时60英里，另外还具有一系列的新功能，例如自控后备箱、电动天窗、氙气大灯。四驱系统和音响系统也从头到脚进行了重新设计，减震悬挂系统也融入了本田公司自创的新概念，还有一套能够预测实际路况及车身浮动的减震系统——这套系统可以自动调整车身稳定性和舒适性。尽管如此，虽然从驾驶角度来说这辆车已天衣无缝，但是MDX还是缺少了夺人眼球的性感的新功能。就功能上来说，它已有了很大的进步，但也许没有做到极致。

弗兰克·普勒持是本田公司研发部门的总裁，并且是MDX项目的领导者。他对研发部门的同事提出要在新设计的车型上，加入他们正在研发的还未用在车上的新科技。在这些科技成果中，自动湿度控制系统显得格外特别，虽然乍一看这些并没有什么科技感。

普勒持在密歇根北部的一次会议中，形象地向一群工程师解释了一个概念。“如何解决司机的一个常见难题，”他说，“想象一下你住在特拉弗斯城，冬天来了，鞋上的雪被带进了停在加热车库的车里，流淌在地毯上，第二天早上你开着你的车，去寒冷的室外，冷空气撞击在你挡风玻璃上的那一刻，挡风玻璃的内侧便结满了雾。你按下了除霜键，眼睛变干了，噪音也非常的大，热风吹着挡风玻璃但并非吹着你的脚。”

通常自动空调长期开启是常用的解决汽车车窗起雾的解决方案，为了解决这个恼人的问题，本田公司研发部门有两个目标：在提高驾驶满意度的同时，还要通过减少自动空调附加在传动系统上的阻力而提高燃油经济性；通过使用硬件和开发合适的软件，研发部门制造一套能够检测车内外温度、湿度的系统，并自动在挡风玻璃起雾前，自动用微风吹拂冷风或者热风。在普勒持所讲的例子中，车里的地毯虽然还是潮湿的，但车内却是温暖的，并且玻璃是透亮的。值得注意的是，这套系统可以在AC不被需要时关闭压缩机，潜在地降低了24%的燃油损耗。“我们用一套非常高级的系统解决了客户潜在的问题，”普勒持说，“然而在我第一次听说这个科技的时候，因它没有技术亮点，并提高了车的成本，所以我当时拒绝了它。”

面对这个未能通过的结果，本田公司的研发工程部门将这一套温度控制系统，装在了前一代MDX当中作为样车展示，研发人员将水泼到车里的地板上并将车放置在潮湿的控制室中过夜，然后他们与MDX发展部的人员相约第二天早上5点相见。7位MDX组员一大早就出现了，坐进车中将车启动起来。

这时SUV的挡风玻璃瞬间蒙上了雾，然后研发人员打开了空调系统，几秒钟之内玻璃便通透了，而这时车内的温湿度也保持在了舒适的水平。同样的实验第二天在没有装配除湿器的MDX中又进行了一次，那辆车根本没法开动，因为不论除湿系统开了多长时间，车窗玻璃总是雾蒙蒙的。

保罗说：“我们被说服了， 我们知道我们会花一些钱才能将它安装到车中，而且我们知道，我们的利润空间也会被压缩，但是这的确是一个非常聪明的想法，它给予了客户更舒适的驾乘体验，并提高了燃油经济性，最终会给客户带来满意感和忠诚度。生产部门与销售部门也一样喜欢这套系统，这套系统代表了我们所有的兴趣点，它不是一个小玩意，而是一个最佳的解决方法，它解决了司机的烦恼。”

除了研发，本田公司的跨功能设计与研发系统，提供了一种省钱和高效的新产品寿命周期的理念，新产品寿命周期是商业产品的灵魂，许多公司很难有捷径和掌控得好。一般来说，新的产品寿命周期，是极其浪费也很曲折的事业。产品寿命周期一般包括：概念和产品的初期设计，生产前的测试，大规模生产和最终的销售。20%的设计决策过程，占据了总产品寿命周期成本的80%。这20%仅仅包括了初期设计阶段，还不涉及工程应用、生产、销售和市场。

在这阶段之后，更改设计、制造计划或产品的查缺补漏，其费用也会很大。无论是涉及更换新科技或功能，重新培训装配工人，加快原材料运输，最后一刻的零部件更换，或者产品质保与召回，这些在项目研发后的80%的过程会耗费大量资金，很有可能使得产品不再盈利。而这还不包括所谓的无形的损失，如由于产品质量导致的口碑变差，直接影响了生产厂的声誉。本田公司通过一个单一的跨部门的团队，来设计制造销售所有新的或升级的车辆，这让本田公司避免了浪费、低效和其它的错误等问题，它打破了新产品寿命周期的魔咒，这些问题至今还在困扰着其他生产厂商，而本田公司做到了。

我最近在林肯生产基地发现了本田公司研发生产模式的另一个好处。通过四年的努力，讴歌MDX在经过最后的工序后将要走下生产线，在试车过程中，一位组员叫停了试车，他指出了一个严重的问题。为了安装带有控制加热、空调、音响、GPS和其它设备的中控面板，图纸要求机械臂要从挡风玻璃下面穿过，把中控面板放在仪表板上，安装工人在用螺丝固定其之前，可以轻松地将面板滑到指定位置。

但是现在的面板与仪表板之间的孔由于存在问题，只有工人跪在车架中才能拼装到一起。“很多人都知道，零部件生产时会存在误差，”鲍勃·施威恩说道，他是林肯基地MDX生产线的经理，他说，“设计数据只能预估产生的偏差，不然就会产生问题。这是一个不确定的事情。有时候预估的偏差可能是正确的，而像这种情况它就不对。”

一般来说在试生产时，如果工厂内产生小的误差，通常会有两种情况发生：第一，生产的零件中因为存在误差，生产工人或领导会认为问题过小不必让生产计划停滞，可以等到消费者抱怨时再来修理；第二，停止生产，车被送回到工程师手中，讨论如何让供应商处理或内部解决问题。

而在林肯工厂，却有第三种解决办法。MDX发展团队包括研发部门就在工厂里，他们监控着每辆车的生产过程。生产一旦出现停滞，所有组员迅速进入装配区域，来检查和解决问题。他们会在一小时内提出解决方案：对现有的零部件，如将面板的孔手动加大，并把新的设计数据发给供应商，为未来的零部件生产做好准备。这就用相对简单的方法解决了一个相对简单的问题，但瞬时节约了时间与资金。与不予理会或者重新将车打回研发过程相比，本田的新MDX研发过程受到了好评。

约翰·卡瑟萨说：“设计与研发过程对于汽车公司来说非常困难，只有很少事件能够被用于增强竞争力。”他是汽车工业的专家，在古根海姆公司做资深总监。“本田运用与众不同的智慧来解决问题的方式，使其在产品品质记录上遥遥领先。”

这正是本田公司在工业行业最为领先的地方。2012年本田公司的单车质保成本创造了几十年来的最低——182美元，与销售额相比这只是微不足道的1.3%。作为对比，丰田公司的这一比例约为2%，大众公司为3.5%，福特公司与本田公司接近，为1.3%，这些数据来自于《质保周刊》。

本田公司的超低质保成本不仅来自于本田公司具有统一的研发团队体系，最值得一提的是，他们还致力于生产质量有保证的车辆。他们通过安排质量专家深入到生产环节之中，并使车辆在销售前都通过了严格的测试，这使得本田车辆的质量基本接近于完美。如果不是产品设计环节与生产紧密相连，本田公司的质保费用也不会降到如此之低。

另外，为了减少设计与制造之间的潜在成本，在新产品寿命周期中，一个更具有野心且具有想象力的步骤是创造了一套突破性的电子仿真工具，它能在生产产品之前消除制造样车所需要的昂贵费用。

通常，当一辆车的设计完成时就先制造出12辆样车，这些车用来模拟车辆在现实生活中的表现和车身部件之间的配合是否合适。这些样车是由所谓的柔性工具生产的，这些柔性工具包括有限次使用的模具、冲压设备和一些昂贵机器，它们是按照汽车的设计蓝图专门配置的。汽车框架的数据会根据这些样车的数据发生改变，过早定购或制造最终的生产部件将太过冒险且造价很高，所谓的硬工具会在汽车最终设计定型后制造安装。

本田公司北美设计研发中心的总裁埃里克·贝克曼说："制作10辆或者20辆这样的样车非常昂贵，而且这些车辆有许多特性并不真实，因为它们的制作工艺大多不够真实，例如模具可能是用塑料制作的而不是由金属制作的，它们可能尺寸合适但是并不能持久使用。你可能需要一个以上的模具以便经常更换或修理模具。这样做很不便宜，即使花费了大量资金制造的样车和从生产线上出来的车辆比较，仍与真实情况存在不同，因为我们并没有在真实的条件下生产车辆。"

汽车安全规定使这个问题变得复杂起来。例如美国国家高速交通安全部的规章要求装有汽车保险杠，它必须能够保证车辆的前灯、燃油系统和其它功能在2.5迈每小时的碰撞中免于损坏。但是，样车阶段的保险杠仅是一大块类似于聚酯纤维的材料，而不是真实生产过程中两面冲压的加厚加压的由聚丙烯粘接而成的保险杠。样车的测试结果是保险杠太脆弱，以致在碰撞中会损伤到车灯，而真车的加厚保险杠在碰撞时则很有可能会击穿车灯。

贝克曼说："所以我们经常会乐观地对自己说，我们在2.5迈每小时试验保险杠时没问题，直到我们6个月后使用正式工具制造真正的保险杠时，当做完安全测试后突然发现，完了——我们的保险杠直接把大灯击碎了。"

制作样车和重新设计修改问题车辆的数据会产生额外的成本，样车阶段成本的增加和潜在的生产延迟是这种两段式生产方式的弊病，大多数汽车生产厂认为这是一种常态。但是几年前一些本田工程师提出，利用CAD设计工具来分析汽车材料特性、几何结构、受力点，以及不同路况下的车架反馈的数据，来设计接近完美的最终蓝图，这样就能让汽车生产厂直接设计出工厂能用正式的设备生产的产品，从而避免了生产样车的过程。起初这个想法被拒绝了，因为任由电脑来解决每一个设计缺陷和数据误差，而不使用真实的样车，即使这样做能节约大量资金和提高效率，但看起来还是更像一场赌博。

贝克曼说："直接跳入正式生产环节而没有任何辅助简直是革命性的，以前完全不是这样做的。我们虽然不喜欢利用临时工具生产，但是新时代的年轻工程师说，你们这些老家伙真是顽固，仿真模拟才是未来的趋势，我们若是犹豫不前，其他的公司就会借机得利，相信我们，我们知道我们在做什么，的确他们说得没错。"

这样做确实花了他们两年的时间，其中包括大量的编程工作，但是本田公司的支持者们说服了足够多的同事，觉得这一方法值得尝试。公司的无样车研发系统得到了贝克曼及其他本田研发部门高管的高度赞扬，在2015讴歌TLX豪华轿车的升级过程中，这一开创性的思想开始了自己的处女航，它在更高的程度上模糊了研发与生产之间的界限。贝克曼说："现在还不错，我们对这项新科技非常有信心，至少在美国，我们未来将持续减少样车的数量。"像这样在汽车发展中的变化，在几年前是无法想象的。这证明了查尔斯·汉迪的观点：最适应市场的公司，一定会把前往戴维斯酒吧的路明确地标示出来。

第八章　与众不同的供应链

美国汽车供应商公司的副总第一次见到这样的安排时，他被震惊了。不过和本田打交道多了，他便逐渐变得习以为常，但是仍然觉得这是与众不同的。

马克·范德维德是本田公司林肯工厂的采购部经理，他经常会参加年度降低成本研讨会。在一系列的会议中，马克·范德维德和他的团队重新审查了自己部门管辖下的一个最大的供应商的合同，他要做出决定是否需要修改条款。这家供应商也希望在未来12个月和本田公司能达成更好的合作条件。在过去的一年中，这家供应商和本田公司签署了非常有利于本田公司的合同条款（在这里我们将这家公司叫做AAA，因为本田公司高层担心会泄露这家供应商的重要信息。），但是AAA这样做是为了建立与本田公司的牢固关系，也是为了在未来的更多车型上得到订单。虽然利润空间非常小，但是AAA还是从合同中获得了盈利。

今年的市场环境不同了，AAA公司的副总由于与本田公司签订的优惠合同条款受到了来自老板的压力，所以这次他没有那么大方了。重要的谈判点围绕在原材料价格的浮动上，具体来说，一周以后的化工产品价格很难预测，如果在合同中使用固定的价格，对于AAA这样的供应商来说非常危险。

“我们经过了几周的商讨，谈判比以前更紧张了。”马克·范德维德说道，“他们决定从原材料价格浮动的风险中解脱出来。”

但是与其他工业公司一样，汽车公司对于不稳定的材料价格也很犹豫。一些供应商同意将材料价格进行每月修改或每季度修改。但是大多数情况下，汽车供应商更愿意把这些问题撇开，让供应商来承担原材料涨价的风险以期望保护自身。

“这个选项在这里行不通，”马克·范德维德说道，“继续让供应商承担原材料价格变化带来的风险可能会危害到他们。因为原材料价格会很大程度上地影响最终产品的价格，虽然由我们承担风险，还是会有一些损害。但是我们觉得我们还是有责任这样做，我们希望得到最优惠的条件，但是我们也愿意我们的供应商能够更健康地运营，产品制造更高效，而不是伤害他们。”

所以马克·范德维德给予了AAA公司副总一个解决方案。他说，如果原材料价格上涨了，本田公司愿意承担一部分潜在风险。但是作为交换，本田公司希望AAA公司和第一年的合同相比，能够将工厂效率提高到更高的水平，并将每年因此而节省的成本返还给本田公司。这个副总只是友好地点了点头，但并没有同意。但是一切都太晚了，马克·范德维德迅速在房间里的白板上起草了合同。本田公司在操作上更愿意古板些，一旦写在了白板上，就没办法继续讨论了。

“我由于在原材料上的让步受到了来自公司的压力，”当马克·范德维德回忆起同事们的反应时说道，“但是我们得到了供应商提高效率和生产能力的保障，最终的结果是本田和供应商之间建立了健康的合作关系。这样结束谈判是很有价值的，这表现了我们之间的相互信任。”

这样的结果在汽车厂商和供应商之间的谈判中并不多见。本田公司的白板协议书相比其他任何汽车厂商，与供应商打交道时的方式的确与众不同，这在汽车行业内已经传为佳话。美国汽车公司几十年来一直与供应商存在着分歧，从而经常产生争论。自己的利益往往与供应商不同，然而本田公司（以及一些日本汽车厂）却与这些供应商形成了高透明度的合作关系。虽然有时候这些合同条款对零部件制造商非常有利，但是本田公司一直崇尚一个基本原则，那就是本田公司的供应商必须分享他们的思想和理念以及企业目标。

本田公司的零部件供应商团队是其本土化策略的最重要的港湾。为了建立一个能自我控制和自我管理的在全球盈利的市场，本田公司需要一个有质量保证、守规则并且有创意的供应商团队来支持本田工厂。这个在本田公司全球范围内构建的制造业集群，既相互依赖又相互独立。那些由于本田公司成功而成功的公司，虽然不附属于本田公司，却根据本田公司与众不同的运作模式改变着自己的特征。没有本田公司，这些供应商们也许就不存在了。就像本田希望自己的员工能够自主地坚持本田道路并积极地改变传统一样，本田公司希望他的供应商们也可以做到。

相反的，美国汽车厂商将零部件制造商视为对手。直到最近，几乎底特律的所有合同还都在关注更低的价格，降低了的质量和生产技术则被视为第二参考标准。不论一家供应商的规模是精简或臃肿，对质量的关注和一些无耻的抄近路的行为并没有必然的联系，只要公司能够根据合同提供廉价的零部件即可。实际上合同签署后，直到再续签下一个合同之前，供应商可能再也见不到汽车厂商的采购人员了，并且采购方对于高质量的货品也没有任何奖励，而更愿意在价格上意见统一。每一个新零部件都会再次进行招投标，而对已有的供应商团队也没有任何的优惠条件。

直到2008年的经济危机爆发，底特律三大汽车公司才终于将建立良好的供应商关系放到了他们的议事日程。但是将美国汽车厂商和零部件制造厂之间的恩恩怨怨一笔勾销难度极大，特别是当经济危机来临时，通用汽车、福特和克莱斯勒公司并不在意他们的供应商的死活，很明显他们只关注自己的存亡。

与我共同探讨过的供应商说，就结果而言，他们乐意看到美国汽车厂商愿意改善与零部件生产商之间的关系。但是，除非这些汽车厂商能够像本田公司一样在提出质量要求的同时，还能构建一个开放的合作伙伴关系，否则这些供应商将很难认真地对待这次改变。

一个位于俄亥俄的刹车器制造厂提及他们与本田和通用公司的关系时说："这两家公司的区别在于，一个是有完美主义倾向的朋友，而另一个是你已经上了大学的儿子。如果你给了本田一个有质量问题的刹车盘，或者在一次运输过程中丢了一个刹车片，他们会马上给你打电话说整套货物被视为不可接受的，并且会要求供应商提出未来的整改意见。"

"而通用则不会给你打电话，他们太忙了以至于没时间关注这么多细节。"

虽然看起来很滑稽，但是对一个生产厂商来说，这截然不同的特质将会非常重要。随着全球化在过去几十年的发展，跨国集团公司把他们的工厂扩展到了世界上那些曾经是他们的产品出口销售的地方。日本公司来到了北美、欧洲，并遍及亚洲；美国和欧洲的公司进入东欧、中国和越南。当然，还有很多相似的其他例子。

能通过这样距离遥远、结构复杂的工厂盈利，可靠的、忠实的供应商是不可或缺的。不论是因为你更愿意待在舒适的房间里享受而不愿意做，还只是因为你没有想到，在现代的生产环境下，如果不能拥有一个超级的供应商群体将会明显地处于劣势，因为这些公司可以帮助汽车厂商，在实现自己的既定生产目标的同时，还能按时完成全球物流的任务。

"在很长的一段时间里，大汽车厂商可以经常给供应商制定规则并管理他们，而供应商没有选择，只能言听计从。"远景规划公司的供应商顾问总监约翰·恒光说道，"这虽然不是最理想的状态，但能够产生足够的盈利。现在形势改变了，全球商业的成功要具有分享性而非独自性。"

如果说与供应商的关系对于制造商来说非常重要，那么本田公司处理这种关系的方式可以被称之为严厉的爱。由于这些供应商在本田公司的商业模式中不是配角，而是置于舞台中央的主角，所以本田公司对于供应商的要求从来没有降低过。虽然本田公司自己制造一系列产品，其中包括变速箱、仪表盘、发动机和机械手，而且制造的比其他汽车厂商还要多，但本田公司还是比其他厂商更依赖供应商网络，从而使自己成为产品质量、成本控制与新品研发的领跑者。

本田公司与其零部件制造商的特殊关系成为了他们成功的重要因素，这也同时成了其他跨国公司学习的榜样，尽管有很少的公司会沿用本田公司的模式。对于大多数公司来说，本田公司的供应商环节过于艰辛与昂贵，而且需要很多资源和时间来执行。

但是本田公司知道，这样做的回报也是非常巨大的。考虑到一辆汽车的成本75%来自于零部件采购，本田汽车供应商的技术、想象力和效率在使本田公司成为行业中利润领先的公司的过程中起了至关重要的作用。的确，本田公司的最佳销量车型包括雅戈和思域，他们的制造成本在每4年一个循环的周期里会下降25%，而这正是供应商研发的结果。在过去的汽车工业中，公开的言语攻击供应商并不被认为是过分的，其他汽车制造厂商也惯常抱怨他们所追求的却总是相反的结果。而本田公司通过与他的供应商合作，使新车发布时间缩短12到18个月，这其中包括了从最初的设计到最终的生产，而工业标准则是2到3年。

“和你的供应商建立紧密的关系，会有积极的、正面的、实实在在的结果。”亚利桑那州立大学W.P.Carey商业学院的供应链管理学教授托马斯·托尔说。

本田公司的供应商策略最初起始于一次意外，它是本田公司历史区别于其他竞争者的一个副产品。底特律三大汽车厂是20世纪初期的公司，他们是汽车制造业的先锋者，对他们来说供应商只不过是为了制造汽车所诞生出来的新型商业。而大型日本汽车制造厂商建立于20世纪30年代，更倾向于获得供应商的忠诚度，因而把供应商放在Keiretsu（企业集团）之中。日本汽车公司更愿意购买这些企业，使得他们的大多数都归并在汽车厂商的旗下。尽管日本的Keiretsu已经是过去时了，他的过时是源于资本主义和日本经济长达几十年的停滞不前，不过丰田公司即使现在仍然对他的供应商们拥有控股权。日本汽车公司仍然持有超过200家重要供应商和70家设备制造厂的股票。在20世纪90年代，当法国汽车制造商雷诺公司开始占有尼桑大部分股权时，尼桑的Keiretsu公司结构遭到了破坏，雷诺公司的CEO卡洛斯・戈恩成了日本公司的高级行政人员。

在20世纪60年代，本田公司发布了他的第一辆汽车，在此之前，本田公司从未得到底特律三大零部件制造公司的青睐，也没有像丰田公司那样对供应商拥有经济杠杆的控制能力。所以本田公司必须从零开始建造自己的供应商网络，起初在日本，然后是美国、欧洲、中国和本田公司建立了工厂的任何地方。但这对于本田公司来说非常艰难，因为这些零部件制造商，尤其是获得了其他成功汽车制造商大量订单的供应商们，他们不知道本田公司的生死存亡，所以非常不愿意与本田公司建立关系。

面对供应商的犹豫，本田公司只有两种选择。第一便是选择摩托车零部件制造商，他们与本田公司有合作关系，但是必须学习如何生产汽车零部件。第二就是选择那些非常小的汽车零部件制造商，必须说服他们，让他们愿意投资进而获得新产品生产的能力。作为交换，本田公司要保证未来和他们进行商业合作。对于本田公司的高管来说，现实中他们只有一个选择：无论如何，供应商都需要经过很复杂的训练和大量的经济支持，只有这样才能达到所要求的质量和客户满意度。这就是宗一郎和他的先人们所追求的。

最终的结果是，本田公司决定和那些愿意成为本田公司未来宏图一部分的公司进行合作来建立供应商网络，而不考虑他们的技术特长。“简单地来说，他们必须要有正确的态度。”本田公司美国供应商发展部的高管里克・月说道。

美国凯斯西储大学前经济学教授苏珊・赫而浦和沃顿商学院管理学副教

授约翰·保罗·麦克杜菲，他们在1997年的论文中将本田供应商网络称之为“制造精益供应商”。它意味着：第一，勇于冒险，这种“竞争精神”是宗一郎一直努力坚持的企业文化；第二，投资新科技以超越竞争对手；第三，加强组织能力和人力资源能力建设。这些工作要覆盖到高级工程人员和产品控制人员，还包括复杂的管理系统和员工培训。

作为回报，本田公司提供终身的商业合作条件，除非供应商没能符合本田公司的某些经营或性能标准。实际操作时，本田公司也会帮助供应商去努力达到这些标准。本田公司确保现有的供应商会比其他外围的供应商，更优先得到新的商业合作机会。

“就像我们看到的，这是一个任务，而不是工作。”里克·月说道。

最初的供应商网络行动成就了许多不可能的商业合作。一些零部件制造商因经营策略的失误使得他们已经濒临破产，而现在突然间他们能够为一家汽车制造厂商生产零部件了，况且即便是那些没有经验的供应商也可以参与其中，对于他们来说，这些机会简直是遥不可及，当然这只是在底特律集团仍然控制着这些工业的情况下。起初他们要遵守本田公司一系列杂乱无章的要求，这些要求看起来好像是瞎编出来的。他们必须证明，他们的公司定位能够满足本田公司这样的新型汽车制造商对供应商的定义。说实话，本田公司的经理们也确实要依赖他们的直觉和第一手的观察，而这一阶段的困难甚至是失败被证明是非常有价值的，因为他们为本田公司今天选择供应商定下了基调，绘好了路线图。

前进工业公司是俄亥俄州特里多市的一家零部件制造商，他是本田公司在美国建立供应链初期，一个弱势供应商与本田公司成功合作且能相互学习的案例。1986年，本田公司在商业周报中刊登了一则寻求冲压公司合作的广告，他们因此得以相识，而此时本田公司正在马利斯维尔的工厂建造车身切割装备。超过100家公司回复了本田公司。前进工业是最小的一家公司，他的身价仅100万美元，是一家勉强能够盈利的家族式企业，公司在大豆地里建有

1600平方英尺的厂房。

前进工业公司过去曾与汽车企业合作过，但那时他只从事简单的冲压工作，而实际上他的强项则是控制材料消耗成本及人力成本，能从老旧的设备中挤出最多的财富。本田公司向前进工业公司及其他回复的公司发出了调查问卷，询问这些公司的背景、设备、目标及原则。不久，本田公司采购部的专家出现在了前进工业公司的工厂里。

前进工业公司的历史和规模并不显眼，他的客户清单也很平常。的确，底特律三大企业经常回绝他的销售电话，就是因为他们的业绩太过于平庸。但是本田公司对前进工业公司历史中的一些细节很感兴趣。虽然他长期从事重复性的工作，但令人惊奇的是，这家公司却对其它种类的设备及领先的技术充满兴趣。举一例说明，前进工业公司使用日本模具，与美国冲压设备相比，这些模具是由材质较软的金属制造的，虽然这样的模具价格便宜，但却需要经常更换。然而让本田公司惊讶的是前进工业公司能够保持这样的模具长期可以使用，而许多其他冲压工厂却没有这样的技术能力。

除此之外，前进公司为了检测冲压设备是否达到标准，自己设计了一套模具检测工具。特别是，他们的冲压工人通过眼睛和听力就可以近乎完美地进行调试设备。看到这些，本田公司采购团队非常满意，他们认为前进公司虽然从事着相对简单的工作，但是公司的领导层却坚持创新，保持好奇心，有工作激情并愿意接受先进技术。当本田公司听说前进公司年轻的CEO拉斯顿·西蒙是刚刚从他父亲的手中接管了这家企业时，他们变得更有兴趣了。这家公司40年的历史上只解雇过一个员工，他们的员工享受着与业绩相挂钩的季度分红，并在年底能领到奖金。

前进公司从100多个申请的公司中脱颖而出，成为7个成功签约公司中的一家。“他们喜欢我们的质量、管理和先进设备，但是最重要的是，他们被我们的灵活性和愿意成为一流供应商的决心所打动。”

三年之后，本田公司提出要对前进公司进行焊接与冲压件组装的培训，这是前进公司从来没有做过的事情。“本田开始从较小、较为简单的任务开始进行培训，我们很快就做出了好成绩，”西蒙解释道。“我们需要和他们慢慢磨合，一开始我们也得到了许多的关照。”

站在本田公司的肩膀上，前进公司也能与其他大汽车公司合作了。本田公司鼓励他们的供应商拥有多元化的客户群，因为过分依赖与一家的合作，会影响公司的长远发展，多元化的合作会让领导者规避风险，并能够改变他们在设备、工人和研发上的投资习惯。“客户多元化也是我们很重视的一件事情。”本田公司北美采购部的部门经理汤姆·雷克解释说。

截止1990年，前进工业公司7年间，年销售额大约增加了700%，达到了700万美元。雇员增长了三倍，达到了70人，公司占地面积也扩大到了43000平方尺。第10个年头，Midway Products，一家位于密歇根州梦露市的大型汽车公司供应商，从西蒙那里以近2000万美元的价格收购了前进工业公司，从而使其在俄亥俄州的公司规模陡然增加。

本田公司再也不用四处投放广告来找零部件供应商了，现在更用不着说服供应商来相信本田公司实力是如何的强大了。但是当年那种能够看上家族式企业前进公司的眼光和文化，至今都还在影响着本田公司对供应商的选择。所以和本田公司的供应商们交流，他们会给你一个相同的感受，那就是他们都不断地重复着同一个指导原则。他们都非常关注员工的思想，强调工作与生活的平衡，重视员工的继续发展；他们还重视日本公司所提倡的互帮互助，不论是在公司内部还是与合作伙伴之间。

本着这样的宗旨，本田公司在90年代迅速建立起自己在美国的供应商网络，现在已经有大约600余家企业，遍布于34个州，他们的销售额达到了200亿美元，这相当于本田公司全球收入的1/5。因为林肯工厂已经在10年前建立了，仅在阿拉巴马州就诞生了超过100家新的本田供应商。同时本田公司也在世界其他关键地区建立了相似的供应商网络，他们都受控于当地的本田公司管理部门。

在本田公司采购高层决定与一家新的零部件供应商合作时，这往往是在讨论即将发布新车型或是车型改款之初，甚至有可能在汽车发布时的前三年，本田公司就会派去一个由各部门专家组成的团队，来重新设计该供应商的营销方式，以期符合本田公司的要求。这个时候，本田公司对该公司的日常运营可能还知之甚少，对他的特点和理念也是一无所知。但在本田公司看来，如果企业文化选择正确，任何公司都可以成为一流的制造商。

为了确定合格的供应商，本田公司各个部门都会积极地投入到这个新团队严谨的工作中，这一团队包括研发、工程、制造，有时还有销售。最极端的例子是，本田公司的员工在供应商的工厂里打开睡袋，一住就是3个月，6个月，9个月，甚至长达1年。在这段时间里，本田公司会要求索取供应商的全部信息，能在工厂里自由活动，这样的安排将在与本田公司的合作过程中一直持续下去。

每个供应商的短板各有不同，但是通过本田公司对供应商的生产工人的培训，他们学会了经常检查生产线，还能想出一些新的以前未曾尝试过的念头和技术，这些员工有经理，还包括最普通的工人。作为回馈，这些另类的想法马上可以进入wagaya阶段，并且还能在工厂进行实地试验验证，从而很快就能决定是采用还是放弃。

产生过程的废物在这一阶段也会被拿来研究。很少有供应商的工厂没有muda(日语：等待，无效的，剩余)并能达到本田公司和丰田公司一样流畅的生产过程。Muda会以各种形式出现，它们可能是放置在工厂里同一个箱子里的三种不同零件，从而使得员工很难快速拿到他们想要的零部件；或者muda可以是过多的存货，也可以是两个安装区域间不合理的区域安排；甚至是工作区里剩下的三明治和碳酸饮料，还有那些不重要的纸张。（在本田公司生产线上是绝对不允许有食物的。）

事实上，任何上述现象的存在，都表明零部件生产商自己的供应商可能存在着巨大问题，或者是他们的物流采购系统出了问题，也可能是生产线上存在瑕疵。在这些问题解决之前，本田公司是不会给他们的生产开绿灯的。也就是说在供应商的体系和生产工艺达到和本田公司相当的水平之前，供应商是不会允许生产的。一旦供应商得到了生产许可，试生产的生产计划书就会编制完成，它明确了材料、间隙和废品率等的要求。

供应商经过专项的强化提高后，本田公司的团队便会渐渐淡出，他们造访的次数也将逐渐减少，甚至降至每周两次而不是之前的每天都会检查和造访。不过这些有规律的造访将会一直在两家公司的合作过程中持续，当然，时不时也会有一些随机性的检查。

在业务合作中，本田公司与供应商的合同中包括了具体的成本标准，这些成本标准会逐年降低，合同中同时还包括质量目标，它的要求会逐年递增。有一些合同条款还需要每年重新进行审计，尽管本田公司不愿意每年对条款进行修改，他们认为这些条款应具有自我进化的机制以确保开始制定的目标是合适的。与供应商的合作条款中还给予了本田公司在任何时间审查供应商财务记录的权利，这样的要求虽然让一些习惯了其他汽车公司那种自由放任的态度会觉得非常不习惯，但这项要求保证了供应商财务的透明性，并且这是一个控制成本的优良工具，至少本田公司是这样认为的。

“本田的采购部门因为知道供应商的原材料成本及人力成本，所以也知道他们的利润是多少。”本田北美汽车公司的前资深采购副总，《本田动力》一书的作者大卫·尼尔森说，“本田的采购员，经常比供应商本人还了解供应商零部件的成本。”

通常地，如果供应商因某个零件的定价过低而抱怨时，本田公司便会向工厂派出工程师，帮助工厂寻找漏洞并控制好成本。如果工程师没有找到或解决不了这个问题，本田公司便会调整合同条款。

“本田的执着就好比兄长般的关怀一样，” 阿拉巴马北部的一家零部件供应商的工厂经理说，“甚至有时候会觉得他们特别的厌烦，因为他们总是对的。虽然我对本田总持批评态度，但是我们的确从他们的精神和要求中提升了自我，帮助我们在其他行业中也取得了成功。”

成本过高并不一直是工厂低效率的结果。有些因素并不是供应商所能够控制的，凡事去埋怨供应商这正是底特律三大汽车制造商的特点，这也是他们长期以来面对供应商的损害所持有的态度。而本田公司会对供应商潜在的成本花费进行调查分析，因此可以发现非工厂内所花费的成本，他们能提出几百种方案来减少它们。到了合适的时候，本田公司便会帮助他们的供应商解决这些问题。给工人补贴便是一个很好的例子。根据最近的工业调查，在汽车零部件行业中，减少人工费用的5%，甚至可以达到盈利与亏损的天壤之别。

但是，如果本田公司和他的供应商都争相雇用同一群人数不多的工人，工资必定会升高，这势必会增加汽车每一个零部件的成本，从而使得盈利变得难上加难。作为解决方案，本田公司愿意帮助自己的零部件公司找到距离自己的工厂远一些的地方，虽然他们还是同一个区域的邻居，但是因此拥有了不同的人力资源库，从而能够以较低的人力成本生产本田公司的零部件。（值得注意的是，尽管本田公司与他的供应商非常关注降低人工成本，但是他们雇员的平均工资均高于每小时50美元，与美国其他汽车供应商的生产工人相当，大部分本田公司北美地区的工人每年有6万美元，有时甚至更多，他们生活在成本较低的地区却能获得较高的工资。）

本田公司的做法与在阿拉巴马万斯的梅赛德斯完全不同。这家德国企业的供应商，遍布在距离梅赛德斯工厂几英里的范围内，他们许多都是为了服务工厂而建立在工业园区中。阿拉巴马的经济学家认为，这一地区的工资与福利，仅普通技术工人的工资就会高10%左右。

“这是一个非常有趣但又不同的模型，当本田刚来阿拉巴马时，他们不仅要顾及自己，而且也顾及潜在的供应商。”位于阿拉巴马波阿斯城的东京座椅技术公司（TS tech）的工厂经理约翰·施莱特说，他们公司为林肯的本田工厂制造座椅，“这样我们距离相对较近，一两小时的车程就能到达本田，这使得本田非常满意；同时又足够地远，使我们能够少付一些成本而多赚些钱。”

东京座椅技术是一家日本公司，TS的意思是Tokyo Seat（东京座椅），他在美国有四个工厂。他是一家典型的本田公司供应商，完全复制了本田公司的精神。他的管理理念正是从本田公司获得的灵感词句：通过创新产品和挑战无限可能来追求自己的梦想；明亮的工作环境，和谐的人际关系，突破自己更上一层楼，带着愉悦的心情来上班。

像本田公司一样，东京座椅技术公司拥有很灵活的工厂，通过使用成熟的可互换性的底盘，公司可以使用同一条生产线同时生产Ridgeline和奥德赛德座椅。如果第三辆车的订单来了，正如前一段时间这家供应商得到通知要生产雅阁的座椅一样，简单地重新更换模具就可以了。根据本田公司的订单而下达的日常工作，东京座椅技术公司要保持超前本田公司工作计划10小时左右，这样使得自己有足够的时间在本田公司的成品车走下生产线前，他们能将大量座椅运输到南部的林肯。除了这些，就是和本田公司如出一辙的办公室布置，它是东京座椅技术公司的标准布局，公司员工和总裁的桌子是紧挨在一起的。

就在最近，本田公司向他的供应商们提出了一个价格昂贵的要求，其他的汽车制造厂没有这样的胆量，也没有这样的义务来要求他们的零部件制造商来做这些，东京座椅技术公司是为数不多几个答应本田公司要求的公司之一。事情发生在2008年到2011年那段黑暗的时期，当时全球金融危机爆发，全球汽车销量下降；同时，日本海啸也严重影响了本田公司和丰田公司的产业链，使他们不得不降低工厂的生产量。尽管他们的工厂都按照小于三个季度的产量生产运行，但本田公司仍然希望延续他们的不解雇员工的政策，只要工厂没有完全关闭，本田公司就努力这样去做。本田公司希望他们的供应商也要这样做，他们认为减慢生产节奏这段时间可以用来促进工厂改进生产环节。更重要的是，本田公司坚持认为当消费者开始再次买车时，充足的人手将是快速提高产量的必要条件。本田公司认为现在保留他们的工作，将来他们会拿出更为有力的工作精神来回报公司对他们的忠诚。

许多本田供应商无法做到这样的牺牲，尽管东京座椅技术公司看到这个策略的长期效益，但如果不是本田公司的坚持，他们缺少像本田公司一样的信心。“我们和本田的管理层多次接触，他们一直说：‘利用这个时间准备好未来的经济复苏，强化你们的工作环境，强化你们的生产，强化你们的工人’。”施莱特说，“这就像让我们跳进冰冷的湖水一样，但是我们还是同意了。”

“在那之后我们与波阿斯市的市长聊了一会儿，并且跟他说：‘我们知道你对这里的未来不是很明确，我们要做的就是让每个人都有工作，给每个人一周40小时的工作，不论是培训、清洁、喷漆或维修。’市长说：‘天哪，对我们这样依靠销售税来维持学校的小社区来说你不知道这有多重要。’我们的工人住在他们的社区里，他们也非常尊重我们，我想我们同时也可能帮助了本田，这是非常值得的，但是在那段时间，我不敢说我们有什么盈利。”

当供应商走上轨道后，车辆也开始有序地生产，本田公司露面的机会就渐渐少了，但是本田公司会一直保持着警惕，并继续积极地去发现潜在的问题。每天本田公司都会从每个供应商那里获取他们工作中的各种数据，如产量、送货时间、废品量、工厂安全和工人生产效率等等。除此之外，本田员工在巡视完供应商的工厂后，会被要求提出他们所看到的潜在问题，一般来说这都是些显而易见的问题，比如说闲置的设备，或者工人没有佩戴防护眼镜等。

所有这些信息都会编制成月度供应商表现报告。如果供应商在某些方面的表现没有达标，短时间内也不能进行更改，本田公司会派出工作小组前去帮助改进提高。（在供应商的工厂里，穿着白色制服的本田公司工作人员会突然来到生产线，而且不会提前告知，用一位零部件公司管理者的话说“雪花飘来了，带来了放松与期待。”）

如果经常出现严重的供应商问题，本田公司的早期警报系统会有预警，在月度报告生成之前，由电脑控制的系统对供应商的表现会非常敏感，甚至是轻微的变化，都有可能意味着系统故障或威胁到了本田公司的供应链。小小的变化便会升起红旗，例如工人有很多额外的加班；在过去六个月一直保持完美质量的产品突然出了次品；同一线路的两批货物延误了，却有两个不同的不合情理的解释；这些以及其它一些甚至可以导致瞬间停产的症状，都会让至少控制部门打一个电话来巡问，是否存在真实问题，或是数据上存在着误差。

如果遇到至关重大的运作问题时，便会引来像飞虎队一样的反应。例如NTN公司，一家位于印第安纳州哥伦布斯市的公司，他为12家北美汽车公司提供传动轴。与东京座椅技术公司不同，NTN回绝了本田公司在2008年提出的保留全部人员的要求。这样一来，当2012年全球汽车采购量陡然增加时，NTN的产能达不到市场需求，这家供应商的管理者不得不采用极端的要求让汽车厂商在短期内减少他们的订单。这样的举措激怒了许多汽车公司，这并不令人惊讶，最终NTN公司不得不摸黑过河。

为了解决这一问题，NTN的客户们都派出了两人为一组的调查代表，来研究公司出现的问题，并提供可能的解决方案。但是本田公司的想法与众不同，他们派出了四人一组的两组人员来到NTN公司，他们并不是作为顾问而来，而是来NTN真正工作的。他们帮助管理两个轮流生产班次，甚至包括给本田公司的竞争对手进行生产。

NTN公司的短板立竿见影地暴露了出来，而短板并不是管理层的效率低下，这些都被之前的销售数字所掩盖了。NTN公司长期低估了对劳动力的需求，他们满足不了市场销售增加对劳动力的需求量。为了完成订单，甚至是在产品销量开始增加前，NTN的工人就必须在生产线上每天工作12小时了，而且连续几周都得不到休息。

“他们的轮班制度有问题，人员招聘的速度也不行；而且员工缺少忠诚度。”林肯工厂的采购经理马克·范德维德说道，“我们发现仅凭他们自己将很难走出困境。”

本田公司为了解决这个问题，提供了更多的资源。他们以8人为一组，又派出了两组人员，并且每个小组中都设有一个经理和一个终端质检员，他们一直在生产线上工作，身份是装配工人。这使得NTN公司的生产能力得到了很大提高，员工的工作强度降低了，并且也不用加班了，但他们的产量却一下提高了不少。本田公司紧急生产团队到达后，再加上新雇用员工数量的增加，NTN公司的能力迅速提升。不到四周，本田公司和其他汽车厂的员工回去了。

所展示的这些令人惊讶的本田公司的力量，增强了本田公司供应商策略的成就。虽然本田公司只是NTN公司的12个客户中的一个，但是他们在平时非紧急时刻的多次交流，在关键时刻,给予了他们重大的帮助。通过电话、电脑及面对面的交流接触，本田公司在供应商中树立起了自己的形象。确实如此，根据马克·范德维德估计，虽然他只是部门经理，但是他每个月至少访问10个不同的零部件公司。几乎只要本田公司一来到NTN公司，NTN便会要求其他公司的顾问离开，或者让他们把车停在道路的另一侧，远离工厂。特别是本田公司那种愿意自己上生产线解决问题，而不是站在远处指手画脚这一行为，更是赢得了NTN管理层的尊重，因为他的管理层往往面对的是过多的干涉和很少的解决方案。

“私下里说，我们感到非常荣幸，”马克·范德维德说，“NTN相信我们是因为我们通过过去的做法赢得了他们的尊重。对于我们来说是一场胜利，我们不仅得到了我们需要的零部件，甚至学习了他们是如何制造传动轴的，这些知识，未来都会被应用到。最重要的是，我们建立了自己与供应商之间一种良好的关系。”

本田公司努力做到在产品寿命4年的周期过程中，降低所有零配件成本的

25%甚至更多，虽然看起来这很有野心。这样本田公司就可以将节约下来的资金，重新投资到要升级的车型中，以提供更多的功能。这些功能可以安装在之前的车型上，提高了最低销售价格。节约成本只是方程中的一个变量，为了降低零部件中的成本，工厂的进步、质量的提升同样重要。虽然达到预期的成本目标是供应商的责任，但是本田公司员工会经常造访零件制造商，并按照新的生产理念来帮助他们达到这些要求的数字。

很多这些进步虽然很小，甚至说与众不同，但是他们积累起来就会有很大的效果。比如位于俄亥俄州伦敦市的斯坦利电子公司，生产了一大批有质量问题的本田大灯。随着退货越来越多，斯坦利渐渐地达不到成本控制的目标。公司几个月以来一直致力于提高生产大灯的质量，甚至使用更好的零部件，但是问题仍然存在。

最终本田公司和斯坦利员工不得不成立一个小组，来调查斯坦利的质量控制过程。斯坦利通常最后才会对车灯进行检测，因为他们惯于把问题归结到质量缺陷而不会认为是检验方法的问题。通过几个月的反复试验，调查小组发现在装配线上把大灯测试的时间延长，退货量反而就降低了。本田公司超前的延伸检测可以让斯坦利在将零部件发往本田公司之前发现次品。不过，不知道为什么，测试的时间很短时反倒损坏了一些大灯。随着新的监控措施的开始实施，在生产线最后出现的次品灯越来越少了，退货也随之减少了。

“幸运的是，本田和我们一起共同研究这个问题很久，没有直接抛弃我们，他们没有跟我们说‘那是你们自己的事儿’。”斯坦利的执行副总裁马克·考恩说道，“实际上提升质检体系，现在已经成为我们所有生产线上都在应用的一种理念，例如我们对传送带进行了改进，以便在零件到达下一个工序之前，给员工腾出更多时间来检查零件的质量。这给予了我们非常优厚的回报，那就是大大地节约了成本。”

凡是我采访的本田公司供应商，看起来对于满足价格和质量要求都非常在意。比如说作为奖励，他们会更容易拿到下一款车的零部件合同。除此之外，一些表现优秀的供应商，甚至可以得到新开发车型的零部件。值得一提的是，还有一些其它立竿见影的效果，那就是通过控制成本，本田公司产品在寿命周期内的销量会逐渐增高。同样本田公司对供应商每月的订货量也增加了。特别是，本田公司的汽车非常耐用，在所有的汽车可靠性调查中，本田公司汽车位列前茅，有一辆1990年的雅阁，已经成功行驶了10万英里。这也是本田公司将业绩与汽车零部件的质量挂钩的结果。另一个成果就是本田公司零部件在接下来的几年中，还都会有丰厚的利润。在我对本田公司供应商工厂的访问中，我经常会发现在工厂的一些区域，会有专门用来生产一些本田公司老款车型的零部件，甚至有些是80年代的车型。

如果你认为本田公司太过于关注他的供应商的表现，有时候甚至是一些微小的管理细节，但是看看下面这个特例就清楚了。由于受到供应商零部件价格打折的诱惑，这些供应商通常都是来自于一些工资非常低的区域，并且是距离过远的海外供应商，许多汽车厂商由于对他们知之甚少，如果和他们签约就会蒙受损失。波音公司就有一个典型的例子，“梦幻航线”又称为787，作为他们最新研制的机型，许多方面可以说是问鼎工程界。飞机的大部分是使用合成材料制作，因为它们既轻又结实，这样可以使这款飞机在与其它跨洋飞机相同的最大时速下，仅消耗80%的燃油，并且还能使乘客享受舒适的空间、超大炫窗及等离子电视等先进工业产品。

然而问题来了，飞机根本飞不起来。起初定在2007年的处女航，由于“梦幻航线”的一再延迟交付，直到2011年才进行它的第一次商业飞行。所有这些延迟都可以归咎于飞机存在的供应链问题。为了省钱，波音公司冒险外包设计和制造，将飞机交给位于世界各地的供应商。这些供应商负责将巨大的零部件运输至位于华盛顿州的波音工厂。在这里它们可以像拼图一样被拼装在一起。从来没有一家公司给予他们的供应商这么多的权力，尤其是在这样巨额投资的项目面前。

果然不出所料，由于各个组件是独立设计并制造的，当它们运抵波音工厂时，组件之间不能匹配，许多组件在组装时，不能紧紧地与其它部分契合，机身留下不可容忍的间隙。结果使许多“梦幻航线”的组件必须拆碎，重新组装。除此之外，一些供应商把在运输过程中的延误，抱怨成是他们在组装飞机组件中缺少零部件。许多情况中，供应商都忽视了产品记录和工艺规范。

其中最严重的问题是，波音公司对他的供应商并没有给予足够的重视，这些工厂位于遥远的亚洲、欧洲和北美，他们以为监管会影响到这些飞机组件的制造。这样的想法被证明是愚蠢的，尤其是当一些波音公司的供应商显露出他们存在严重的财务问题，他们很难继续良好地运营时，波音的高管们对此却一无所知。就像波音公司的副总裁迈克·丹顿对我说的那样：“当公司艰难地组装着第一架‘梦幻航线’时，我们的想法是不要用我们波音的做事方式来影响我们的合作伙伴，在这样的做事思想指导下，我们给予了他们越来越多的自由。”

通过重新控制生产飞机部件的权力，波音公司最近开始修复自己存在问题的供应链。“梦幻航线”现在仍然存在着种种问题，一直到它第一次的商业首飞。787飞机多次遭到禁飞，因为它存在有问题的电源、燃油箱燃油泄露，以及存在有故障的线缆。2013年1月，联邦航空管理局开始对787进行进一步的调查，包括它的设计、生产和组装，以期找出为什么“梦幻航线”的飞行时间少于检查故障的时间。调查分析表明，波音公司至少在“梦幻航线”的延迟中因订单取消，损失了上百亿美元，这一切都缘于他们对供应链管理的掉以轻心。

“梦幻航线”的困境可能是最坏情况的案例。但是大多数跨国生产商，多多少少都存在着与波音公司相类似的问题，他们大多数对供应商漠不关心。如果了解了这些，本田公司与众不同的供应商策略应该能让他们避免这样的命运。

即便这样，本田公司的策略也不是万全之策。在2011年，由于3月份的日本海啸和10月份的泰国洪水，迫使本田公司在北美的产能降低了50%，并且这一状况持续了一整年。这两个天灾，给本田公司带来了严重的后果，他们严重缺少半导体零部件的存货，这个零部件由一家亚洲公司生产，它在80年代初就开始向本田公司供货，零部件是专门为美国和加拿大以外的美国车型生产。许多情况下，很多生产这些零部件的公司叫做二级或三级供应商，像这样的公司他们往往只向本田公司的零部件首要供应商提供电子设备，他们却不在受灾区域。这使得本田公司非常尴尬，这也暴露了本田公司一个非常严重的问题，本该有条不紊进行的供应商管理和本土化策略，并没有很好地展开。这些问题大多出现在自我依赖度很强的市场。

自那时开始，我至少向20多位本田公司高管询问，他们为什么没有注意到这一威胁到商业模式的问题。他们都无法回答，除了说他们的注意力都集中在了提高生产技术，提高他们首要的供应商的生产技术和太专于业务，以致他们没有注意到确保公司在零部件供应上应该有多条渠道。

为了避免价格昂贵的零部件出现相似的稀缺问题，本田公司开始着手编制一个完整的供应链地图，它一直延伸到第3和第4级供应商。快速地看一张这样的图表，本田公司的经理就可以迅速发现潜在的问题，包括过分依赖的不稳定和受灾区域的低级供应商。本田公司的员工说，虽然这项计划很有雄心并且非常耗时，但这使得他们在过去最薄弱的环节上能够看到一丝光明。

“本来就不存在没有风险的情况，但是我们相信我们在供应链上积极规避了风险。”本田公司北美采购总裁Tom Lake说。“每次我们跌倒，我们都会学习。在北美发生的一切证明我们做的都是对的：你不能对你的供应商太过于执着，或过于放任自流。任何的不完美都将付出代价。”

第九章　本土化的跨国企业

5个不知名的没人知道的小岛，位于中国东海和冲绳之间，这些两千亩区域内的链状岛屿，叫做钓鱼岛，最近成了新闻的热点。2012年该岛引起的不起眼的小小争端，着实影响了全球经济格局。这次争端，也严重地影响了汽车工业，这也戳破了全球化不真实的泡沫。虽然许多跨国公司还没有理解到这其中的联系，但是钓鱼岛事件深刻地表明，劳动力市场全球化没有风险的理念是不可能的。总而言之，过分相信无国界商业模式，常常被证明是非常令人失望的，虽然大多数商业本身都在赢利。

日本对钓鱼岛岛屿垂涎已久，但是直到1895年，东京方面才将其占有。同年爆发的第一次中日战争以日本的胜利结束，也预示了中国最后一个王朝清朝的结束。日本通过将钓鱼岛岛屿周围划归日本控制的冲绳岛，宣布自己对这些岛屿的占有权，同时还声称也没有人来主张这些岛屿的所有权。在这一时期，中国也没有能力对日本决定占领钓鱼岛岛屿提出异议。

实际上很多年来，这些岛屿没人重视它，它们被人们淡忘已久，也无人提及。直到1969年联合国宣布钓鱼岛水域周边有潜在的石油和天然气资源，顷刻之间，大家对于这一地区的兴趣陡然增加。不久，中国便开始抗议日本对这些岛屿的占有，并通过历史资料证明钓鱼岛自古以来是台湾人的捕鱼区，但是日本拒绝了中国的声明，为了避免外交上的争端，东京决定停止钓鱼岛岛屿的开发。

直到最近，双方仍然剑拔弩张，时不时还会听到有关钓鱼岛的争论。争论归争论，很长时间以来，无论是中国渔船靠得过近，还是日本公司提出要开发钓鱼岛岛屿，双方都没发生大的冲突，这些事情好像都无大碍。

但是到了2012年，日本一次没有征兆的行动破坏了钓鱼岛的和平，使得它成了全世界都在关注的危机，并加深了两国几代人之间的信任危机。2012年9月，日本政府从二战过后的日本显赫家族中，购买了割让过的3个钓鱼岛岛域的小岛。日本方面声称，他们这样做是为了保护岛屿，让它撇开东京的反中国右翼人士石原慎太郎，因为他曾声明要集资购买钓鱼岛岛屿。东京的这一解释，本以为会得到中国政府的好评，但结果却让人失望。中国政府认为日本政府的购岛行动是别有用心而非帮助。他们将这种行为视为是日本政府试图霸占整个岛屿，并迫使中国人放弃该岛，中国政府声称要采取军事行动。虽然中国在过去并没有咄咄逼人地对岛屿的归属权进行主张，但现在情况不同了，因为两个原因，其一就是中国急需石油，正如日本一样，这些资源有利于他们的经济发展，特别是钓鱼岛岛屿周围可能还蕴含着丰富的化石燃料和矿产。截至目前，两个国家都没有在其附近开展钻探作业，其中很重要的原因就是超深水下钻探技术在最近5年内才逐渐成熟，中国东海海洋油气资源储量至今还未探明。不过现在深海钻探技术已经成熟，除经济利益外，岛屿及周边的石油所凸显的政治意义也越来越明显。除此之外，中国和日本的经济已开始在世界舞台上展开了竞争，尤其是在亚洲地区。自中世纪起以来，中国第一次认为他们可以战胜他们的老对手了，中国经济的快速发展与日本摇摇晃晃的经济和几十年来持续不断地衰败形成了鲜明的对比。对于日本来说，永久失去钓鱼岛将会非常尴尬，而对中国来说日本这样莽撞的、毫无掩饰的举动，无疑毫无道理，再加上中国认为日本的国土面积以及在世界经济中的表现显然不如中国，这一切都使得中国充满了自信。

一系列的冲突事件开始了。虽然战舰和驱逐舰也参与了其中，但是一直没有真正的军事冲突行动，最严重的一次就是日本的海岸警卫队逮捕了几名香港激进分子，因为他们试图将船开到钓鱼岛海岸并爬上岛屿；而中国政府也毫不犹豫对该岛屿的居民进行了两天的逮捕拘禁行动，中国政府对岛屿的态度表明，他们将不惜一切代价保护住这个地方，并声称日本的行为“影响了主权和领土完整。”《中国青年报》倡议大家不使用日本产品，“用非暴力手段来表示中国人民的决心”。

这一倡议立即引发了包括深圳在内的大规模的抵制日货的抗议活动。深圳位于香港南部，其市民和其他中国的六座大城市一样，他们将日本国旗撕碎损毁，把销售日本食品的商店捣毁，抗议者的愤怒也撒向了汽车工业，日本车成为了中国最容易受袭击的目标，那些光亮气派的尼桑、丰田和本田汽车在大街上显得格外刺眼，它们被随意地掀翻在地，有时还被点燃、砸坏。在最惨烈的一次抗议行动中，中国男子李建利（音）驾驶着丰田花冠行驶在人来人往的西安市马路上，突然一群人围住了他的车，并把他从车里拉出来暴打一顿。一年多过去了，李的身体仍然残疾。

对许多中国人来说，包括那些没有参加抗议的人们，抗议者抵制日货的口号如雷贯耳，在中国开日本车可以说是后果自负。中国市场曾经是日系汽车销量最多的市场，在接下来的几周内其销量突然下跌。

2012年4月至10月间，在中国的日本汽车新车销售量由21%降至不到9%，仅10月份一个月本田公司和丰田公司的销售额与同期前一年相比下降了40%，而之前在中国，所有日本汽车公司的市场占有率都高于世界上其他任何国家。

与此同时，通用公司和大众公司利用日本汽车销售疲软的机会，成就了他们第一和第二的销售排名，他们的市场占有率都分别提升了20%。由于中国占据了全世界25%的汽车销量，与美国一样，这一快速而巨大的变化，对全球汽车销售排名立刻产生了巨大的影响。

中国汽车市场仍在快速发展，换句话说销售量的涨跌也属正常现象，并不值得一直耿耿于怀。事实上到了2013年的中期，日本汽车销量已经恢复了一半，虽然钓鱼岛岛屿的争端在中国仍然是新闻的头条。

本田公司对这次动荡的结果和中国市场的变化进行了反省，公司对自己也进行了自我检讨，有些东西并不都是缘于政治因素。正如宗一郎所说，99%的失败就是成功，在这样的市场变革中，本田公司认为他们在中国本土化的策略并没有真正的成功。北美的管理层总结道，与他们在美国或泰国、印度、巴西、英国的商业模式相比，他们在中国的子公司没能很好地向当地公司转型，以致于还没有达到能够适应中国社会的状态。本田公司的高管认为，如果转型很好，他们就不会受到冲击。

至于本田公司为什么没有成功地融入中国经济社会，对这一显而易见的问题我们有必要加以分析。本田公司始终沿着自己的套路进行本土化战略，他的与众不同使自己在1998年便成为第一家在中国生产汽车的日本公司。那时，本田公司在广东省南部购买了一家生产厂，并与中国的广汽集团联合投资。中国的广汽集团公司曾与法国的标志公司合作，但由于不能盈利，和标志公司分道扬镳。这家法国公司和中国员工经常为了工厂使用哪种语言和工作条件问题而产生冲突。

但是随着本田公司的到来，公司的命运马上转变了。本田公司不但允许工厂使用当地的语言，还组建了有两名中国人和两名日本人的高级管理层，并且还确保供应链中至少有一半的生产厂家是中国公司。除此之外，在几年的光景里，本田公司独立的工程研究与发展公司也在广东工厂破土动工了。这些不仅刺激了当地的经济发展，并且根据需求工厂还可以进行自我管理。这样做本田便可以有目的性地积极融入中国的经济和社会当中。为了证明他们愿意与中国制造商分享全球的知识与经验，本田公司甚至将当地业务交给他们自己处理。而在2000年时，其他跨国公司对这样的理念不愿苟同，甚至现在有些公司也还不认可这样的做法。

但本田公司所获得的回报证明他的策略是正确的。本田公司在当地的工厂被证明是中国汽车生产效率最高的工厂，它具备能在21个小时内组装一辆车的能力。在最近中日冲突开始之前，本田公司的销量仍然位于在中国的跨国公司销售量前列。尽管有这样的表现和策略，本田公司仍然感到自己是外人，不能彻底融入中国社会，特别是对于中国人来说，本田公司终究是一家外国企业。

自中国东海事件以来，大家对于日本包括本田公司在内的日本公司的同情，越来越多。在过去的几年中，本田公司在中国的工厂也爆发了罢工，原因是工资过低或者是公司决定在不雇用更多员工的情况下要求提高产量。为了阻止罢工，本田公司将工人工资提高了25%，并且承诺通过提供培训保证产能，以减少由于工人知识、技能不足造成的问题。但是，一些组装工人仍然持续罢工了几周，希望能够获得关注并且得到长期的劳工补贴。由于这些并没有在他们和本田公司当时签订的用工合同中体现过，罢工造成了本田公司几百万美元的损失。但是中国政府好像并不急于让工人们回到工厂，事实上，本田公司经历的这次罢工，是为数不多的得到中国政府允许在全国范围内可以宣传的一次罢工。中国政府这样做的目的，明显就是让本田公司感觉到由于自己是日本企业的尴尬，以此试图延缓本田本土化的策略，因为本田公司本土化的策略是威胁中国自己汽车生产厂的一种行为。了解了中国政治格局的多变，本田公司在中国试图转变成本土化企业的进程举步维艰也就可以理解了。虽然地区冲突可以解释本田公司在中国进退两难的境况，但是本田公司的高管认为如果仅仅把它作为借口那就错了，而更应该注重本土化策略的实施。如果本田公司由此而放弃在世界各地市场贯彻的本土化策略，将巨大的市场拱手相让给对手，那简直是非常的愚蠢。

一位本田公司的经理曾经提到，80年代当本田公司成为第一家能在美国本土生产汽车的日本企业时，本田公司遇到的公开阻挠十分强大。举例来说，在俄亥俄州的Wapakoneta市，一个距离本田公司安娜工厂以北12英里的地方，威廉姆·雷兹市长上了美国的头条，当时就是为了抵制本田公司在该地区建厂，这名市长愤怒地辞职了。雷兹坚定地说：“我无法与日本人一起工作，我曾经在驱逐舰上和日本人战斗过，我们的驱逐舰被击沉了，当时我受伤住进了医院。我是美国人，我爱我的祖国。”

后来又出现了规模更大的反对浪潮。本田公司的竞争对手和美国产业界以及劳工团体，在全国范围内播放反日电视广告。有一则广告表现了这样的画面：一群轰鸣的日本汽车，亮着刺眼的大灯高速开来。旁白的男中音用沙哑的声音说“这一切已经开始了，美国还没有觉醒！他们已经从大洋彼岸来了！小小的汽车们信誓旦旦地要改变一个国家的购买习惯，而一时半会没有人能够阻止他们！”背景里还有铜锣断断续续的悲伤的敲打声。

一家林肯水星（汽车）经销商的报纸，一直在纽约州杨克斯市附近的汽车销售商圈内发布广告，报纸的整版头条都在攻击丹尼和一个日本政治家。丹尼是本田公司广告里一个虚拟的书呆子销售员，而那个日本政治家则是曾说过美国经济不振是由于美国慵懒的工人导致的，他还说“三分之一的美国工人甚至是文盲”。水星经销商的广告用特大的字体上写道：“对不起了丹尼，不是所有美国人都傻。”林肯水星SABLE车型的卖点恰恰是保护美国人的工作。

这种大肆张扬的对于本田公司既有深度又有广度的攻击没有持续多长时间。本田公司用了20年的时间渐渐淡化了这种攻击，并且成为外国公司在美国实行本土化策略的先锋。这一切都得益于本田公司的“从小做起，慢慢做大”的理念，洛杉矶的摩托车销售项目是实施这一策略的开始，经过多年的努力，本田公司的本土化策略在位于美国中西部和南部的汽车工厂中达到了巅峰，这些工厂雇用的都是美国的管理工程师、研发者和设计者，而这些也都成了本田公司在其它世界各地打开市场使用的策略。本田公司根据自己以往的经历和经验希望进一步加强在中国本土化的策略而不是大规模地改变或削弱它，虽然现在在中国的条件还并不理想。“我们对自己很失望，而不是对我们的商业模式很失望。”2004年到2014年本田公司在中国的运行总部负责人，现在在东京作为CEO的伊东孝绅的助理马萨·长井说，“如果你的商业模式是正确的，你会发现失败和成功是在同一条路上共存的，即使是成功的商业模式在之前被证明了无数次，还是要学会借助前车之鉴，才能保证下一次的成功。这意味着我们将继续执行我们在中国的策略，我们要通过和当地社会进行更深的接触，来克服困难，从而做到更好。”

在这样思想的指导下，即使本田公司深陷于钓鱼岛事件的迷雾中，本田公司还是决定在中国进行大规模投资，并锲而不舍地继续在中国贯彻本土化策略。

一则报道让本田公司登上了新闻头条。本田公司在广州破土动工了第三条生产线，也是本田公司与中国广汽集团合作的重大进步(所有非本土汽车生产厂必须与中国公司合作才能在中国制造汽车)，这是一个多元化的工厂和发动机生产基地。该项目同时包含了本田公司两个在生产方面最重要的突出特点，第一个是在俄亥俄州的马里斯维尔发明的智能喷漆技术，这项技术使本田公司在美国的碳排放量显著降低；另一项技术则是他们全球领先的铝—铁焊接技术，在本田发明这项激光焊接技术之前，试图焊接两种不相容的金属并达到稳定的可靠度简直是不可能的。另外本田公司还计划招收更多的本地设计师和工程师，让他们负责研究并开发针对本土的产品，而这些产品将最终超过所谓的全球化车型，包括思域、雅阁和CRV等。

最令人惊喜的是本田公司推出了三款全新的由中国人设计的汽车。其中两款不久便就投产销售了，一款是具有龙脸特征的终极轿车——Crider。这辆车被称作为Car&Driver，系本田公司与讴歌的一次奇妙混搭，这款车仅仅投产三个月，便达到了1万2500辆的销量；另一辆是Jade，这一辆车被称为性感旅行者；第三款车则是类似奥德赛的多功能车。本田公司宣布2015年将会有另外两款在中国设计的车型投产，同时本田公司希望他们在中国的销量能够翻番。当这些车辆开始销售时，本田公司将成为在中国研发生产车型最多的非中国汽车企业。未来，本田公司希望再推出12款新车，包括国际时尚车型，以期完成2015年的销售目标。

几乎在广东扩大生产计划揭幕的同时，本田公司还在武汉投资兴建了第二个汽车与发动机工厂。武汉位于中国内陆，距离广东约600英里。本田公司有与东风汽车合作长达10年的经验，这家工厂的与众不同之处在于，它的两条生产线均由本田公司中国员工在之前合作的广东工厂基础上开发而成。

第一项成就是高度可以调整的生产线，这样可以通过越顶轨道将汽车在区域与区域之间传送。新的武汉生产线采用了自适应的底盘以支撑汽车车架，且可以自由地升高和降低，以便放置汽车车身的框架，这样能够让工人在最有效、最舒适的高度工作。例如在这个系统的帮助下，武汉的组装工人在车架上安装发动机时，就可以避免艰难地高高托举重物，将车辆降落到与眼部平行的高度，可使他们更加安全可靠地把部件安装到要求精确定位的大型车辆中。这条高度可调的生产线，形象地体现了本田公司的灵活工厂概念，因为它提供了一条简便的汽车传送系统，能够实时调整参数来适应任何尺寸和种类的车型。

第二个成就是武汉工厂的发明，它是提供小型及中小型零部件的运输系统。这一系统使得这些零部件一直跟随它们指定的车辆或发动机，并最终在生产线上送达。这条通道解决了组装过程繁琐的零件供应问题，并消除了工厂内由于工作台过多而放置的多余的仓储零件的手推车。它还降低了由于叉车引起的各种潜在隐患，还减少了因迟到零件引起的时间延误。这一项研发成果所带来的优势非常明显，与最初的生产线相比，本田公司第二家东风工厂成功地将装配时间缩短了30%，同时还大大地减少了能耗，也降低了工厂繁琐度。

马萨·长井说："它的出生地很好地体现了中国文化，工厂把简约与协调巧妙地结合，体现了高效率。许多当地工厂产生的新想法适应于世界各地本田工厂，虽然有时他们必须要经过稍许调整才能适应其他地区的风土人情，但是他们的存在价值是一样的。"

本田公司有条不紊地执行着全球本土化的策略，这是本田公司运营原则的自然体现。这些原则包括走出去获得第一手资料，尊重与众不同的意见与文化差异，并鼓励适应当地的本土化发明。不同于其他跨国厂商使用蛮力来扩大地盘，本田公司重视本土化的计划、项目、理念、人员、设计、平台等等。本田公司在新的市场落地扎根，脚踏实地地从头做起，直到企业渐渐开花结果达到自由。

如果本田公司在一个国家投资建厂，为了达到本土化的目的，他可能先借助其它生产基地来培训员工学习最先进的技术，同时起到抛砖引玉的作用。本田公司希望新的工厂能够适应本土的习惯，包括组建本土团队以体现当地的优势；与此同时，附近的零部件制造商也被集中整合，凡是通过并认可本田公司方式的供应商，便可进入当地供应链，而这些供应链被要求提供至少90%以上本田公司需要的零件。

不久过后，本田公司研发部门与工程部门便在这个国家开始运作，公司会让当地技术人员与空降来的有经验的本田公司工程师和设计师在新的基地共处一年左右，同时着手建立当地的管理团队，并最终让他们从本田公司总部中独立出来，成立子公司。起初本田公司会让这些新的公司先生产全球化的通用车型，但是几年之后，这些生产设施就会逐渐生产他们自己本土化的车型，或者生产来自隔壁邻居国家的小改款产品。

宗一郎在他从商历史的早期就抓住了跨国公司管理的精髓。在20世纪50年代中期，当本田公司还是一家只有5年历史的公司时，日本还在等待二战的硝烟散尽，宗一郎便提醒他的公司不要将目光局限于隔绝孤独的日本岛，而应该放眼世界去寻找潜在的消费者和潜在的工厂建设基地。远在任何日本企业坚信自己能够生产花样繁多的产品之前，并能够与其他有经济实力且富有经验的国际工业公司比拼时，宗一郎就非常惋惜他们仅仅局限在“小日本”的发展机会。正如他所说的那样，他要求本田公司必须具有“坚定的国际化视野和坚定的最高效率的供应产品”。宗一郎将他的全球化野心表现在了他重点关注动力强劲并且灵活的摩托车研发上，结果本田摩托车在英国1961年Isle of man TT比赛中取得的成绩令人瞠目结舌。比赛举行后的两年内，公司就开始了在欧洲本土化的第一步——兴建了本田公司第一家位于比利时阿尔斯特的非日本本土公司，正是这个赛事奠定了本田公司在全世界“是一个强大引擎生产者”的口碑。比利时的阿尔斯特是一座位于布鲁塞尔西北部20英里的小镇，在这之前没有任何一家日本公司在海外建造生产厂，这其中还包括西方国家的生产厂商。

阿尔斯特的生产厂只是本田公司全球本土计划的一个小的缩影，比如说这家公司的研发与设计虽然来自于东京，但是这家公司仍然具有浓重的比利时风情，因为所有零部件都是当地供应商提供的。一切都顺理成章，工厂能够迅速地满足一个月生产出一万辆摩托车或助动车的生产要求。阿尔斯特的工厂体现了本田公司本土化策略的一面，几十年之后，这一策略成为了这家公司的第二大宗旨。

“你可能认为对于一个年产量超过20万辆的摩托车工厂，这个月产量很小。”工厂经理Kenjiro Okayasu说道，“但它却是本田包括其他日本公司的第一次海外生产尝试，就像我们从小到大培养一个孩子的过程一样。”

在90年代早期，由于在比利时、新西兰、英国、美国的汽车和摩托车工厂纷纷获得成功，全球本土化的基本概念已经出现了雏形，公司便能够更好地推广应用这一经验。出版于1990年的《改变世界的机器》对这一基本理念进行了阐述，准确地说这本书是汽车精益生产的标志性书籍。作者们用一章的篇幅专门讲述跨国企业，尤其是汽车企业在海外的经济与文化投资中所表现出来的谨慎。但是本田公司却独树一帜，“将所有的事情集于一身”，意思是本田公司集工程、设计和生产于一家大型的当地工厂中。作者表扬了本田公司“在90年代生产了一系列针对不同区域的产品。”这些产品可根据当地习惯进行自由设计，在需要的情况下也可以出口到其他地区来满足市场需求。

作者写道：“本田似乎是第一家看到这样做的优势的公司”。

在运作模型的王国中，全球化与本土化互为悖论，这两个理论困惑了跨国企业长达20多年。在全球化的影响下，跨国集团迅速地在发展中国家开设工厂，其中包括中国、越南、泰国、拉美和东欧国家。他们迫切地希望通过廉价劳动力生产产品并出口至全球。大多数情况下，这些工厂仅仅是生产产品，而没有技术性的工作，如工程设计仍然留在公司总部，即使不是这样，也会由公司总部进行微观管控。

理论上全球化更像是一次涨潮，水涨船高，不论是对于贫穷或富裕的国家都一样。发展中国家的生产线创造了成千上万个工作岗位，在这些工作岗位的推动下，中产阶级富裕了起来从而推动了更多的当地消费。更多的需求意味着更多的工厂，进而更进一步地推动了当地的生活水平，给予了跨国公司广阔的更具有激情的消费者群体来消费他们产品的机会。

与此同时，在美国和欧洲，消费者能够尽情地选择廉价的产品。而这些廉价的产品，是由距离他们上千英里以外的工资远远低于他们的人生产的。用通俗的话说，当这个虚拟的全球生产环境扩大后，贸易壁垒便消失了，我们都在这个交易圈里。那些限制进出口的政策变得逐渐过时，因为他们伤害了工厂的工人、消费者和跨国公司。

如果当地的局势出现复杂或动荡，全球化提供给跨国公司一个风险更小的解决方案，那就是在享受内部的便利的同时，要成为局外人，要与当地国家每日发生的事件及风险撇清关系，这样特殊的商业关系使他们能免除风险带来的损害。不过这与本田公司试图和谐地融入一个地区的社交、政治和经济的本土化策略是不同的。

简短地说，跨国公司非常向往一个稳定、繁荣并且没有障碍的世界。这些特点被《纽约时代》的主编弗里德曼称为是全球化的礼物。伴随着这样双赢的结果在全球商业范围内展开，公司的边界便被消除了，团队活动都在网络上进行，当然这都要归功于电脑和通讯技术地不断提高。一个在底特律的设计者，可以在网上对大灯的形状进行修改并马上分享CAD文件给位于孟买的工程师，而位于孟买的工程师可以快速调整部件的尺寸来适应三种不同的汽车车型。紧接着，在中国的工厂经理会得到提示，可以在生产过程中来浏览他的平板电脑上显示的文件，将文件发送至供应商处，而供应商可以在24小时内生产300个这样新型的零部件，而新设计的零部件又可在一天之内安装到汽车上。

事实上可能也不都是这样。而更可能的情况是，在这个过程中的每一步都会引入一些误差。误差可能来自于设计，比如原始大灯的设计尺寸在几个月前进入工厂时已被修改了，但最终没有体现在汽车的蓝图中。又或是供应商的金属切割机器引入了肉眼不可见的尺寸误差。就像在波音公司所遇到的那样，他们由于过分强调外包，导致了基本上所有“梦幻航线”的零部件的损坏或延误，这些情况非常常见。当一个零部件尺寸不合适时，工厂经理通常的反应是将它放在一旁，另寻时间做处理，毕竟他还有一整辆车要生产。

全球化其实充满了障碍与阻隔，并非一帆风顺。尽管它提供给了世界贫穷和富裕的人们一剂良药，比如全球化可以缩小经济差距，并能奇迹般地增加跨国企业的盈利途径，但全球化仍然是一个勉强盈利并极为复杂的策略。对大多数公司来说，更是一个没有把握的投资，尤其是对于新兴经济体地区。全球化的错误来源于全球化最基本的承诺，作为一个难以变化的商业理念，它颇具卢梭式的想象。这个理念建立于承认人的修养都具有先天性的利他主义，并愿意一起合作来开发位于地下未被采集的富有的经济资源。

这样的理念在现实中完全没有根基，它没有把民族主义、文化敏感性和历史敌对性包括在内，而恰恰是这些因素塑造了全球关系。同时，它还忽视了工人的、公司的、政府的主观能动性和利己性。令人费解的是，全球化的支持者坚信，或者至少认为任何大幅度的经济增长，都会促使个人之间、国家之间不计前嫌，共同参与到全球化当中去。

而钓鱼岛争端，使得他们最终的幻想彻底破灭了。他们曾经坚信，在后民主主义时代会有无争端的经济增长。中国政府对于日本政府收购中国东海钓鱼岛的反应向世人表明，即使是最专注于商业的国家，在面临地理政治问题时，也会毫不犹豫地抛弃双边或多边的经济利益政策。当然世界上还有其它影响公司健康发展的例子，例如伊朗政府多次威胁到，要停止经由赫尔姆兹海峡运输原油，直到美国政府解除对他的经济封锁，这使得跨国能源公司位于一个非常被动的位置。像这样的例子和其它例子，通常都会得到缓解并不至于会严重影响到国际经济。但恰恰相反的是，钓鱼岛冲突格外值得关注，因为即使他们第二大交易伙伴的最大公司会受到重大的创伤，中国仍拒绝妥协，这是最令我惊讶的。中国坚定的信心伤害到了丰田公司和本田公司，因为他们在中国都有许多商业活动。通用公司汽车动力部门的高管说："我们都被震惊了，因为中国和美国并不是最好的朋友，所以通用在中国是否也会受到同样的威胁呢？"事实上通用公司有理由担心，与其他跨国公司相同，通用公司在全球化上也下了很大赌注。通用公司也因非常少的投资回报而烦恼，包括最近的一项投资。截至2015年，通用公司在中国的一系列投资已经超过200亿美元，通用公司甚至还扩大了在中国的研发设施，虽然他们的研发团队最终还是由底特律的管理层控制着，而且通用公司还设计了几款雪弗莱车型，专门针对中国和其他低收入市场，比如赛欧和Spark。这一系列动作，使得通用公司赢得了可炫耀其在中国第一名身份的权利，紧随其后的则是大众公司，然而通用公司在中国市场的收入表现欠佳。2012年通用在亚洲地区的收入为22亿美元，不到北美市场的1/3，销售量与北美相比相差25万辆。问题在于，通用公司在中国销售近一半车型是五菱汽车，这是一种廉价的低市场占有率的多功能厢式车，它是由通用汽车中国的合作伙伴设计并定位于商业用途。令通用公司伤心的是，中国用户在2012年购买了130万辆五菱，而仅购买了3万5千辆凯迪拉克。而在美国，通用销售的利润则大幅增加，其中很高的销售收入来自卡车、厢式客车，而SUV更是名列前茅。

虽然对于通用来说，合作伙伴的中国占据了大部分市场，比如五菱，而他们的厂房最多也只能算是低成本的制造车间。从这些工厂生产出来的车型，在中国以五菱品牌销售，而如果出口至其他低收入国家，比如出口至遥远的拉丁美洲，则会贴上雪弗莱的车标。结果是通用公司与中国的联系是那么匮乏而又遥远，这都归咎于通用公司的全球化理念。事实上，通用公司一直生活在中国最大的合作伙伴——中国最大的国有汽车制造公司上海汽车工业公司的影子里。

“不要理解错了，虽然通用汽车带来了品牌、设计、技术和市场运作模式，上海汽车工业公司仍然是处于领先地位的合作伙伴，至少在中国人的眼中是这样的。”《杂要》专攻通用公司的资深汽车专家约翰·罗斯维尔说道，“这家合资公司被称作上海通用而不是通用上海，这是有原因的。”

确切地说，虽然通用公司来到中国已经20年有余了，除了不乐观的盈利和拥有一些廉价工厂，经历了重重困难的这家汽车公司，仅有的一些成就就是这个国家增长的客户群体与可观的市场，似乎和当初通用公司刚来到这里时一样，一切都很遥远，事情并不像全球化所设想的那样。

当钓鱼岛争端占据整个亚洲的新闻媒体，以及当日本公司的销量大幅下跌时，全球化策略本身也遭到全球范围内越来越多的公司和专家以及行政主管们的不满。那些企业家希望全球化带来的是稳定与增长，而他们看到的却是解体。在东京的早稻田大学国际事务教授毛里和子看来：“政策与经济的完全背道而驰，是中日两国关系的最大冲突。”

同样的结论也可由其他的国际商业合作伙伴中得出，包括中国和美国、美国和南非、欧洲和中东等等。的确，国际化所带来的主要威胁已经在这些年中逐渐显现，前不久还被人们认为并没有被完全认识的全球化这一年轻概念，现在却带来了许多令人失望的分析结果。

盈利过低是最大的问题。基本上所有的跨国公司都挣扎着试图维持这些发展中的市场的收益。而通用公司在中国创造的数字，则是大型跨国公司的典型代表。他们通常宣称自己在海外市场的销量超过总销量半数，但通常不披露在这些地区的盈利，这意味着他们的确没有什么可炫耀的收益。由于跨国公司的盈利和市场份额数据寥寥无几，许多调查不得不做出妥协，只能描述出一个模糊的概况。位于上海的美国商会在研究跨国公司时发现，在中国的所有跨国公司中，2012年的盈利降为48%，而2010年的盈利却为65%，其中报告有盈利的公司从79%降至73%，同时当年盈利增长也由两年前的87%降至71%。而根据《经济学人》的报道，在跨国公司中视中国为“国际策略的重点”也由10年前53%降至2011年的37%。这并不令人惊讶，而这些数字源自全球经济衰退后期中国大力支持民族工商业的过程中。

如果跨国公司对全球化非常失望，就像这些调查报告中显示的那样，他们的确应该进行反思。面对得不到平等对待和密切的政府商业合作关系，跨国公司通常面临的是政府偏向其自己国内本土品牌的政策，这使得外来者很难发展。这些压力是来自于国有企业的增长，中央政府支持的企业享有特权，例如低息贷款或免投标合同。95%的中国公司都有国有企业的背景；在其他国家中也有国有企业的出现，如，俄罗斯81%，印度尼西亚69%，马来西亚68%，这些统计数据均来自于全球经济网VoxEU.com发表的研究报告。在越南，国有企业非常普遍，以致他们占据了政府投资的50%，以及银行贷款的60%，因此经济结构通常也是国有企业组成，不过国有企业占据了这个国家超过一半的坏账。

虽然国有企业应该是一个国家资本重点投资的主导方向，从而可以刺激本国企业的发展，提高当地的生活水平，然而事实上，它们对经济效益的贡献往往少得可怜。一个针对国有企业表现的研究显示，在没有精益、效率和竞争的环境里，国有企业往往“资源过剩，成本控制低效，工业更新缓慢”。中国企业研究所的研究员李锦这样认为。换句话说，他们浸泡在资本当中，却没有对社会经济提供有意义的回报，更多的是他们挤兑有竞争力的本土和国际的竞争对手。其结果就是国有企业的经济增长缓于私有经济，同时也比该国GDP的增长要低，这些都阻碍了消费者的消费能力，从而使该地区对国际公司的吸引力变得更弱。

更可怕的是跨国公司还被要求在经济上援助国有企业。在许多发展中国家的经济市场中，一家公司必须与国有企业合资才有权在这个国家生产产品。而这也是中国汽车工业的特点，国有企业往往占据了超过一半甚至更多合作所获得的收盈。这样的合作方式限制了跨国公司的生产能力，即使是像本田公司这样典型的全球化的公司。举例来说，本田公司在中国的主要合作伙伴是广汽集团，这是广州市政府所有的一家企业，而他却成了本田公司的阻力之一，本田公司愿意维持合作的唯一代价就是提高生产质量和公司形象。即使这样，如果不是本田公司持续的坚持和不懈的努力，成功仍然是没有保证的。因为像广汽的高管与其他中国国有企业的高管一样，都是职业的党政工作人员，他们的工业经验通常仅仅来自于国有企业。

虽然交易屏障被视为可以通过全球化来减少惩罚性的税收，然而它却削减了跨国公司的盈利。近些年，中美两国就一系列倾销及交易税展开了许多小规模的冲突，美国政府指责中国补贴出口稀有资源和汽车零配件以及太阳能电池板工业，同时提高美国轿车和SUV的关税。作为反击，中国政府申诉美国政府一味提高中国公司在美国的销售成本，其中包括厨房用具、纸张、钢铁、轮胎、磁铁、化工产品和木地板。

然而保护主义并不只局限于这两个国家，的确是这样的，保护主义充斥于全球交易的方方面面。虽然有一些关税看起来并不那么重要，比如阿根廷新近增加了对于瓶盖和水球的限制，但它们却体现出了贸易敏感性的一面。正像阿根廷的改变一样，每一个小的改变都会带来大的法律法规变化，例如印度禁止棉花出口、南非增加了人造草坪的关税。根据最新的世贸组织数据显示，从2011年10月到2012年4月，在G20峰会参与国之间共增添了超过100项限制性法规，而这完全没有理会“禁止制定保护商业的规则，限制交易屏障”。

可能最能体现国际化所带来的不满的证据，则是跨国公司像游牧民族一样地游走。由于政治和经济的不确定性，全球大型公司不能够稳定地立足发展，它们开始撤资离开这些国家，寻求更适合生产产品的地方，而这些公司曾经都是全球化的最大支持者。与其试图在这些国家寻求稳定的市场，不如向外发展至其他亚洲国家甚至非洲，大型公司决定开始选择收益最多的国家投资建厂。比如，在2012年年底一家资本商业信用公司展开的一项调查显示，超过50%的生产商和进口商考虑离开这些国家，有26%表明他们已经离开。有许多公司都有在这些国家不少于10年的运营经历。

全球化预期优势已经丧失，如巨大的需求旺盛的本土市场，就地生产并直接成为出口产品，成本成了他们不可逾越的屏障。在中国做生意的成本已节节升高。根据波士顿咨询公司的统计，2000年中国工厂的平均工资是每小时52美分，到2015年在许多工业企业中，平均工资达到了每小时6美元。如果考虑到人民币的强势，以及物流运输成本的增长，一些分析家预测，在中国生产大宗商品并运回美国市场，将与在美国直接生产的产品成本很接近。对于利润率不高的产业，像针织品和廉价的家具行业，那些工资很低的国家则会比中国更具吸引力，例如越南、孟加拉国、菲律宾和柬埔寨。

对于那些决定关闭中国工厂而转投美国工厂的跨国公司来说，美国的生产力有着非常显著的优势。这些跨国公司中有大有小，涵盖所有电器生产商（包括通用电力公司），像生产飞碟盘、水滤芯、挂锁、五金、汽车零部件和软件等企业。根据劳动统计局的数字显示，美国工人每小时的产值相当于75美元，是中国工人的两倍。

全球化的失败，源自于一切都建立在断言国家与国家的表现不一样。一个国家之所以变得具有保护主义，是由于与世隔绝、相互猜忌、民族主义、殖民主义或者具有的竞争力联合作用的结果，它是国家全球经济力量的基础。上述所说的一切行为都与全球化相悖，如果一个人认为，国家会为了一个大公司建立的新世界秩序而削弱自己的经济实力，那么就显得太天真了。

而与之相反，本土化就应该像本田公司选择的那样，将跨国公司的本色融入到这个国家的文化中。在美国，本田公司是美国化的，有些时候是一个南方人，有些时候又是一个中西部人。在泰国，本田公司便是泰国化的，所以就有了销量第一的汽车公司。本田公司现在在泰国的公司位于距曼谷以北一小时车程的大城府（泰国南部城市），它建立于2000年。建成伊始，工厂便成为一系列令人欣喜的新车设计的舞台，它专门针对这个位于亚洲东南部的最大汽车市场，而这个市场此时还并未为人所知。例如起价1.3万美元的本田Brio，它主要由大城府的研发与工程部门设计，并于2011年开发成功。他们一开始就把它作为一款极限运动的紧凑型掀背车开发，它在弯道中的超强表现更像是一款很昂贵的汽车，它既轻灵又高效，每加仑汽油可跑40英里。作为目标客户，尤其是那些第一次买车的客户，他们只有有限的资金，这些顾客愿意为了外观和质量多付一些钱。自那以后，本田泰国子公司陆续推出了稍稍昂贵一些的两门和四门版Brio，到目前为止Brio是这个国家最受欢迎的车型，它是包括进口车在内的所有车型中的最佳销量车型。

为了延续这样的成功，本田泰国子公司又投资超过5亿美元，在位于曼谷东部两小时车程的巴真府投资建立了新厂。计划于2015年投产，这个工厂将由当地工程师设计建造。他引入了许多可以缩短制造过程的技术，比如新喷漆技术、焊接技术等。这些都是已经成功应用在中国及其他地区的新技术。同时，与其他本田工厂相比，这座工厂的二氧化碳排放量更低，更具有有效的材料回收和水循环利用技术。在泰国还没有任何其它工业设施能够这样积极地采取环保措施，能让生产更成熟和更有效。

本田公司还根据当地汽车市场的成熟度和工人的技术水平，把这样的做法在其他一些国家进行推广，包括巴西、马来西亚、印度尼西亚及其他地区。而下一步则是本田公司的非洲计划，虽然这一市场并不成熟，但是本田公司最近还是通过在尼日利亚建立独立的子公司，勇敢地迈出了第一步——成立本田汽车西非洲有限公司。公司主要是想在非洲地区销售汽车的同时，播下汽车与摩托车生产厂的种子（就像当年本田公司在美国开始的那样）。

通过当地的生产生态链，本田公司便可享受货币浮动和原材料价格浮动带来的优势，同时还可以得到当地政府、顾客支持和工人的忠诚度，从而使抵抗和保护主义政策难以推行，还减少了负面形象对公司的影响。是的，对那些美国和西欧的生产者来说，本田公司给他们传递了一个信息：在客户居住的地方生产产品更加有效，风险和潜在的成本更低，还可拥有针对客户的策略；与全球化相比，人工成本更低，物流费用也大大减少。确实如此，相比起其他全球化公司的策略来说，本田公司本土化的策略是将公司深深扎牢在各个地区。可以说本田公司的策略得到了当地的信任。

显而易见，本土化最终取得了成功。正是因为本土化的工人、理念与发明交织在一起，制造出来了最适合本土市场的最佳产品。而本土市场则是真正的利益所在，例如中国、泰国、印度、巴西和越南。而这样的理念实际上是由人推动的，它是一种理念，而不是一种生产策略。而这正是本土与其他跨国公司的不同之处——自主的、独立的创造性要在全球范围内开花结果。“本田走到哪里都是一家本土化企业，因为它从不将自己的系统强加在一个国家，而是将这个系统从当地的文化中萌生出来。”古根海姆公司的资深管理总监约翰·卡塞萨说道。

或者用本田公司CEO伊东孝绅更富有诗意的话来说就是：“本土化滋润了大树下看不到的地下根须，如果不是这样，大树壮美的枝叶也就荡然无存了。”

第十章　生产的宣言

本田宗一郎把生产产品看作成是一个升华的过程，在这个过程中，复杂的理念被精炼，原材料也得以浴火重生。他将生产产品视为一种美丽的甚至是高尚的人类行为,他总结道：“当原材料被运入工厂后，唯有完美的产品才应该从工厂离开。”

他认为，只有通过创造出吸引人的耐用的产品才能让人们快乐，并生活得更有意义。对于他来说，这些产品就是任何带发动机的东西。他认为，自由与机动通过精致的包装可以成为最完美的产品，它们满足了人们物质和精神的需求。

他总是以贡献来衡量一个人的价值，他说：“在有限的生命里，工作的质与量至关重要。生产的次品过一段时间就会损坏，我必须判定是谁生产了次品，因为他存在着瑕疵。”

他将生产产品提升到一个近乎神坛的地位，这样传统的想法来自于他当年成长起来的工厂，特别是在日本的工厂，那里有许多能工巧匠。即便这样，他的理念并不陈旧过时，也不落后于潮流，因为对大多数人来说，他们仍然尊敬那些用自己双手生产产品的人。人们认可那些光彩照人的艺术成就，人们只是不再把他们的作品与生产画等号。按照今天的理论，蒂芙尼公司的灯与一辆兰博基尼是艺术品，而在沃尔玛就能买到的冲压而成的柜子便是工厂的产品。

崇尚完美、追求细节、喜欢手工制作的工具、对个人进步的尊重，以及偏好人工而非机器制造，如此多的与众不同的行为，才能让本田汽车声称自己是为数不多的按工匠的原则来从事大规模生产的几家公司之一。宗一郎与众不同的欣赏力，使得工厂的各个角落充满了优雅的艺术气息。

而在世界其他地方，生产产品并没有获得如此崇高的地位。全球化的生产具有的黑暗特征，与150多年前工业革命时期我们所知道的无异，它无任何尊贵可言。最典型的代表就是在孟加拉国和越南的血汗工厂工作的人们，他们因为过于贫穷以至于与沿街乞讨，在工厂劳作总能多挣一些。在发展中国家，制造业被视为是一个二流的职业，是一个按部就班且无需高智商的人所从事的工作。

在新兴市场进行生产，其令人不安的状况既是一种现象，也是全球化失败的附带品。全球化没有带来广泛的繁荣，也没能带来财政收入的平衡和人们生活水平地不断提高，它给贫穷的国家带来的是一堆廉价的工厂，以及参差不齐的经济增长问题。而更糟糕的是，跨国公司往往对极低的工资、超常的工作时间、拥挤艰苦的工作环境视而不见，但恰恰就是这些工厂生产了他们的大多数产品；其实他们这样做的结果，反而是不知不觉地戳穿了全球化是一个利他的、包容的生产策略的谎言。

在发达国家，对制造业的抵触带来了高昂的代价。这些国家主要包括美国、英国、法国、西班牙和其他欧元区国家。他们的经济出现了短缺的危险，具体体现在贸易、现金流、创新，以及个人收入，而这些都是源自于对制造业的轻视，并将制造和生产拱手让给了别人。除了制造业，其他服务性的行业其收入都是上涨的，它包括教师、律师、保洁员、宾馆服务员、银行家、演员、歌星、烟囱清洁，以及顾问等很多五花八门的职业。正像一位经济学家告诉我的那样，这样做的模式显然是未来的另一个希腊。

因为制造业可以持续不断地吸引国际客户手中的“硬通货”，而同时还能刺激本土的消费和就业，这是一个国家的最重要的经济活动，也是一个最主要的从其他国家引入资金的方式，而这基本上不需要其它的成本，并能显著改善本土资金的流通能力。事实上，如果一个国家停止生产产品，他的经济必将停滞，他将不再与贸易交易产生联系，他唯一的生存办法就是借钱，这是非常危险的事情。

为了推算出制造业的真实价值，我们拿本田奥德赛的生产过程为例。它是一款微型多功能车，在位于阿拉巴马州林肯市生产，这辆车主要在北美销售。它促进了当地的GDP，这包括以下三个方面：第一，本田公司需要当地的承包商和材料来建设林肯工厂；第二，是美国人购买新车（重要的是没有购买进口车），带动了消费；第三，本田公司将这辆阿拉巴马生产的奥德赛销售到了菲律宾或者阿联酋地区，赚取了外汇，这是因那些地区的市场相对较小，本田公司没有当地的工厂。

工厂出口产品与仅仅在国外提供服务相比，对自己的国家更有经济意义。当菲律宾的4s店及物流企业收到货款后，这些资金的一部分将返还到美国本田汽车公司，它将用于新的投资项目或者本田公司员工的日常消费。相反，一部乔治·科鲁尼的电影或者阿莉西·娅键的唱片可能是由一个美国媒体公司包装推出，但当电影或唱片盈利时，全球的投资者包括跨国的经销商和艺术家都会来分红，那么可以想象得出的是，这些钱将被花在何处，或哪些国家的GDP从中受益并获得增长。是的，虽然一小部分的收入从位于阿布扎比的美国领事馆返回到它在美国的雇用者手中，但是他有可能是把金钱花在阿拉伯城中最多的人。

制造业的重要性已经逐渐引起了美国商人领袖的注意，轻视制造业带来的就业率不足也引起了关注。比如通用电气的CEO杰夫·伊梅尔特，便公开对推行全球化进行了批判，他指出全球化把成千上万个美国的工作机会送出了海外，他最近已开始重新审视自己公司的全球生产计划。杰夫·伊梅尔特关闭了在中国的工厂，并重新在北美开建了自己的制造厂，虽然公司内部对此还有不同的看法。“一半海水、一般火焰”的全球化生产策略，有多半因素取决于较低的劳动力成本，虽然人们希望未来能有所改变。

作为最早支持全球化的领导人之一，杰夫·伊梅尔特态度的转变或许有更深的意义。发达国家排挤制造业在他看来有更深的含义，前不久，杰夫·伊梅尔特在西点发表的演讲让许多工业领袖感到沮丧。他在演讲中对美国制造业的政策进行了批评，他说：“许多人认为美国应该从一个科技为基础，出口为根本的大国，转向成服务为基础，消费为根本的经济体，他们还幻想借此来实现经济的繁荣。事实上，我们的经济更倾向于从金融服务中获利，我们需要新的策略，应该消除那些认为一切都会平安无事的自大的、错误的假设。我们需要在本土生产产品，并有信心将这些产品销往世界。”

许多经济数据的变动可用来说明一个国家将制造业拱手相让所需要付出的代价。比如说基本工资和小时工资，它们与医疗保险和养老保险有密切的关系，在制造业中，这两项的价值往往高于其它产业的13%。这鼓励了国家的中产阶级，并刺激了消费者消费。除此之外，在制造业，往往一些受教育程度较低的员工都能够获得高于社会平均工资水平的收入，这些员工一般是很难有机会在经济上爬升到这么高的台阶。因为在制造业大约一半的产业工人是没有大学学历的，而对于其他非制造业的行业，没有大学学历的人只有37%。

虽然较高的工资对于经济增长有很大的作用，但大多数工业专家认为，在一个国家的健康发展过程中，制造业在贸易平衡、进出口差额等领域有着重大的影响。而这些可以体现出一个国家具有现金流的实力，或者从另一个角度来看，一个国家可以根据自身的购买力及其提供给国际市场的产品或服务的差额，来决定是否需要借贷。

自1976年开始，美国便开始出现财政赤字，最近这一现象已经到了极端的水平。自20世纪80年代的经济大萧条开始，财政赤字已经占到了GDP的

3%。2000年至2012年的十几年间，制造业的贸易逆差占据了财政赤字的绝大部分，美国也积累了将近8万亿的负债总额。这6年间，赤字最高达到了7000亿，这相当于每户美国家庭购买了5000美元的外国进口产品，而仅出口了1美元的美国产品。

这并不奇怪，这些数字的出现恰好与美国大幅度削减制造业同步发生。2000年1月的统计数据显示，制造业雇工人数占据总雇用量的13.2%； 而到了2013年，这一数据已经降至9%，而这还是包括了2008—2009年经济萧条之后制造业工作机会上涨之后的因素。

占美国GDP的12%，制造业对美国经济有着巨大的影响。其意义还在于如果花费在制造业上1美元，将会产生1.4美元的增值放大效应。有这么高的增值效应是任何行业都不能与之相比的。反观服务业，它的1美元只增值60美分。低水平的增值效应、巨额的贸易赤字、就业岗位减少的后果，这些都是每年造成GDP减少1%的罪魁祸首。

而随着GDP增长的放缓，贸易赤字使得国家产生了国际债务。这些贷款都要从美国未来的收入中予以偿还，这本身就是非常危险的事情，除非脆弱的制造业能够得以恢复。哈佛经济学家肯尼思·罗格夫和卡门·莱因哈特在《不同时代》一书中写道，对中世纪经济恶化的研究表明，巨大的贸易平衡不一定会导致严重的经济衰退，但却是不健康经济的信号，它是一系列经济危机的根源。

由于制造业的萎靡，研发成果不足使美国和其他发达国家深受其害。制造企业依靠新的生产工艺和新产品来提高产量和效益，他们对新技术的依赖度往往高于其他产业。2008年美国国家科技基金会的调查数据显示，在2006到2008年期间，22%的美国制造企业把创新成果应用于改进产品、服务或生产过程，而其它非制造企业却只有8%。除此之外，制造业的研发费用占美国私营企业总研发费用的68%，而且他们平均将销售额的3.6%用于研发，而非制造业只有2.4%。如前文提到的，本田公司一直是汽车工业研发费用支出的领跑者，它每年拿出销售额5%的资金用于资助研发和设计公司。

在一个国家经济发展的过程中，创造发明的速度、频率是不可缺少的组成部分。发明可以促使人们提高产量、材料利用率、节省能源、改进产品、改变生活方式等，它能影响社会生产力的方方面面。它的回报就是还能创造出更多的工作岗位，从而使人们的生活质量得以提高。

确实如此，根据商务部的统计，美国二战后的GDP增长中的75%直接与新产品或新生产方式有关。纵观历史，俄亥俄州立大学经济学家理查德·斯特克尔指出，1820到1998年期间，全世界人均GDP增长了8.6倍，而在工业化国家，通过一波又一波的技术革新，这个数字更是大幅度提高，西欧达到了10倍，而美国则达到了20倍。相反，人均GDP在非洲和印度只增长了3.3倍，在中国也只增长了5.5倍。

全球化带来的最受质疑的理念，则是认为工厂和研发部门可以相隔千万里，并且融合了不同的文化，而且还不影响创新的能力。这种“世界是平面”的想法其实是最天真的。但许多跨国公司他们却更愿意让设计研发部门与公司总部距离近一些，从而使得新的理念能够由总部控制，并能在全球的公司产品规划中得以实施。而本田公司则采取了相反的策略，通过建立独立的研发公司使得他能够与当地的工厂直接联系起来，最终使组织内部的发明如雨后的小草一样繁荣茂盛。

许多权威经济学家更倾向于本田公司的策略，他们认为这是公司的竞争优势之一，对于那些本田公司生产或研发设施已经落户的国家来说，更具有了经济上的意义。正如本田公司所阐述的，他们认为让工程师更多地接触生产与设计部门，这一挑战可以加速优化现有的技术，从而使得他们对新市场有更多更好的认知，并且将这些认知与理念快速地转化为新产品。商务部首席经济学家，前白宫经济顾问团资深经济学家苏珊·赫而浦说道：“我们通过许多研究发现，生产与研发结合的紧密性将决定一个国家在现在或者将来能否拥有更好的技术、设计和生产工艺。”

2012年的一份布鲁金斯学会出版的白皮书中提到：“为什么制造业很重要？制造业重要在哪？” 赫尔珀和她的两位同事拿出了确凿证据，指出了美国让人烦恼的研发短板，而这些短板往往在公司将生产部门移至海外之后产生。他们提到10年前，在将电池和电器的生产制造移至东亚以后，从而使得该地区电动汽车充电电池的研究能力有了显著地提高。同样的问题也发生在太阳能板的生产技术领域，这是一项薄膜分离技术。自从将生产半导体的工厂移到亚洲以后一直至几年前，美国仍然缺少相应的技术来解决这一复杂的生产工艺。

论文的作者指出，在众多领域中，最能暴露美国研发严重不足的是稀土技术。这种昂贵的元素现在通常被广泛应用于先进设备制造领域，如风力发电设备、混合动力汽车电池、智能手机、太阳能平板、节能灯和计算机硬盘。美国拥有丰富的稀土资源，但是美国公司在30年前开始把生产厂转移到了中国，在遥远的东亚地区耕耘收获。自那以后，美国稀土科技的专利申请接近停滞。而美国现在的公司已经不再具有提炼稀土、提纯或制作稀土合金的生产基础设施，包括知识产权。

《为什么美国需要一次制造业的文艺复兴》的作者之一，哈佛商学院的史兆威教授说道：“从长远来看，研发能力完全是建立在生产制造基础之上的。短期来看，当你决定放弃生产产品时，便放弃了一大部分的经济利益，这是显而易见的。但是在不可预见的未来，有些损失与伤害将会更为严重。”

当一个国家放弃生产制造这一根本后，它将会失去很多。似是而非的全球化诱惑让美国及其他发达国家很是受用，这非常地令人困惑。这一政策的后果直到最近才明朗起来，许多经济学家和权威专家对全球化的争论也不断地清晰起来。但是西方国家负担不起等待的代价，往往在等待的过程中，他们的制造业已经开始出现严重的问题。

在我写作这本书的过程中，我曾向跨国公司的行政人员、学术界的精英、顾问和政策制定者咨询，试图了解西方国家如何才能重新振兴制造业。一些人认为，这需要政府的积极参与并支持这些基础性产业，同时要向企业提供资金帮助。一定程度上，德国和中国政府就是这样做的。但在美国或其他国家，这将完全不可能出现，因为他们反对任何形式上的社会主义。

其他人则认为，政策制定者应该为跨国公司提供低税收政策和较低的环境管理标准，以便于公司的运营，让公司自己针对产能下降，为自身利益以至最终为国家利益作出调整。这种消极的解决方案，一定程度上正与美国当前的产业政策相类似，对于跨国公司而言真是无比的自由。没有任何研究成果或历史上的先例，表明这种放任的自由主义的立场能够促成西方国家一定程度上的产业复兴，并且能克服经济的不稳定向发达国家的蔓延。

不管这些辩论有多尖锐，他们却也有一些共同点。他们或多或少地提出了一些简单的、相对容易的政策，能够实际上促使大量制造业公司重返美国。这些建议反映了能够被大众接受并可行的一些方案，其中包括本田公司，当然还包括其他许多国家的企业。

所有具体的政策都要归结为一句话，积极地为“快速制造”搭桥铺路。这个崭新的术语所描述的公司具有的特质就是能够积极吸引技术、经验，重视工人创造力并具有可持续发展能力和研发能力。显然，本田公司就属于这类公司，在这个术语出现以前，他就早已具备了这些特质。权威地说，有很多公司关闭了亚洲工厂而回归美国，这一现象虽然缓慢却有持续增长的趋势。这些公司主要是受到了市场表现的鼓舞，因为他们看到工厂与大部分客户群相对较近的优势，并且也看到了亚洲一些国家和地区的通货膨胀，特别是人力成本和物流成本的增加。但是，像这样的全球重新洗牌，涉及了那些高利润和耐用的商品，比如汽车、家电、汽轮机、发动机和昂贵的家居五金。这些商品往往依赖于生产工艺、制造能力与创新能力的不断提高。简短地说，“快速制造”在工业生产方面意义非凡。而像其它的日常用品或利润较低的商品,例如纺织业、电子玩具、文具和廉价的厨房用品，主要还是在低成本国家生产。

“快速制造”有其自己的运作特性。它会为那些能不断生产产品，改进生产工艺的工人提供高于平均水平的工资，作为回馈就是较低的次品率、市场份额的提升、较高的生产效率、成本的节约和公司形象的提升。同样，此举还可以提高收益和客户忠诚度，而生产延迟现象也会减少，长此以往公司就会不断进步。由于这一概念非常合乎逻辑，许多公司都青睐这一做法。但是由于对科技的过分依赖，只有一小部分公司能够坚持并认真细致地去践行这一理念；更没有人能像本田公司一样锱铢必较。即使这样，不完美的“快速制造”还是能够显著地提高销量和收入，并能促进经济的快速增长。

由凯斯西储大学的一项针对汽车模具公司的研究显示，这些公司中只有三分之一接受了两项最基本的针对工厂的提高项目培训，而接受了项目培训的公司遥遥领先于其他公司。其中之一是预防性维护项目的培训，这个项目可以拓宽员工视野，使员工深入了解机器故障的原因与频率，从而大幅度地减少维修时间。而另一个项目则是质量反馈培训，或者可以解释为跨公司的员工团队定期举行的、以改进生产工艺和提高产品性能的集中新想法的讨论会。在2007年到2011年间，有预防措施、维修条例与质量反馈的模具公司销售额提高了3.5%到5.1%左右，而没有接受这些项目培训的模具公司其销量则相对减少了9.9%至31%。

总之，那些从事“快速制造”的模具公司收到了丰硕的回报，他们的薪资水平高于竞争对手70%左右。由于直接的人工费用占据了模具公司成本的20%，但这一过程中获得的收益与成本的降低弥补了工资方面的支出。除此之外，10%的模具工厂自己主动改进了汽车公司提供的设计，而这却给公司带来了很高的利润，这些改进的零部件的利润就占据了收益的70%左右。不过，这也正是本田公司对自己供应商的要求，本田公司希望供应商能够根据他所提供的设计进行改进。

我们这里仅仅是通过一个较小的视角来进行观察研究，而其它类似的研究也都揭示出“快速制造”带来的实实在在的、持续的工资增长，以及在产品研发、销售额、产能方面的提升和售后服务费用的降低。而这诸多方面都是构成GDP增长的重要因素。

“最具有竞争力的生产企业并不是一直关注于快进快出的能力，相反他们更注重长期的价值投资，并能够年复一年地取得经济上的回报。”Chobani酸奶的创始人哈姆·迪乌鲁卡亚说道，她曾购买了位于纽约州南安尼米斯顿的一家废弃的卡夫食品工厂，成功将其转型为令人惊诧的高效奶制品工厂，工厂雇用了2000余名员工，并进军当地的农业、餐饮业、加油站和宾馆服务业，同时还帮助当地复苏了房地产市场。“这些生产企业伴随着自己的成长，也推动着经济的持续增长，他们不断生产又不断进步。”

经济学家认为多数明智的工业政策会影响公司是否选择“快速制造”，而不是提供补贴。因为美国的华盛顿实际上并不愿意挑选出工业界的优胜者，并直接资助他们；2008年的对汽车公司财政救援虽然是必要的，但是仍然在美国大众面前展示了负面形象。与此相反，美国经济学家倾向于提供政策优惠使得公司主动去适应“捷径制造”，而不是被迫接受这一概念。

增加对研发的投入是一个显而易见的开端。绝大多数公司对将大部分盈利投入到研发项目上总是犹豫不决，由于这样的投入其产出具有不确定性，而且通常还不能立刻呈现出结果。在研发方面实行税收减免或抵扣，是最简单的也是最直接地打消这一顾虑的方式。事实上，如果他们减少了研发费用对季度报表的影响，大多数公司是乐于对研发进行投入的。然而，美国的税收优惠是世界上最低的国家，它大约占研发费用的20%左右，因此被认为优惠得太少，以至于很难激起人们对研发投入兴趣。而其他国家，特别值得注意的是英国、巴西、澳大利亚和德国，他们提供了非常吸引人的条件来促进发明创造，有些情况下，他们能在研发费用上实行100%税收减免

美国在研发费用上吝啬的税收政策的恶化，阻碍了生产企业的免税申请。美国国税局对研发规则的理解是，研发出来的大多数样品最终也都变成了商品，因此所有产品生产工艺过程的进步均不能是申请免税的理由。在国税局的定义下，研发是一项单纯的、不成熟的商业活动，是一项基本的研究，不能直接与公司运营的盈利需求部分相联系。现在，政府正在重新考虑这一情况，避免生产企业会被没有税收优惠所困扰，因为研发恰恰是他们最根本的商业活动。

但是，即使有了这样宽松的条件，研发税收的减免仍然是政府对发明创造的被动接受。而一项更为直接的解决方案，便是华盛顿直接支持建立一个工业研发中心网络。在这一网络中，大学与企业紧密联系在了一起，他们共同出资，联合开发新科技、新材料和新工艺。理想的话，这样的中心应该能够承担起基础性研究与应用型开发，从而使得企业能够拥有迅速可以应用的新科技与新方法，同时还能培育出其它的奇思妙想。

虽然美国在目前的商业环境中，有少数几个政府支持的研发机构，但他们大多数与国防研发有关，或者专注的是某项极其特殊的研究，例如空间星际旅行问题或研究治愈目前治疗不好的疾病。而对于特别的工业研究则更倾向于自行解决问题，可以是依附于一家公司，也可以联合两家或更多的风险投资机构。举例来说，本田公司与通用公司最近同意合作开发燃料电池和氢储存技术，以用于2020年的电动汽车。相似的是，英特尔公司与通用电气公司已有较长历史的从事高级医疗器械开发的合作关系，而医药工业也经常出现多个组织共同合作开发的情况。

但是，由于这些民间研发机构获得政府资助的情况少之又少，他们中的许多公司往往是短命的，因为特别是当赞助企业失去兴趣或遭受经济危机

时，这些研究机构就失去了资金来源。通常，在没有取得成果的情况下它们就会被搁置下来。美国的经济政策制定者告诉我说，华盛顿已对此情况越来越重视，并意识到政府缺少对工业研发应有的支持，而且感觉到这是一个错误。他们承诺说要努力改变这一情况，其中要做的事情包括建立一个新项目，叫做国家工业发明网络（NNMI），目标是把15所不同的研发机构组织在一起。

这一项目的牵头机构位于俄亥俄州的扬斯敦，这里的研究人员在从事混合材料制造方法的研究，像3D打印技术，以期把这些技术应用到工业生产领域。这一由政府和私有企业合作的项目吸引了许多大名鼎鼎的公司和大学：Alcoa、通用电气、卡耐基梅隆大学和江森自控等。这些参与的大学和公司已经出资4000万美元，同时政府也已资助了3000万美元。与其他政府资助的研发中心一样， NNMI各机构之间相互协作并共享各种资源。他们也希望能带动参与者之间的竞争，把NNMI的基础研究发展成为更有价值的科技；相应地，那些最具发明创意的成熟技术，至少已经带来了明显的经济效益，在商业上，也将会吸引更多的公司参与进来，他们也将会成为行业的领跑者。

但是，像这样的研发成果还是相对较小的规模，美国相对于其他工业化国家来说仍然处于劣势，这些国家希望他们的制造业能给经济带来持续的增长。美国政府资助的研发企业对GDP的贡献，在总共30个国家中仅位居第22名。德国相比美国在制造业研发方面的投入多达20倍，而其中大部分的资金集中在工厂使用，例如工业设计和自动化。除此之外由67个研究中心组成了弗劳恩霍夫研究所，他主要从事工业应用技术的研发工作，例如先进的太阳能电池和轻质建筑材料研究，他还致力于推动民营公司共同建立生产企业，从而便于培育更多的研发成果。介于这种原因，德国制造业对GDP的贡献达到30%也就不令人惊奇了。与其他大多数西方国家不同，德国的进出口产品连续保持着贸易顺差。

本田公司也通过这种研发策略享受到了成功的喜悦，不仅如此，他还拥有与德国类似的内部研发网络，包罗万象并且专注于工业发明。本田公司有24个工业研发实验室和3家区域性本田研发中心，在研究与发明方面是其他工业公司不可媲美的。美国政策制定者们应该效仿本田公司的研发模式，特别是学习本田公司把基础研究与应用研究相结合的灵活性。本田公司的策略在汽车、发动机、工厂生产工艺和个人移动方面的专利与功能上的成果远远超过其他生产企业。

产业集群给政府提供了另外一个促进工业发明的可能通道。产业集群是指由当地众多的协作者组成的一个完整的网络，它包括相互配合协作的公司、供应商，还包括服务提供者，商业协会和研究机构，比如大学实验室等。知名的产业集群存在于美国各处，比如硅谷，马塞诸赛州东部众多的生命科学公司和位于阿拉巴马州亨茨维尔，以及堪萨斯州威奇托的航空配套基地。产业集群往往是自然形成，比如硅谷则是受斯坦福大学在当地的影响成长而成，当然一些公司也会建设自己的产业集群。比如说本田公司的本土化策略，则是让自己的周围分布着很多当地的供应商，而他本身也在当地建有自己的研发部门、发动机工厂和组装工厂。

产业集群常常还能凝聚人心，它使那些有共同工业理想的人面对面接触，产生共鸣，进而产生新的想法、商业计划、生产工艺，产品概念性的实验也就会自然发生。事实上，根据商业部首席经济学家苏珊·赫尔珀的说法，这些发明创造主要是一种当地的局部的行为，它产生出来的成果由于当地的集中经营模式，得到了充分地放大，例如本田公司和其他的制造业集群。为了说明这一点，赫尔珀指出，通过对专利的研究发现，发明者在不同程度上还会受到附近科学家成果的影响。另外一些研究则表明，研发所带来的益处也限定于它产生的地区或国家。而这样的结果在一定程度上可以得到解释，那就是由于质量的提高，产业集群作为自给自足的群体，鼓励员工进行改革创新，通过他们之间的交流合作，提高了自身的技能。

联邦政府只能对产业集群提供有限的帮助，多半是对产业集群中的特殊生产和制造系统的研究中心进行支持。而州政府与当地的主管部门能够帮助产业集群的发展，他们通过不断地有组织地进行基础设施投资,包括公路、铁路、通信网络、港口和机场建设，以及提供税收优惠或其它政策，吸引众多企业参与到产业园区中来。

创新只是各种因素中的一个方面。“快速制造”也有赖于有技术、有知识的工人，要求这些工人往往对于发现、改变有很大的热情，而且也非常愿意参与到他们公司新产品设计和工厂的提升工作中。目前，这是一个较高的要求。制造业在西方国家地持续衰弱，缘于社会上普遍认为工厂的工作是二流的、没有出路的、低收入的职业，并且认为任何人都能从事这样的工作，致使很多有为的年轻人不愿从事工业生产这一职业。由博斯顾问公司开展的一项针对工程、科学和数学学科学生的研究表明，不论是通过大学课程或者是生产实习，80%的工程学科的学生都接受过工业生产知识的教育，而只有50%的人对于这一职业有兴趣。而科学与数学专业的学生，只有20%的人感兴趣。

地方政府与联邦教育机构，应当帮助年轻人准备好，迎接一份比他们现在工作更好的生产制造业的职业。工业艺术课程可以作为这一工作的开始。详细地说，曾经通用的手操课程在高中阶段已经淡出，主要是因为他们往往要准备升大学的考试。但是，对于许多没有机会上大学的学生来说，生产制造业的工作代表了一个参与发明、迅速改变自己和使生活快速现代化的机会。50年前许多令人关注的行业，如环境工程、机械制造、自动化和电子类科学，经过不断地突破与发展，至今还都是工业生产制造业的主力军。这也正如本田公司发展的历史所展示的那样。通过重新恢复手操课程，学校可以提供给青年学生另外一个具有吸引力的职业发展道路。

除此之外，联邦和各州应提供资金用于生产制造业的工人技能培训，以便使他们能适应企业的需要。许多州将这种教育机会给予了当地的社区大学并进行指导帮助，例如培训学生如何使用工厂内新引进的机械设备。但是类似的项目应该被延伸至更多高级和复杂的技术上，包括生产工艺的改进和产品研发方面。它们还可以被用来重新培训那些失去工作的产业工人。

与此同时，由于美国工程技术类学生的短缺，高技能的生产工人也在流失，移民政策改革者与制造业者向华盛顿施压，提出放松签证要求。他们向政府提出要求，允许在美国学习科学、技术、工程和数学专业的外籍学生留在美国，让他们毕业后在美国的工业企业工作，而不是让他们把所学的技术带回去为家乡所用。

总结来说，这些建议可以表明，政府有限支持的一个连贯的工业政策，以及制造业的光明前途是建立在国家基础之上的。值得注意的是，这些都没有考虑由于政治因素所引起的可能问题。例如，每一个经济学家都认为，美国的企业税务准则是和美国制造业者对着干的。40%的税率使得美国的企业赋税与其他国家相比实在太高，而德国约是39%，巴西约是24%，墨西哥是30%，中国约是20%。减少赋税可以使得其他国家或地区的经济体的优势减弱，并能鼓励制造业者在美国投资建厂，总体上使税收基数增加，潜在地提高了政府的收入。这是符合逻辑的，但是税率具体降低多少和如何堵住税收漏洞，这让华盛顿很纠结。同样使人痛苦的是要努力削弱不平等的全球贸易壁垒和操纵货币，这两者在世界各地都存在，但对当地的生产者有利。

即使面对严重不足的税收制度和全球化风险，美国制造仍然保持了积极向上的一面。随着许多企业从所谓的低成本国家回归美国，美国工厂在2008—2009年的经济大萧条之后，新增工作岗位比G-7国家的总和还要多。除此之外，美国制造业生产了社会需要的70%产品，这在发达国家中首屈一指。经济学家认为，如果能正确把握并鼓励员工参与工厂发明的积极性，这一数字将会进一步提高到90%，这正是“快速制造”的特征。长此以往，GDP的增长问题，人们收入增加的问题，以及贸易不平衡问题都将不复存在。

在本田宗一郎的最后岁月里，他的脚步慢了下来。他的演讲曾经那么生动有力，现在变得缓慢下来。即使如此，他仍然常常造访位于日本的本田研发实验室，他离不开油腻的实验台和闪闪发光的金属。

即使这样，他还是跟他的朋友说他跟不上时代的脚步。他曾随意地对一位年轻的工厂里的本田工程师讲道，他觉得他不再能理解新机器的设计，以及这些机械部件是如何运转的，也不明白由电脑和半导体芯片控制的安装过程。

这个年轻人可能是非常地诚恳，或者是尽可能地避免对宗一郎的不敬，他礼貌地说道："哦，不是的，本田君，过去的东西和现在的东西道理都是一样的。我们所做的一切与你所做的一切都是相联系的。事情变化了但是基本道理还是相通的。你也能生产这些发动机。"

"不，不是这样的。"宗一郎回答道，"我看不到这些机器与我当年制作的单缸引擎有什么联系。活塞不再像以前的那样了，它和活塞环连接配合的方式也与以前不同了。变速箱也在不停地动作着。即使到了我当年开始制造汽车的时候，变速箱的技术仍然很落后。我没有见过任何类似的设备。"

年轻人再一次试着说："而我认为它们完全一样，事实上我更喜欢过去的那些。发动机的工作原理没有变化，只是发动机周围的设备变化了。这些是完全不同的两个事情。"

"这并不是真的，"宗一郎说道，"如果我有一个扳手让我来修理这些机器，我根本做不到。"

而这时候年轻的工程师已经对对话没有了兴趣。这个对话没有什么结果，年轻的工程师还要继续工作。显然，宗一郎没有失去耐心，可年轻的工程师已经没有了耐心，他不耐烦地说道："可能你太老了。你弄不懂了。"

"的确是的，那你为什么不一开始就同意我说的呢。"

宗一郎笑着离开了。很显然，年龄并没有使得他对于解决问题的热衷，以及他对唇枪舌战爱好的减弱。

是的，这段深奥的对话透露出了本田汽车公司的所有秘密：通过争论带来了快乐，对论点的讨论，和具有完全不同视角的人进行讨论，宗一郎的公司似乎总能找到正确的答案。

新版后记

自《驱动本田》硬装封皮去年上市以来，本田公司又取得了一系列卓越的成就，他的许多成就在这本书中都做了详细介绍。本田公司的每一项成就都有力地反映了本田公司对于研发和追求所做的与众不同的不懈努力。它最根本的特性，都源自公司的创始人本田宗一郎。为了使人们能够享受追求移动的快乐，本田公司推出了带有未来感的轻质高效商业喷气飞机。作为生产发动机的新公司，本田公司也是近23年来，能够得到批准生产飞机发动机的第一家新公司。帮助人们获得“移动的乐趣”的一词也被本田公司的员工津津乐道。本田公司还发布了一款由26岁的青年设计师设计的充满个性的敞篷跑车。除此之外，本田公司还有自己的ASIMO机器人，它可以行走，奔跑，能像人类一样攀登，而且它还能完成一些基本的任务，包括端着盘子送递食物；本田还推出了能够帮助残疾人士辅助行走的机器，名为Uni-Cub；本田公司生产了他的第3亿辆摩托车；同时，本田公司还对一系列全新和改款车型，根据不同地区的文化和地理特性进行了升级。

除了这一系列成就，本田公司还因自己所犯的一个错误而名闻天下。在过去的一年中，全世界3500万辆汽车，包括几乎所有日本和美国汽车品牌、包括宝马汽车，都由于高田公司的气囊缺陷问题而召回。这些轿车和卡车都是在2000年到2008年间生产的，不过在之后的一些车型中，也收到了关于气囊故障的报告。虽然有大量的汽车卷入了被召回事件，但也仅仅只报告了数百个安全气囊故障，这在很大程度上是因为这个零部件在很少情况下会被用到，换句话说只有在事故中才会用到。当气囊产生故障时，高田的气囊会瞬间将碎片扩散到整个车厢，使得乘客受伤甚至死亡。虽然许多汽车厂商，例如丰田公司和日产公司都分别召回了几百万辆汽车，然而三分之一的车辆都来自于本田公司。

虽然这次大规模的召回才将高田的气囊缺陷公之于众，但这不是一个新问题。美国本田公司早在2008年就收到了一个关于气囊充气爆炸的事故报告，而在接下来的5年中就有超过1000个与高田相关的事故。在这一段时间里，本田公司向美国国家高速交通安全委员会通报了有关这些气囊的问题，然而本田公司没有表现出相应的急迫性，并通过非官方渠道以躲避正常的电脑报告系统。结果，本田公司最近收到了美国国家高速交通安全委员会7000万美金的罚款，以弥补他没能及时汇报安全气囊故障的过失。

这一事件，不仅使本田公司非常尴尬，也让本田公司非常吃惊。尤其是因为这家汽车公司被广泛地认为是质量可靠性和耐久度的象征。的确是，我也被这次召回搞晕了。而围绕着这件事情发生的众多事件都令我思考，是不是我在书中提到的那个警告的红旗，标志着本田公司并不是像我在这本书中所讲的那样，是成功跨国公司的原型。

但随着我逐渐揭开事情的真相，尤其是通过汽车工业专家和本田公司的专家，他们中的大多数都曾在我写书时受到我的采访，我渐渐地认识到，虽然高田事件的严重性不容忽略，但是本田公司对于问题的解决方式却值得一提。因为它再次展示了公司独特的文化和原则，及对公司价值和根本的体现。除此之外，本田公司的商业计划、口碑和对新产品、新理念进行实验的热情始终如一，这使得本田公司处理这一危机的做法值得其他大型国际化公司学习。整个过程中，本田公司致力于人们提高移动能力的社会角色始终没有改变。

本田公司处理这个事件的方式十分令人惊讶，与其他公司处理方式不同的是，许多公司在困难面前会放弃自己曾经的理念和原则，主要是因为他们都涉及操作的透明性和责任问题。这些公司的高层人员会试图掩盖问题，躲进房间里并将问题的原由推卸给他人。典型的案例比如通用汽车公司，他最近对自己的小型汽车点火装置致死的缺陷的反应就是类似的行为，点火开关的缺陷已经导致75人死亡。通用汽车公司在2004年左右就已经意识到了这个问题，但是在案件审理和调查过程中，电子邮件和公司文件的曝光，让我们看到通用汽车公司高层实际上在故意掩盖他们的开关存在严重缺陷的事实，并且没有做出任何弥补措施来解决这个问题。正相反，无论是联邦雇员、调查员，还是律师，都没能找到任何证据显示本田公司故意掩盖安全气囊故障，本田公司主要的问题在于事故报告系统的能力缺失，而不是故意地少报瞒报，或是销毁客户的事故报告。

就像第五章中我们讨论的，本田公司是为数不多几家不会故意地将一些不合适的想法随便掩盖的公司，因为这样做往往会有灾难性的后果。在这次召回事件中，本田公司一直受到宗一郎多次强调的价值观的影响，他写道："成功只是你工作中的1%，而剩下的则都是大胆地克服困难，如果你不害怕困难，成功会找到你。"作为不可避免的教训，通过研究气囊故障汇报系统的能力缺失，本田公司并没有像两面派一样进行防守时的辩护，相反，公司强调这必定是一个让公司持续进步的好机会。

在国会前的听证会中，以及在媒体发布会上，本田公司高管已经承认了本田公司没有能够对安装的汽车零部件的质量进行把关，并且没有及时向美国国家高速交通安全委员会进行报告，也没有对客户的关于安全气囊的报告进行分析，令人惊讶的是，他们基本没有将问题归咎于高田公司。CEO伊东孝绅说，在公司内部有"多处信息传递失误"，并且承诺公司会认真解决这一问题，并保证在将来不会再发生如此尴尬的事故。

为了达到要求，本田公司运用公司文化中的三个基本原则来检讨自己。

首先，本田公司通过一系列wagaya去面对矛盾，并在整个公司中展开了各种各样辩论会，使得各级别的员工（无论主管、销售、生产线、工程师还是维护人员）都能提出他们的想法和观念，尤其是关于本田公司的过失和在将来如何改进的思考。

这一系列有意义的会议，催生了一个有趣的关于公司文化的视角，并促进了所有员工对公司文化的理解。作为一个从小公司成长起来的大公司，公司的许多基本文化都已受到了不同程度的忽视，尤其是在公司起步和创业阶段。虽然他们常被挂在嘴上，但是官僚主义最终剥夺了公司运行的灵活性和员工的创造力。而这些被剥夺的正是本田公司成功脱颖而出的根本。本田公司一直以宗一郎坚强的执行力个性为自豪，尤其是对于分权，以及对公司追究每个人的责任的不动摇的根本方针。换句话说，一个人的错误可以被视为是系统的失败，公司的每一个员工都有义务阻止这样的事情发生。

在关于高田公司的Waigaya上，很明显，从上到下和从下到上的责任制并不能使得公司在成长过程中生存下来，至少本田公司认识到本田公司文化的这一部分如果没能持续地勤奋地维护，一切将不可能存在。在气囊爆炸的这一系列事件中，报告系统的缺陷被暴露了出来，而这些缺陷在一开始并没有得到立刻重视。相似的是，个别人对于气囊故障的报告也因过于微弱且相对分散，而没有得到更高程度的关注。这些慵懒的态度正是宗一郎试图从他的公司消灭的。他时常非常激动，甚至带有惩罚性的在公司中消除这样的态度。他认为在任何本田公司产品中，没有一个小问题是不重要的，如果没有waigaya这种每个员工都能参与的平台，个人的意见便不能得到重视，公司文化的根本和传承将消失在高田事件的迷雾中。

除了应用waigaya，本田公司还研究了“三现主义”是否在高田公司这家安全气囊生产商那里得到了应用。换句话说，本田公司是否在高田公司产品的生产过程中有最高的质量要求，并做到了现场、现物、现实。

就像在第八章中详细介绍的那样，本田公司对于他的供应商经营活动有着严格的审查制度，并且要求每年都有质量和产量的提高。这样的政策已经实行了几十年，并创造了本田公司和供应商与众不同的关系，本田公司深深地将自己的公司文化和运作方式融入到与供应商的生产合作中。

这样的运作模式在高田公司里并没有完全实现，原因有两个。在事发之前，高田公司在汽车工业界拥有完美的安全记录。高田公司的产品同时也被视为过于机密和复杂，并不像其他零部件，例如电器元件、车灯、发动机零部件等等那样通俗易懂。这样的产品对于汽车来说，过于复杂了。正因为如此，本田公司最终给予了高田公司一个只有为数不多的几个供应商才有的自由通道。这是本田公司犯下的严重错误，因为一切都建立在了错误的假设上，本田公司并没有对高田公司采用“三现主义”（实际上高田公司也并没有一直生产完美的产品），这表明是对“三现主义”从根本上的忽视。而“三现主义”的根本就在于，没有任何产品、理念、设计、工厂或系统因过于复杂和困难，以致任何知识都不能解决，换句话说，根据“三现主义”的定义，复杂性得到了简化和拆分，并最终驱逐了无知。

最后，本田公司再次重申了个人主义的重要性和“三大快乐”原则。用简单的话来说，通过做出正确的决定、引导创新、销售超越顾客期待的产品，来实践创造和销售的快乐，这是公司每个人的责任和义务。这样一来，就能够通过提高人们的移动能力，并给予社会积极的影响，最终换来客户购买的快乐。

一系列内部的活动开展，都体现了本田公司主要的运营原则，本田公司通过解决安全气囊召回事件中的做法，取得了非常成功的效果。公司高层和供应商管理层后来都被解雇，其中包括CEO伊东孝绅。本田公司解剖分析并重建了信息技术系统，以更好地反映质量问题，同时更加注重了对个别独立事件数据的收集，以及对独立的分散数据的分析，并且对来自客户和各个机构的事件进行快速地传递。除此之外，本田公司也对自己的公司灵魂进行了非常深入地思考，并研究如何才能将其视为珍宝的原则，在这样一个庞大的全球化跨国集团中继续维持下去。

重要的是，本田公司没有让解决问题的努力，影响和阻碍公司正常的运营，公司继续保持着对产品研发的热情。这使得本田公司在解决危机事件方面，成为了其他公司学习的榜样。这一切都归因于本田公司选择的处理方法，它是对公司文化本身的一次重塑，事实上也是对公司文化力量的检验。一个公司的文化不应该受到限制，或者也不应受到资源的影响。当然了，如果应用恰当并生根发芽，公司文化就应该具有包容性和富有弹性，这样就会有应对和避免不可预见灾难的组织基础，也会有一个稳定的日常运营、创新和常规的方法，公司也将会有一个意想不到的商业图景，并能继续推行自己设想周详的下一个5年战略计划。

安全气囊召回事件再一次提示了我们，公司是由人们组成的，所以肯定会犯一些错误甚至非常严重的错误。最好的公司是那些错误犯得最少、对客户影响最小的公司，即使在最困难的时候，也要坚持通过自己的产品，努力地提高人们的生活，改变人们的生活方式。就像人一样，一个公司的好坏不能由一件事或者季度报告来评判，应该根据他们对困境的反应和自身的文化进行评判。

鸣谢

写一本书会让人觉得孤单，感觉是通过一个人的努力而完成的。而作者不得不追随一个话题两年，或者两年以上，作者必须对他的主题的每一个细节进行深入地研究。这样的感觉会显得有些自恋，或者说是受虐。但是许多作家，其中包括我，都享受着这个过程。因为这些印象并不准确，而事实是这样的，与其说写一本书是一个人的努力，不如说写作的过程是有一个很大的团队来支持的，团队中的每一成员都是无价且不可或缺的。

《驱动本田》这个团队，是一个格外特殊的精英团队。我想表达我对这个团队一直以来的感激。其中大部分人都是我的编辑，他们来自Portfolio出版社，其中尼基·帕帕多普洛斯是这本书的责任编辑，她的指导与建议总是那么的聪慧、周到、有内涵，并且往往是正确的。

尼基的老板阿德里安·扎克赫姆，是Portfolio出版社的总裁和出版人，他是一个非凡的组织者。他明白这本书的意义所在，也明白本田公司所提供的一系列关于全球商业模式的故事所存在的价值。在他读过这本书的提案后提出了许多有价值的评论。在整个写作过程中他也一直支持着我。因此我对他怀有深深的敬意。

当我在刚刚开始写《驱动本田》一书的提案时，我的代表是凯特·李，他来自ICM Partners。虽然我当时有些犹豫，但他鼓励我让这个提案写成一本书，并致力于帮助我确定了《驱动本田》一书的主旨，并在很大程度上影响了这本书。凯特·李离开了ICM，现在是一个博客网站Medium的总监，不出人所料，他在那里表现得非常出色。我现在的代理人是克里斯汀·达尔，也坚持不懈地支持着我，并非常有能力。

在整个《驱动本田》的写作和汇报过程中，我与一系列本田公司雇员进行交流，并拜访了多处本田公司的设施，本田公司非常配合，并给予了我各种权限来阅读资料，并在各个设施中与员工进行交流。在这里无法感谢本田公司的每一个人，但是我想在这里，对在这本书创作过程中给予巨大帮助的本田员工表示我的感谢。特别值得感谢的是埃德·米勒、马克·莫里森、特德·普拉特、罗恩·列斯基、马科斯·弗莱默和安迪·伍兹。

很多知识丰富的汽车工业的专家，在本田公司和他的竞争对手的种种关系上给予了我各种解释和帮助，其中三个人格外重要，以他们的率真、智慧和帮助给予了我巨大的支持：约翰·卡塞萨，他是古根海姆合作伙伴公司的资深管理总监；肖恩·麦克阿林登，极为聪明，是汽车研究中心的首席经济师；还有罗恩·哈勃，他编辑的《汽车工厂年度分析》是整个汽车工业界的标杆。

还有两个朋友我要表示感谢。他们是图书界行家中最有成就的两位，在《驱动本田》一书的初期阶段，他们给予的帮助，使我这个当时还是新手的人的头脑变得拥有了智慧。一个是威尔·巴利亚特，是泰晤士与哈德森出版社的总裁和出版人。他倾听了我初期对于本田公司的热情，并敏感地感受到通过本田公司的视角来了解全球化是一个非常合适的主题。在那时，我还不知道正确的方向在哪里，因而威尔的帮助非常关键。

另一个我想感谢的朋友是莉娅·纳森·斯皮罗，是我多年前在《商业周刊》的同事，她也是我之前《米可翰尼的金子》一书的编辑。莉娅现在开办了她自己的书刊代理和图书顾问咨询公司，名为“河边创意管理公司”。莉娅不仅是一个年轻的编辑，同时还是词汇大师。在《驱动本田》一书的提案中，她一直和我保持着紧密的联系，对主题进行打磨，对结构进行修改并对语言进行修饰。在整个写作过程中每当我失去了重点时，我就会重新和她进行讨论。

参考文献

在撰写本书的过程中，我走访了多位本田人，也拜访了许多工业界的专家、汽车爱好者、经济学家、全球化策略权威人士和企业分析师。我尽力将他们全部列在下方。同时，我也翻阅了大量的关于本田公司的历史、工业进程、竞争对手、策略、经济前景和本田公司对未来进行探索的研究资料。下面所列出的是最具有价值的文献。

◆《25个最重要的年度人物》，《人民报》，1980年12月29日；

◆安普伯·皮特：《南方为争取就业而战》，《纽约时报》，1993年8月4日；

◆布兹公司和瑞士美国商务部：《有风险的复兴：瑞士生产面临的威胁与机遇》，2010年；

◆丰田：《前进的道路：丰田北美质量建议团报告》， 2011年5月；

◆托马斯·如特：《汽车工业看准可再生能源》，《IP市场报告》，2013年1月；

◆《自动化：生产未来》，《经济人报》，2012年4月21日；

◆《回到生产业》，《经济人报》，2012年4月21日；

◆罗伯特·白柳尔：《汽车上的隐藏收益来源》；莫特里·福尔：www.

fool.com. 2013年6月27日；

◆大卫·巴博兹：《中国经济不的平衡》，《纽约时报》，2012年5月12日；

◆迈克·伯克利：《中国的世纪，为什么美国的优势受到考验》，《国际安全报》第36期，第3卷，2011年12月；

◆肯·贝尔森、米其林·梅亚德：《本田管理层期盼的定速巡航》，《纽约时报》，2003年7月10日；

◆肯·贝尔森、米其林·梅亚德：《本里的机器：创新的时代》，www.powersport.honda/articles/090111c0811f48a3.aspx. 2013年3月6日；

◆马克思·布格、马提亚斯·易格兰德、皮尔兹思乐·考瓦斯基、莫妮卡·斯塔基沃斯卡：《全球经济中的国有企业：顾虑》，《VOX杂志》，www.voxeu.org/ article/state-owned enterprises-global-economy-reasonconcern. 2013年5月2日；

◆乔石·凯博：《本田庆祝在美国生产30年——本田方式》，《工业周刊》，2012年5月16日；

◆大卫·卡里斯：《本田的三种快乐》，《空闲遐想》，www.ccsparethoughts.bolgspot.com. 2009年11月24日；

◆逸夫·卡丽：《中国国有公司的重组》，《外交报》，2013年6月19日；

◆杰里米·卡特：《本田在北美走本土路线》，《全球邮报》，2012年3月29日；

◆赛特雅·查克拉沃提：《流程改善计划在哪里失败了》，《华尔街日报》，2012年6月14日；

◆达娜·科尼陆思：《本田阿拉巴马的奥德赛车型启动》，《伙伴》，2002年冬；

◆《深厚的供应链关系驱动汽车制造者成功》，WPC，W·P·卡丽商学院，2005年7月6日；

◆梅赛德斯、德尔加多、麦克·E.波特、斯科特·斯坦姆：《聚集与创业》，《经济地理》第十卷第四部，2010年；

◆斯图尔特、艾里奥托：《媒体商务：广告；抵制日本汽车的广告可能有反作用》，《纽约时报》，1992年1月30日；

◆史蒂芬·泽尔、罗伯特·D.阿特金：《国家生产策略案例》，《信息科技与研究基金》，2011年4月；

◆马丁·法克勒：《生产力削弱，日本更重视再发明》，《纽约时报》，2012年4月15日；

◆乔纳森·法依、提姆·凯利：《工程师原则》，《福布斯》，2006年9月4日；

◆劳伦斯、M·费舍尔：《查尔斯汉迪的悖论》，《策略与商务》，2003年；

◆查尔斯、菲斯曼：《内需膨胀》，《亚特兰大日报》，2013年5月7日；

◆露娜、弗洛哈、比尔·萨布里托：《这是制造业的文艺复兴？》，《时代杂志》，2013年3月28日；

◆大卫、弗朗西斯：《全球化经济面临结束？》，《财经时报》，2013年2月28日；

◆建南·井福：《本田知识结构的DNA和它对创造新价值的公司文化转型》，专场讲座，www.kms.jpn.org/keynoteaddress2.pdf；

◆莫妮卡·哥波：《受欢迎的惊喜：美国制造》，《劳动摘要月报》，劳动统计局，2013年8月；

◆丹尼尔·葛若思：《南方的舒适》，《新闻周刊》，2008年12月13日；

◆萨里·赫尔金森：《育二郎野中的实操智慧》，《策略与商务》，

2008年；

◆苏珊·海尔普、提莫斯·克鲁格、霍华德·沃尔：《为什么制造业重要？那种制造业重要》，布鲁金出版社，2012年2月；

◆苏珊·海尔普、提莫斯·克鲁格、霍华德·沃尔：《这里，那里，到处都是》，《经济人报》，2013年1月19日；

◆布莱恩·信德：《3M效率与创造力的制衡》，《商业周刊》，2007年6月10日；

◆大卫、W·何福特、米兰·艾布拉西咪：《知识创新的新道路：一个透明反射》，IAMOT，2006；

◆《本田事例：有分歧却呼应的公司》，《第40届夏威夷国际会议系统科学引言》，2007年；

◆《本田与丰田的质保》，《质保周刊》，www.warrantyweek.com，2012年6月28日；

◆《本田在关键车型销量领先其他汽车公司》，www.autoblog.com，2013年7月20日；

◆《本田山脊线：来自未来的皮卡》，《汽车行情》，2013年3月31日；

◆杰夫·伊美特：《美国制造业的新生命》，《哈弗商务回顾》，2012年3月；

◆《精益生产是丰田召回的罪魁祸首吗？》，《供应链摘要》，2010年3月3日；

◆伊藤宽志：《日本造物的事例》，《宪秋杂志》第182卷，2007年；

◆允记岩溪、允记妍希：《本田内部的设计管理协作》，《亚洲设计国际会议报告》，2003年；

◆比尔·杰克森、麦克·菲兹曼：《双赢的源泉》，《策略与商务》，2007年；

◆《日本的汽车制造商：在美国创造经济增长和就业机会》，《汽车制造商会》，www.jama-english.jp. 2012年11月；

◆巴瑞·佳乐泽斯基、约翰·乐尔、理查德·侯曼：《1000个全球发明：让想法落地》，《策略与商务》，2012年；

◆赛斯·詹森：《不要对于本田的收益过度兴奋》，芒特里·福尔，www.fool.com，2011年8月26日；

◆阿文德·考莎、托马斯·麦尔、帕特里沙·雷德：《制造业的警钟》，《策略与商务》，2011年；

◆拉尔夫·吉赛尔：《适应性帮助本田应变工业变革》，《汽车新闻》，www.autonews,com，2009年6月8日；

◆乔·考特金：《艾克卡先生，这是本田先生》，《公司》，1986年11月1日；

◆乔·柯子曼：《查尔斯·汉迪访谈录》，《策略与商务》，1995年10月1日；

◆多隆·P.莱文：《本田分布式管理》，《纽约时报》，1992年5月21日；

◆麦克·莉莉丝：《外国汽车制造商赢得上亿政府补助》，《华盛顿独立报》，www.washingtonindependent.com，2008年12月16日；

◆麦克·林德：《再见达沃斯》，salon.com，2012年5月1日；

◆凯特·莱恩堡：《本田的灵活工厂带来优势》，《华尔街日报》，2008年9月23日；

◆瑞塔·劳波：《新时代的经济联合会》，《世界经济》，www.worldfinance.com，2012年6月26日；

◆约翰·保罗、迈克达菲、苏珊·海尔普：《创造精益供应商：通过供应链解决精益生产》，《加利福尼亚管理回顾》第39卷第4部，1997年；

◆巴特·麦德森：《本田公司里最友好和最疯狂的人们》，《美国摩托车》，www.motorcycleusa.com，2010年8月24日；

◆安德鲁·麦尔：《向本田学习》，《管理研究报告》第一卷，1999年1月；

◆约翰·马科夫：《高技术工种，不使用工人》，《纽约时报》，2012年8月18日；

◆安德鲁·麦卡费：《制造业的未来》，《哈弗商业回顾》博客，www.blogs.hbr.org，2011年7月7日；

◆梅根·麦克阿德：《为什么公司失败》，《亚特兰大报》，2013年6月30日；

◆乔·麦克肯德里克：《丰田的踏板问题：精益生产使用过多还是过少？》，《智慧星球》，www.smartplanet.com，2010年2月1日；

◆马克、H·麦尔：《本田如何创新》，《产品创新报告》，第25卷，2008年；

◆查德、米勒、马克·约瑟夫·瑟基：《汽车工业全球化对美国东南部生活质量的影响》，《全球化的经济地理》，皮特·帕楚拉修订，2011年；

◆ 亨瑞、闵兹伯格、理查德·T.帕斯卡尔、麦克·古德、理查德·P.卢美尔特：《再看本田效应》，《加利福尼亚管理回顾》第38卷第四部，1996年；

◆帕特里沙、E·穆迪：《供应商关系-本田稳健盈利的关键》，《工业周刊》，2013年1月20日；

◆刚果·牧：《本田的中国梦》，《全球时报》，www.globaltimes.cn，2013年6月21日；

◆《跨国公司与中国：未来方向》，《经济人智囊》，2011年；

◆科伦木、莫非：《地区纷争影响日本在华销量》，《华尔街日报》，2013年，9月11日；

◆兰迪、迈尔斯：《升档》，《首席经济师》杂志，www.cfo.com；

◆艾伦、迈尔森：《议员大人，能给我买一座奔驰制造厂吧？》，《纽约时报》，1996年9月1日；

◆信野永泽、允记妍希、岩谷马·萨基：《本田的设计策略：思域，第二代普瑞录得，奥德赛》，《日本设计科学社区汇报》第49期第2卷，2002年；

◆信野永泽、允记妍希、岩谷马·萨基：《本田飞度产品研发的设计管理》，《亚洲设计国际会议》，2003年；

◆爱德华·奈德迈尔：《欢迎来左宗鸡汽车公司》，《华尔街日报》，2013年4月30日；

◆育二郎、野中、量子·富山：《辩证的看公司：公司的动态理论》，《工业与公司的改变》第11期，2002年；

◆《俄亥俄社区享受进步：本田的到来如及时雨》，附属出版社，1988年6月28日；

◆汤姆、欧里克、里安姆·丹宁：《通用汽车进入中国的阻碍》，《华尔街日报》，2011年4月20日；

◆理查德、T·帕斯卡：《策略的展望：本田成功背后的真实故事》，《加利福尼亚管理回顾》26期第三卷，1984年；

◆史蒂文、皮尔斯丁：《制造业的成败》，《华盛顿邮报》，2011年2月12日；

◆爱德拉多、波特：《当今工厂工作的保障》，《纽约时报》，2012年4月3日；

◆卡诗、包威尔：《本田的BP路-供应商的生命线》，《目标》杂志，制造精益，2002年第一季度；

◆阿丽莎、普莱德：《本田俄亥俄工厂改变了美国竞争力布局》，《底特律自由报》，2012年11月24日；

◆帕特里沙、品客：《造物：日本精神的另一种见解》，《日本文化交流咨询中心》，www.japaninterclutural.com，2010年7月23日；

◆卡拉、拉泊珀德：《查尔斯汉迪看到了未来》，《财富》，1994年10月31日；

◆《艾瑞克·伯克曼的功绩，本田北美研发公司的董事长，汽车研发管理汇报研讨会，特维斯城，密西根》，本田公司，www.honda.com，2012年8月13日；

◆《制造业的回归：回到本土》，《经济人》，2013年1月19日；

◆亚当、里查德森：《本田早期适应性策略的收获》，《哈佛商业回顾》，网络博客，www.blogs.hbr.org，2011年2月1日；

◆约翰、罗斯维尔：《通用在中国的机遇受到威胁》，《蒙特利福尔》，www.fool.com，2013年3月14日；

◆《通用在中国是否投资过多》，《蒙特利福尔》，www.fool.com，2013年4月29日；

◆理查德、P·卢美尔特：《本田的多面性》，《加利福尼亚管理回顾》38期，第四卷，1996年；

◆罗伯特、三木艾尔森：《退化中的全球化》，《透明政治》，www.realclearpolitics.com，2012年12月31日；

◆大卫、E·桑格：《84岁逝世的本田宗一郎——汽车发明家》，《纽约时报》，1991年8月6日；

◆赤城日野、杨子圭田、保罗·利纳特：《电动车再次进入死胡同》，《路透社》，2013年2月4日；

◆哈罗德、塞金、麦克·津瑟、道格拉斯·霍纳：《回到美国制造》，波士顿咨询公司，2011年8月；

◆罗伯特、萨顿：《创意的怪规则-认为你有创造力？你错了》，《哈佛商业回顾》，2001年9月；

◆竹内广隆：《知识的创建与分支》；竹内广隆，育二郎野中：《企业的知识管理》，约翰威利出版社，2004年；

◆阿雷克斯三世·泰勒：《深入本田的大脑》，《财富》，2008年3月7日；

◆《回旋效应》，《经济人》，2012年4月21日；

◆《专家：纠正人们对美国制造业最大的错误认知》，《华尔街日报》，2013年6月14日；

◆理查德、传特：《皮卡的设计：前通用工程师以本田方式设计的本田山脊线》，《汽车新闻》，www.autonews.com，2005年6月14日；

◆《美国首席执行官们对生产竞争力的呼声》，竞争力研究会，2011年；

◆《经济报表中的质保申报与准确性：最大程度的优化，2012年对比2011年》，《质保周报》，www.warrantyweek.com，2013年8余月28日；

◆周瑟夫、B·怀特：《电动车起步阶段的困扰》，《华尔街日报》，2012年9月25日；

◆艾瑞克·卫富荣：《巴克利帮助3M找回成功》，《明尼阿波利斯星论坛报》，2012年2月11日；

◆张亚军：《中国正在失去世界工厂的地位》，《华尔街日报》，2013年1月16日.

图书在版编目（CIP）数据

驱动本田 ： 本田制造的三大核心法则 / （美）杰弗里·罗斯费德著 ； 彭碧馨， 程宇译 .
-- 北京 ： 北京时代华文书局， 2017.7
书名原文：DRIVING HONDA：INSIDE THE WORLD'S MOST INNOVATIVE CAR COMPANY
ISBN 978-7-5699-1699-7

Ⅰ. ①驱… Ⅱ. ①杰… ②彭… ③程… Ⅲ. ①汽车企业－工业企业管理－经验－日本
Ⅳ. ① F431.364

中国版本图书馆 CIP 数据核字（2017）第 155628 号

北京市版权著作权合同登记号 字：01-2016-2927

驱动本田：本田制造的三大核心法则

QUDONG BENTIAN BENTIAN ZHIZAO DE SAN DA HEXIN FAZE

著 者 | 〔美〕杰弗里·罗斯费德
译 者 | 彭碧馨 程 宇

出 版 人 | 王训海
策划编辑 | 胡俊生
责任编辑 | 周连杰 余荣才
装帧设计 | 迟 稳 王艾迪
责任印制 | 刘 银

出版发行 | 北京时代华文书局 http://www.bjsdsj.com.cn
北京市东城区安定门外大街 136 号皇城国际大厦 A 座 8 楼
邮编：100011 电话：010-64267955 64267677
印 刷 | 三河市祥达印刷包装有限公司 0316-3656589
（如发现印装质量问题，请与印刷厂联系调换）
开 本 | 710mm×1000mm 1/16 印 张 | 16 插 图 | 8 字 数 | 219 千字
版 次 | 2017 年 9 月第 1 版 印 次 | 2017 年 9 月第 1 次印刷
书 号 | ISBN 978-7-5699-1699-7
定 价 | 48.00 元